SAS를 활용한 생물 통계

SAS를 활용한 생물 통계

심관섭 · 차장옥

전북대학교
출판문화원

서언

통계와 SAS

저자는 SAS에 대한 책을 집필한지가 꽤 오래 되었고 그 안에 SAS도 많이 발전하여 WINDOWS버전으로 upgrade가 되어 오래 전에 집필하였던 교재만으로는 부족함이 많이 다시 WINDOWS버전의 SAS에 맞게 다시 집필하게 되었다. 또한 SAS에 관한 사항만을 가지고 많은 후배들을 지도하다 보니 많은 어려움이 있어 통계에 대한 이해를 돕기 위하여 약간의 통계에 관한 사항을 추가하였다. 전에 집필하였던 『알기 쉬운 SAS 활용법』으로는 통계 이론에 대한 이해가 없어 독자들은 많은 어려움이 있었을 것으로 생각되고 통계에 대한 바탕이 없어 어떠한 통계방법으로 어떻게 처리해야 하는지를 몰라 우왕좌왕 했을 것으로 생각된다. 바로 그것은 주변의 후배들에게서 느끼는 문제이기도 하였다. 예전에 집필한 교재로 그 안에 많은 강의가 이루어졌으나 저자 역시 설명하기가 난감하기도 하였다. 그렇다고 통계에 대한 설명을 장황하게 늘어놓으면 역시 이해하기가 더욱 난감한 것을 볼 때 많은 생각을 하게 되었다. 이러한 문제를 조금이나마 해소하기 위하여 몇몇 통계에 대한 자세한 내용을 추가하여 새롭게 기술하였는데 그것으로나마 통계에 대한 이해를 조금이라도 할 수 있었으면 하는 저자의 작은 소망이다.

본서는 통계방법의 소개와 실제 통계 처리의 예를 들어 설명하였고 SAS에 의한 처리 및 판독에 대해서 설명하였으며 결과에 대한 이용성에 대하여 기술하였다. 이에 따라 학습하는 데 도움이 되도록 장황한 설명도 부담 없이 읽어주기 바라며, 책에 있는 설명을 전부 기억하려 하지 말고 어떠한 방법들이 있는가를 기억하고 필요한 때 참고하여 풀이를 하면 많은 도움이 되리라 믿는다. 그동안 대학의 연구 내용도 많이 발전하여 이제는 통계가 필수 조건으로 자리를 차지하게 되었다. 그러나 각자의 전공에 매진하다 보면 통계를 소홀히 하여 논문 작성 시에 문제를 야기하기도 한다. 본서는 통계 비전공자들이 보다 쉬운 방법으로 올바른 통계를 이용하게 하기 위하여 제작되었다.

본인은 축산학을 전공한 사람으로서 본인 역시 대학에서 처음 통계를 접했지만, 대단히 어렵게만 생각하고 힘들어 한때도 있었다. 그러나 연구에 매진하다보니 통계의 필요성을 절실하게 느끼게 되어 통계 공부를 시작하게 되었다. 많은 분이 통계는 수학이라는 생각으로 인해 기피하는 경우가 있는데 본인은 통계는 수학이 아니라 생각하는 학문이라 생각한다. 특히 각 분야별로 통계의 이용이 다른 형태를 보이는데 그만큼 통계는 넓은 학문이라 생각한다. 또 현재 우리는 선진외국에 학문을 습득하는 정도로 만족할 수 없고 우리가 앞서 나아가야 하는 위치에 와 있다. 이러한 환경에서 보면 통계의 이용 또한 올바르게 되어야 한다고 생각된다.

본서는 생물학, 의학, 농학, 수의학 전공자들을 위하여 저술되었고 인문 사회과학에는 부족함이 있다. 끝으로 본서를 학습하므로 각자 전공학문에 깊이가 더해지길 바란다.

2017년 7월

저자

본서를 학습하는 방법

본서는 예제 위주로 실제 적용할 수 있도록 저술되었다. 학습함에 있어 책을 읽고 이해하는 형태의 학습으로는 문제가 많고 SAS 프로그램을 컴퓨터에 넣고 실제로 입력된 자료를 분석해보는 수고가 필수적이라 하겠다. 저자가 처리했던 기억에 남는 예문의 설명이 되어 있으며 이를 이용하여 독자들의 자료를 어떻게 처리해야 하는지를 생각하여 처리해보는 것 또한 한 가지 방법일 것이다. 서두에는 기본 자료를 다루는 방법이 있는데 많은 독자는 이 부분을 소홀히 하여 자료가 좀 복잡해지고 많아지게 되면 당황하는 결과를 초래하는 경우가 있는데 이 부분 또한 아주 중요하므로 실제 컴퓨터에 입력하고 결과를 읽어 이해를 하는 것이 중요하다. SAS는 프로그램을 하여야 하므로 처음에는 어렵고 복잡하게 느껴지지만 한번 이해하면 융통성이 많은 통계 프로그램이라 느껴질 것이다. 학습할 때 입력해 놓은 프로그램을 저장해 놓고 차후에 같은 방법의 통계가 요구되면 저장해 놓은 프로그램을 다시 이용하는 팁도 생각을 해야 한다.

자료의 형태에 따른 통계 방법을 생각하고 통계 방법이 정해지면 그 방법으로 어떠한 것을 설명할 수 있는지를 생각하고 부족하다면 또 다른 방법을 생각해야 한다. 이때 많은 토론이 요구된다. 되도록 본인이 실험을 하고 본인이 통계 처리를 하는 것이 필수적이다. 이는 자신이 만든 자료의 특성을 본인이 잘 알고 있고, 무엇을 어떻게 설명해야 하는지를 잘 알고 있기 때문이다. 만약 타인에게 통계를 부탁하는 경우에는 이러한 자료의 특성과 설명하고자 하는 내용을 매우 자세하게 설명해야 한다. 그러나 설명으로는 할 수 없는 부분이 발생할 수 있으니 항상 본인이 통계처리를 할 수 있도록 하는 것이 요구된다. 계속적인 연구에서 올바른 결과의 분석이 이루어져야 다음 실험에서 정확한 결과를 얻을 수 있는 구조이므로 정확한 통계 분석과 올바른 결과의 도출은 다음 실험에 많은 도움이 된다.

SAS를 사용하는데 또 하나의 팁은 대소문자 구분 없이 사용이 가능하고 명령어는 통계용어(영문)이므로 되도록 통계방법의 이름을 영문으로 익히면 편리하다.

본서에 있는 방법 외에도 많은 방법이 있고 여러 가지로 설명을 할 수 있으니 항상 공부하는 자세로 학습을 이어가면 통계에 대한 벽을 돌파할 수 있을 것으로 생각된다.

끝으로 통계의 원론적인 학습은 다른 통계학 서적을 참고하는 것이 필요하다.

차례

제1장

SAS의 시작

제1절 SAS란

SAS(Statistical Analysis System)란 컴퓨터를 통해서 통계 분석을 진행하기 위한 소프트웨어였으나 현재는 DB 엔진과 연동하여 여러 가지 일을 할 수 있는 통합 소프트웨어로 발전하고 있다. SAS는 1966년 미국의 North Carolina 주립 대학의 A. J. Barr에 의해서 개발이 시작되었는데, 그 후 1972년에는 SAS 72로서 대학에 제공되기 시작하였고, 1976년에는 SAS Institute가 설립되어 더욱 개선 발전되었다.

SAS는 처음 IBM사의 대형 범용 컴퓨터에서 작동되도록 개발되었으나, 그 후 다른 여러 컴퓨터에 알맞게 개선되었다. SAS는 처음 개발 당시는 FORTRAN 언어로 개발되었으나 그 후 Version 5는 PL/I 언어로 제작되었고, PC에 사용할 수 있는 Version 6은 C 언어로 개발되었고, Version 8.x는 Windows 환경에 알맞게 개발되기 시작되었고, 현재는 Version 9.5에 이르렀다.

제2절 SAS의 특징

1. 대형화 처리가 가능하다.
2. 데이터 입출력 형태가 다양하다.
3. 하나의 Job 중에서 연속 처리가 가능하다.
4. 프로그램 서식이 자유롭고 간결하다.
5. 통계 수법이 다양하다.
6. 매크로 기능이 제공된다.
7. 그래픽 기능이 제공되고 있다.

이외에 많은 장점이 있지만 전부 열거할 수는 없고, 최근까지 upgrade 된 SAS를 보면 점점 통합 package화 되어가고 있는 것만은 사실이다.

제3절 SAS의 시작

DOS Version의 SAS는 설치하는데도 복잡하였지만, Windows Version의 SAS는 Windows 환경에 알맞게 많이 개선되었다. 물론 초보자들에게 설치는 복잡한 것 같지만 프로그램의 규모로 봐서는 그래도 단순한 것이라 하겠다. 또한 SAS는 특이하게도 프로그램을 구입하는 것이 아니고 매년 사용 부분에 대한 금액을 지불함으로써 사용할 수 있을 뿐만 아니라 지속적으로 upgrade가 되고 있다.

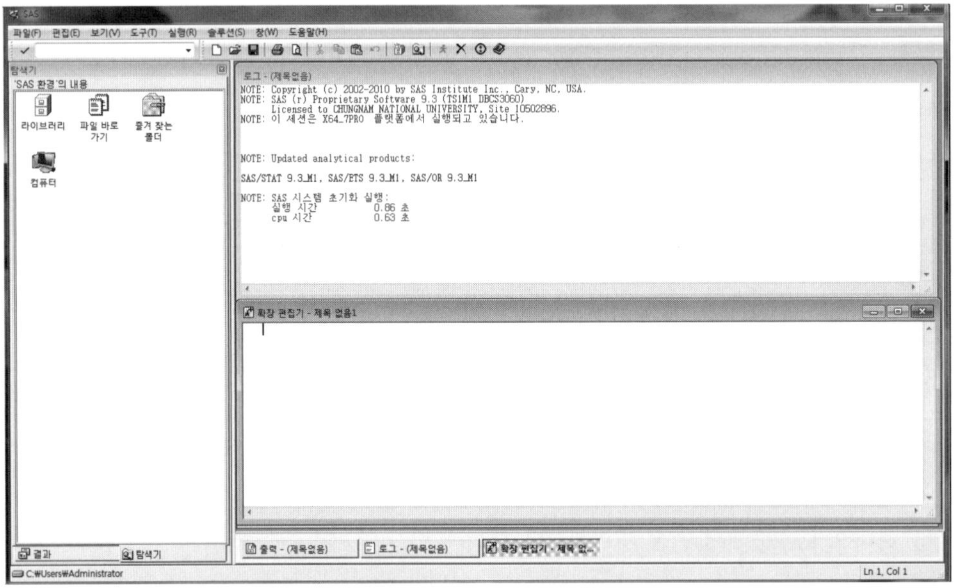

SAS의 최근 Version은 옛 Version에 비하여 기본 틀은 크게 달라지지 않았고 메뉴바의 사용과 Function key를 이용하거나 마우스를 이용하여 사용할 수 있도록 만들어져있다.

우리는 Editor(편집기) 화면에 프로그램을 하여 사용한다. 기존 DOS Version에 있는 행 번호는 없으며 행 번호를 사용할 수는 있지만, 행 번호 없이 프로그램을 하면 된다. 우리는 이 Editor(편집기) 화면에 입력하는 프로그램의 방법을 배우며 출력된 결과를 판독하는 방법을 학습하면 된다.

▼ 3.1 SAS의 메뉴

File	Edit	View	Tools	Run	Solutions	Window	Help
New	Undo	Enhanced Editor	Query	Submit	Analysis	Minimize All Windows	SAS System Help
Open	Redo	Program Editor	Table Editor	Recall Last Submit	Development and Programming	Cascade	Using this window
Close	Cut	Log	Graphics Editor	Signon	Reporting	Tile Vertically	Book and Traning
Append	Copy	Output	Report Editor	Remote Submit	Accessories	Tile Horizentally	Getting Started with SAS software
Open Object	Paste	Graph	Image Editor	Remote Get	Assist	Resize	SAS on the Web
Save	Clear	Results	Text Editor	Renote Display	Desktop		About SAS system
Save as	Clear all	Explorer	Keyboard Macros	Signoff	EIS/OLAP Application Builder		
Save as Object	Select all	Contents Only	Add Abbreviation				
Import Data	Collapse all	My Favorite Folders	Customize				
Export Data	Expand all		Options				
Page Setup	Find						
Print setup	Replace						
Print Preview							
Print							
Send mail							
Exit							

▼ 3.2 Function Key의 사용

첫 화면에서 F9 key를 누르면 화면에 각 Function key 내용이 나타나며 이 Key는 사용자가 정의하여 사용할 수도 있다.

▼ 3.3 단축 메뉴

마우스 포인터 위치에서 마우스 오른쪽 버튼을 누르면 나타나며 메뉴와 동일하며 사용법 또한 동일하다.

Key	Default Setting	Key	Default Setting
F1	help(도움말)	Alt + F1	
F2	reshow	Alt + F2	
F3	end	Alt + F3	
F4	recall(되부르기)	Alt + F11	
F5	pgm	Alt + F12	
F6	log	Ctrl + B	libname
F7	output	Ctrl + D	dir
F8	zoom off; submit(SAS를 통한 실행)	Ctrl + E	clear(화면지우기)
F9	keys(화면에 이 화면 보이기)	Ctrl + G	
F11	command bar	Ctrl + H	help
F12		Ctrl + I	options
Shift + F1	subtop	Ctrl + J	
Shift + F2		Ctrl + K	cut
Shift + F3		Ctrl + L	log

Shift + F6		Ctrl + M	mark
Shift + F7	left	Ctrl + Q	filename
Shift + F8	right	Ctrl + R	rfind
Shift + F9		Ctrl + T	title
Shift + F10	wpopup	Ctrl + U	unmark
Shift + F11		Ctrl + W	access
Shift + F12		Ctrl + Y	
Ctrl + F1		RMB	wpopup
Ctrl + F2		Shift + RMB	
Ctrl + F3		Ctrl + RMB	
Ctrl + F11		MMB	
Ctrl + F12		Shift + MMB	
		Ctrl + MMB	

기존 준비된 Function Key를 전부 알아두는 것도 중요하지만, 바탕색이 있는 몇 가지만이라도 외워두시기 바란다. 주로 많이 사용하기 때문이다.

제4절 통계의 시작

▼ 4.1 통계란

통계는 "비교를 위하여 시작되었다"라고 할 수 있다. 인간은 비교하기를 좋아하는 동물이고 비교를 함으로써 발전하게 되고 살아갈 수 있는 것이다. 아마 독자들은 어려서부터 비교를 당하고 살아와서 잘 이해가 되지 않겠지만 우리는 항상 누구와 비교하며 살고 있다. 이는 인간의 본성이기도 하다. 나의 신장과 옆에 있는 사람의 신장을 비교한다든지, 나의 능력과 옆에 있는 다른 사람과의 능력을 비교한다든지 말이다. 그러나 인간 세상은 단순한 것이 아니고 복잡하다. 즉 옆 마을에 사는 모든 사람과 우리 마을 사람들과의 비교라든지 점점 복잡하게 비교하기에 이르렀다. 마을 사람들의 신장이 모두 같으면 좋겠지만 그러지 않아 고민하게 된 것이 통계의 시작이라 할 수 있다. 그럼 무엇이 필요한가 생각하기 시작했고 곧바로 대푯값을 찾게 되었다. 그리하여 합계와 평균이 시작되어 통계라 칭하게 되었다고 본다. 점점 수가 많아지고 비교의 방법도 복잡하게 되어 수학적인 요소가 가미되면서 인간과 통계는 점점 멀어져 가야만 되는 운명에 처하게 된 것이다. 복잡하게 비교는 하고 싶지만 복잡하게 생각하기는 싫어서 말이다. 그러나 하나씩 집어 가다 보면 우리는 항상 복잡하게 생각하고 있고 통계는 모르지만 통계를 하고 있다는 것을 알 수 있을 것이다. 또 하나의 예를 들면 첫인상이 중요하다고 이야기를 하고 있는 것까지도 통계개념이 없이는 사실상 말할 수 없는 것이다. 그러나 우리는 그렇게 생각하면서도 통계는 모른다고 하고 있다. 왠지 "범죄형이다"라고 말하는 사람들은 많은 경험에서 오는 통계를 자기도 모르는 사이에 하고 있는 것이다. 사실 이것은 평균, 편차 그리고 군집 분석과 판별분석이라고 하는 어려운 부분의 통계를 하고 있는 것이다. 우리는 이를 정리하여 체계를 잡아서 명확하게 설명하는 것을 통계라고들 한다. 즉 통계는 자기주장을 상대에게 합리적으로 설명하는 도구에 불과하다. 또한 과학의 발전은 하나의 사실을 정확하게 파악하여야 다음 단계의 사실에 대해서 연구할 수 있다. 그러나 처음 하나의 진실을 불확실하게 파악한다면 다음 단계를 진행할 수 없을 것이다. 그래서 통계는 과학 발전에 대단히 중요하다고 하겠다.

▼ 4.2 실험에서 통계의 필요성

통계는 비교에 필요하다. 그러나 무작정 비교하여 이야기하는 것은 설득력이 없다. 합리적으로 설명하기 위하여 항상 정당한 방법을 사용하여야 한다. 이를 위하여 대푯값이 필요하다. 그리하여 우리는 평균을 생각한다. 그러나 평균을 대푯값으로 얼마나 신뢰할 수 있을

까? 인간의 생각은 자꾸 더 깊이 들어간다. 여기에서 생겨난 것이 변이 즉 편차이다. 편차는 요즈음 표준 편차로도 쓰이며 표준오차로도 표현한다. 이는 평균에 대한 신뢰성의 표현이기도 하다. 즉 변이가 큰 집단과 변이가 적은 집단의 예이다. 우리는 여기에서 변이가 적은 집단의 평균을 더욱더 신뢰할 수밖에 없다. 더욱이 집단의 모든 수를 전부 측정하면 좋겠지만 대부분이 전수 조사는 불가능한 경우가 많다. 전수조사를 못 함으로써 일부분만을 조사하여 대푯값으로 쓰기 위해 더욱 변이는 중요하다. 또한 우리의 자연 상태에서 얻을 수 있는 자료는 대부분 정규분포를 하고 있다. 즉 평균값에 가까운 곳에는 빈도(최빈수)가 많고 평균에서 멀어지면 빈도가 적은 것이다. 예를 들면 신장이 큰 사람은 적고 또한 신장이 작은 사람도 적은 수를 나타낸다. 그래서 항상 평균하고 가까운 사람들은 많은 것이다. 이러한 분포를 정규분포라고 한다. 이는 표본조사에서 가장 중요한 요소이다. 집단 전체를 조사할 수 없어 표본조사를 했는데 모집단과 표본과의 차이(평균 및 편차 등)가 작아야 표본 추출이 잘 되었다고들 한다. 그렇지 않다고 한다면 이는 고의적인 표본 추출이라 할 수밖에 없다. 그래서 이러한 경우 산출되는 숫자들은 대푯값이 될 수 없다. 그러나 열심히 조사한 내용을 버릴 필요는 없고 단지 조사 수를 늘려감에 따라 개선될 수 있다. 그러나 실험에 따른 통계를 함에 있어서 반복 수를 끝없이 늘려갈 수는 없는 것도 또한 현실이고 보면 표본을 추출할 때 우리는 항상 주의를 기울여야 한다. 이러한 표본 추출에는 여러 방법이 있겠지만 특별한 것은 없고 항상 공평한 조건에서 표본을 추출하면 되는 것이다.

SAS에서 프로그램은 SAS 화면 중 Editor(편집기) 화면을 이용하여 입력한다. 앞으로 우리는 이 Editor화면을 통해서 SAS와 대화하는 것이다. 대부분의 독자는 프로그램이라고 하면 어렵다고 생각하기 쉬우나 SAS에서의 프로그램은 몇 가지 규칙과 통계용어, 그리고 간단한 영어 단어를 이용하여 프로그램하는 것이므로 많은 노력은 들이지 않아도 공부할 수가 있다. 또한 본서를 소장하여 필요에 따라 참고를 함으로써 아주 쉬운 방법으로 처리를 할 수 있을 것이다. 다음은 SAS Editor화면에 입력하는 것이다.

제2장

SAS 프로그램 작성

제1절 SAS 프로그램의 작성 순서

▼ 1.1 프로그램 작성에 필요한 명령어 입력

```
data aaa;
```

SAS의 프로그램은 data문으로부터 시작되는데 data다음에 한 칸을 띄어 data의 명칭(예 aaa)을 넣는다. 이는 data set을 설정해놓고 작업을 시작한다는 의미로 즉 aaa는 data set의 이름이며 이 이름 하의 data set속에서 작업을 하겠다는 뜻이다.

다른 말로 표현하면 작업 장소의 이름이 aaa고 그 장소에서 다음에 이루어지는 작업을 하겠다는 뜻이다. 그러므로 프로그램 시작에 맨 먼저 이 data 문을 써야만 한다. data set 이름은 없어도 되지만 차후에 복잡해지는 경우가 있으므로 사용하여야만 하는 것으로 기억해 두는 것이 SAS를 학습하는 데 유리하다. 또한 SAS에서는 한 명령이 끝나면 끝에 ; 을 꼭 사용해야만 한다. 만약 넣지 않으면 SAS는 명령이 끝나지 않은 것으로 간주하여 오류를 범하기도 한다. 그러나 한 명령이 길어서 여러 줄에 입력해야 하는 경우, 여러 줄을 사용해도 되지만 명령이 끝나는 곳에는 꼭 ;을 입력하여 명령이 끝났음을 SAS에 알려주어야 한다. 이는 SAS가 C언어로 만들어진 이유이기도 하다.

```
input a $ b c;
```

computer는 data에 대한 정보의 성격을 정확하게 알려 주어야만 작업을 할 수 있다. input문은 field(예 a$ b c)에 자료를 읽어 드리는 자리를 마련하는데 즉 field이름 인 a $(a$)는 문자 형태의 자료를 읽을 수 있도록 하고 b($ 표시가 없는) 또는 c($ 표시가 없는)는 숫자 형태의 자료를 읽을 수 있도록 지정한다는 뜻이다.

```
cards;
```

이제부터 자료가 입력된다는 선언을 하는 문장이다. 입력되는 자료의 순서는 위의 input 문에서 지정한 순서대로 cards; 다음 line부터 입력한다. 즉 input문의 field명 순으로 자료가 입력되어야만 하되 자료와 자료 사이는 빈칸으로 구분한다. 하나에 대한 관찰치는 되도록 한 라인으로 형성하는 것이 좋으나 너무 길면 화면을 움직여야 확인할 수 있으므로 적절하게 끊어서 입력하는 것도 좋다. 이 명령은 옛날, 컴퓨터에 키보드가 없던 시절에 자료를 Punch card로 입력하는 시절에서 기원 되었다. 요즈음은 특별한 목적으로 OMR card를 사용하고 대부분 키보드를 사용하지만, 명령어는 그대로 사용한다.

```
run;
```

run 문은 이제까지 입력된 명령어를 수행하라는 지시이다. 대체로 한 procedure마다 끝에 한 번씩 run을 입력한다. 즉 한 스텝을 실행하라는 뜻이다. 특별하게 몇 개의 procedure를 묶어서 한 번에 run을 사용할 때도 있다.

```
proc print;
```

이는 하나의 작업[procedure]명령으로 읽어드린 자료나 처리의 결과를 출력하라는 명령어이다. 이 procedure는 프린터로 출력하라는 명령이 아니고 화면에 결과 내용을 보여 주라는 명령어이다.

▼ 1.2 자료 입력 방법

자료 입력방법 중 가장 기본적인 것은 위의 예와 같이 cards 문과 함께 직접 자료를 입력하는 방법인데 이때는 통계분석을 하는데 필요한 field를 설정하는데 주의를 해야 한다. 또 하나는 자료를 다른 editor 프로그램이나 워드프로세서를 사용하여 작성한 다음 SAS에 불러들여 사용하는 방법이다. 본서에서는 Microsoft Excel®을 추천한다.

예1) 직접 자료를 입력하는 경우

```
cards;
a 2 3 4
```

```
b 3 4 5
c 7 4 2
run;
```

예2) 별도로 작성된 data를 이용하는 경우

다른 워드프로세서나 editor 프로그램으로 자료를 작성한 다음 TEXT File 형태로 저장하고 이 자료를 SAS에 불러 읽어 사용하는 방법이다.

만일 다음과 같은 자료를 다른 editor에서 입력하고

```
a 2 3 4
b 3 4 5
c 7 4 2
```

저장할 때 file 명을 ddd 그리고 확장자를 dat로 입력 즉 ddd.dat로 입력하고 Text로 저장하였다면 SAS에서 다음과 같이 불러서 program editor에 입력한다.

```
data aaa;
infile 'A:\ddd.dat';    드라이브 명 : 파일 이름 . 확장자
input a $ b c d;
run;
```

이렇게 하면 SAS는 *A* 드라이브에 있는 파일 명이 ddd이고 확장자가 dat인 파일의 자료를 찾아 입력을 받게 된다. 현재의 컴퓨터는 *A* 드라이브는 없으므로 이동 저장장치[USB] 또는 하드 드라이브를 사용하여 자료를 옮기므로 그에 맞는 드라이브 명을 쓰면 된다.

이 방법은 대량의 자료를 취급할 때 편리하며 자료의 교정을 쉽게 하고 한 번의 입력으로 여러 번 사용이 가능하며 자료만의 보관을 쉽게 할 수 있다는 장점이 있다.

▼ 1.3 SAS 프로그램 실행

실행 예)

```
data aaa;
input a $ b c;
cards;
a 90 99
b 82 84
c 79 74
d 69 66
run;
proc print;
run;
```

위와 같이 프로그램을 작성한 후에 F8(submit)키를 누르면 SAS는 프로그램을 실행시켜 output(출력) 화면에 결과를 출력하여 보여준다. 화면이 작아 불편할 때는 Windows와 동일하게 각 화면에 창 크기 조절 버튼을 가지고 조절하면 되며, 만약 한 Window가 사라지거나 한 경우는 메뉴 바에 있는 View(보기)를 누르고 다시 나타나는 메뉴에서 나타내고자 하는 Editor(편집기), Log(일지), Output(출력) 또는 Graph(그래프)를 선택하면 화면에 그 화면이 나타나므로 걱정할 필요는 없다. 이때 log화면을 검토할 필요가 발생할 경우는 Error가 발생하면 즉시 이 화면에 그 내용이 나타나기 때문에 이 메시지를 보고 프로그램 Editor 화면에서 프로그램을 수정하여 다시 실행시킬 수가 있기 때문이다. 이때 단축 메뉴 중에 F4(Recall)가 필요하다.

▼ 1.4 결과 및 프로그램의 저장

위에서는 data 입력을 공부하였다. 만일 작성한 프로그램이나 입력한 자료를 디스크에 저장하려면 표준 도구 모음에 있는 저장 아이콘을 사용하거나 메뉴 바에 있는 File을 누르고 SAVE(저장) 또는 SAVE As(다른 이름으로 저장)를 누르면 된다.

파일명과 확장자를 정할 때에 파일명은 그 내용에 부합되게 임의로 결정한다. 확장자도 물론 임의로 결정할 수 있지만, 결과 확장자는 'LST'로, 프로그램 확장자는 'SAS'로 구별하는 것이 차후관리상 바람직하다.

log화면에 출력된 결과도 위와 같은 방법에 의해서 저장은 가능하지만, log화면의 내용은 참고할 내용이지 저장할 가치가 있는 내용이 아니므로 보통 저장하지 않는다. 만약 프린터 출력이 요구될 때는 메뉴 바 밑에 있는 표준 도구 모음의 프린트 아이콘을 선택하면 가능하다. 그러나 SAS의 한 페이지(21라인)가 프린터 용지 한 페이지가 되므로 용지의 소모가 많은 단점이 있다. 그러므로 출력할 내용은 저장하여 다른 워드 프로그램을 사용하여 출력하는 것이 좋으며 출력 폭이 맞지 않아 문제가 발생할 때는 용지 방향을 옆으로 하는 것도 한 가지 방법이다.

▼ 1.5 저장된 자료 및 프로그램 불러오기

저장한 자료[Program]를 화면으로 불러오려면 표준 도구 모음에 있는 Open을 누르면 파일 위치를 Windows에서와같이 찾을 수 있게 된다. SAS에는 여러 창이 존재하므로 각각 창이 활성화되었을 때 불러오기를 하면 목적에 맞는 내용을 활성화된 창으로 불러올 수 있다. 그러나 편집기 내용은 불러올 가치가 있지만 다른 창에 내용은 다시 SAS로 불러올 특별한 이유가 없다.

다시 말하면 SAS 프로그램을 작성하여 처리한 후 저장해 둘 필요가 있으면 표준 도구 모음에 있는 저장 아이콘을 사용하거나 새로운 File일 경우 메뉴 바에 있는 File을 누르고 나타나는 메뉴 중 SAVE는 저장하기이고 SAVE AS는 다른 이름으로 저장하기이므로 적절하게 사용하면 된다. 대체적으로 Windows 용 다른 프로그램과 동일하므로 특별하게 설명하지 않아도 Windows를 사용할 수 있다면 사용하는 데 문제점이 없을 것으로 생각된다.

또한 엑셀에서 입력한 자료[DATA]도 별다른 변경 없이 입력이 가능하므로 편리하다(드래그 후, 복사, 붙여넣기).

제2절 SAS 사용 실례

2.1 자료의 입력

자료에 따라 INPUT문을 사용하여 다음과 같이 여러 경우로 나누어 입력할 수 있다.

예1) 변수가 두 개(a b)일 때는 cards 다음에 자료도 한 칸씩 떼어서 배열하는 가장 쉬운 방법으로서 free format을 이용하는 경우이다.

```
data new;
input a b;
cards;
1 2
3 4
5 8
3.5 4.11
run;
```

예2) 만일 위와 같이 둘씩 짝지어 배열되어 있지 않고 자료를 한 줄로 배열하거나 또는 여러 줄로 구성할 경우에는 다음과 같은 방법을 쓴다.

```
data new;
input a b @@;
cards;
1 2 3 4
5 8 3.5 4.11
run;
```

예3) 변수가 많아서 input $x1$ $x2$ $x3$ $x4$ $x5$;와 같이 각각 지정 해주기가 번거로울 때에는 다음과 같은 방빕을 쓴다.

```
data new;
input x1-x5;
cards;
1 2 3 4 5
6 8 4 6 2
4 2 8 5 2
run;
```

예4) 자료 중 일부만 이용할 경우, 예를 들어 컬럼 1-4까지의 자료는 무시하고 5컬럼 이후에 있는 자료를 사용하려면 다음과 같다.

```
data new;
input @5 a;
cards;
1234567890
5436789212
9678512436
run;
```

이외에도 특수한 경우에 사용되는 여러 방법이 있으나 그 방법들은 여기에서는 생략한다.

▼ 2.2 자료 보이기

자료는 PRINT문을 이용하여 다음과 같이 여러 가지로 나타낼 수 있다.

예1) 자료를 입력된 순서대로 나타내고자 할 경우

```
data new;
input a b c $;
cards;
1 1 a
2 2 b
1 2 a
1 3 b
2 1 b
3 1 c
3 2 c
run;
proc print;
run;
```

결과1)

SAS 시스템

OBS	A	B	C
1	1	1	a
2	2	2	b
3	1	2	a
4	1	3	b
5	2	1	b
6	3	1	c
7	3	2	c

이 방법은 극히 기본적인 방법으로 입력된 순서 즉 *a b c* $ 순으로 print 된다. 이는 자료의 입력이 정확한지 확인하는 데 도움이 된다.

예2) **입력된 자료 중 일부분만 선택하여 나타내고자 할 경우**

```
data new;
input a b c $;
cards;
1 1 a
2 2 b
1 2 a
1 3 b
2 1 b
3 1 c
3 2 c
run;
proc print;
var a c;
run;
```

결과2)

SAS 시스템

OBS	A	C
1	1	a
2	2	b
3	1	a
4	1	b
5	2	b
6	3	c
7	3	c

이 방법은 input 문에 의해서 입력된 자료의 일부분을 선택하여 print문에 의해서 출력하는 방법이다. 이때는 var라는 명령이 추가되는데 이는 variable(변수)라는 뜻으로 선택할

변수를 지정해서 출력하라는 뜻이다. 앞으로 proc 안에서의 이 var 명령은 다른 여러 가지 일을 하므로 주의해야 한다.

예3) 입력된 자료 중 일부변수의 위치를 바꾸어 출력하고자 할 경우

```
data new;
input a b c $;
cards;
1 1 a
2 2 b
1 2 a
1 3 b
2 1 b
3 1 c
3 2 c
run;
proc print;
var c a;
run;
```

결과3)

SAS 시스템

OBS	C	A
1	a	1
2	b	2
3	a	1
4	b	1
5	b	2
6	c	3
7	c	3

이 예는 위에서 설명한바와 같이 var 명령에 의해 변수의 순서 지정이 임의대로 되고 있음을 보여 주고 있다.

▼ 2.3 자료의 정리

임의로 입력한 자료를 정리하고 붙이고 분리하는 등의 방법을 활용하여 자료를 처리할 수 있다. 즉 어떤 항목의 순서대로 정리한다든지 또는 자료와 자료를 결합한다든지 그리고 많은 자료 중에서 일부분의 자료만을 선택하는 방법을 다음에 설명한다. 이는 실제 자료를 처리할 때 많이 사용해야 할 뿐만 아니라 통계 방법, 그리고 통계 목적에 따라 자료의 정리가 필요하게 되므로 잘 읽혀 두어야 한다.

1) 자료의 순서대로 정리(SORT 명령)

예) **입력된 자료를 우선 셋째변수(c)에 대하여 정렬하고 다시 첫째 변수(a)에 대하여 정리하는 경우**

```
input a b c $;
cards;
1 1 a
2 2 b
1 2 a
1 3 b
2 1 b
3 1 c
3 2 c
run;
proc sort out=list1;
by c;
proc print;
proc sort out=list2;
by a;
proc print;
run;
```

결과)

SAS 시스템

OBS	A	B	C
1	1	1	a
2	1	2	a
3	2	2	b
4	1	3	b
5	2	1	b
6	3	1	c
7	3	2	c

SAS 시스템

OBS	A	B	C
1	1	1	a
2	1	2	a
3	1	3	b
4	2	2	b
5	2	1	b
6	3	1	c
7	3	2	c

2) 두 자료의 병합(MERGE명령 이용)

가) 동일 대상에 대하여 조사된 몇 개 변수를 가진 두 자료를 병합하는 경우

우리는 한 대상에 대하여 여러 항목을 조사함에 있어 한 사람이 끝까지 조사할 수 없는 경우가 발생하기도 하는데 이러한 경우 여러 사람이 조사하여 자료를 혼동 없이 합하여 사용해야 하는데 이 방법은 이러한 경우에 유용하다. 그러나 이 방법은 자료의 수도 같아야 하며 순서도 같아야 하는 조건이 있다.

예) **1 대 1 병합으로 조사된 변수를 단순히 덧붙일 때**

```
data a;
input name $ city $;
     cards;
     c p
     n r
    s n
;
data b;
input y m $;
cards;
1985 sedan
1952 jeep
1978 bus
;
proc print data=a;
proc print data=b;
data match;
    merge a b;
proc print;
    title 'data set merge';
run;
```

결과)

SAS 시스템

OBS	NAME	CITY
1	c	p
2	n	r
3	s	n

SAS 시스템

OBS	Y	M
1	1985	sedan
2	1952	jeep
3	1978	bus

data set merge

SAS 시스템

OBS	NAME	CITY	Y	M
1	c	p	1985	sedan
2	n	r	1952	jeep
3	s	n	1978	bus

나) 기준이 되는 특정 변수를 중심으로 자료를 결합하는 경우

가)의 방법은 자료의 순서가 같아야만 하지만 그렇지 못할 경우 다음 방법을 사용하여 정리하는데 번호와 같은 기준이 되는 자료가 꼭 필요하다.

예1) 두 자료의 자료수가 같을 때

두 자료에 포함된 어느 한 변수(예 name)에 의하여 병합하는 방법은 다음과 같다.

```
data a;
input name $ city $;
    cards;
    c p
    n r
    s n
    ;
data b;
```

```
input name $ y m $;
cards;
c 1985 sedan
n 1978 bus
s 1952 jeep
;
proc print data=a;
proc print data=b;
data match;
     merge a b;
     by name;
     proc print;
   title 'data set merge';
run;
```

결과1)

data set merge

OBS	NAME	CITY
1	c	p
2	n	r
3	s	n

data set merge

OBS	NAME	Y	M
1	c	1985	sedan
2	n	1978	bus
3	s	1952	jccp

data set merge

OBS	NAME	CITY	Y	M
1	c	p	1985	sedan
2	n	r	1978	bus
3	s	n	1952	jeep

예2) 두 자료의 수가 다를 때

서로의 자료 수가 같지 않더라도 두 자료에 공동으로 포함된 변수를 기준으로 하여 병합하는 방법으로 결합 시에 같은 변수에 새 자료의 내용이 병합된다. 그런데 이 방법은 꼭 한쪽 자료의 기준변수에 대한 자료의 정리[SORT]가 꼭 필요하다.

```
data a;
input number name $ city $;
cards;
1 c p
2 n r
3 s n
4 k j
2 i o
1 a d
1 b c
data b;
input number year model $;
cards;
1 1985 sedan
2 1952 jeep
3 1978 bus
;
proc print data=a;
proc print data=b;
proc sort  data=a;
by number;
```

```
data match;
merge a b;
by number;
proc print;
title 'data set merge';
run;
```

결과2)

data set merge

OBS	NUMBER	NAME	CITY
1	1	c	p
2	2	n	r
3	3	s	n
4	4	k	j
5	2	i	o
6	1	a	d
7	1	b	c

data set merge

OBS	NUMBER	YEAR	MODEL
1	1	1985	sedan
2	2	1952	jeep
3	3	1978	bus

data set merge

OBS	NUMBER	NAME	CITY	YEAR	MODEL
1	1	c	p	1985	sedan
2	1	a	d	1985	sedan
3	1	b	c	1985	sedan
4	2	n	r	1952	jeep
5	2	i	o	1952	jeep

6	3	s	n	1978	bus
7	4	k	j	.	.

다) 동일한 변수에 대하여 조사대상수가 방대한 자료의 연결(SET명령어에 의한 MERGE)

이 방법은 조사변수는 일정하나 대상이 많은 자료를 여러 개로 나누어 각기 입력하였다가 다시 연결하는 방법이다. 즉 여러 장소에서 각기 다른 사람에 의하여 조사된 자료를 한 번에 처리하는 경우에 사용한다.

예) a b c 세 항목에 대하여 조사된 one, two, three 세 개의 자료를 하나로 만들되 단순히 연결하거나(total1), a 항목 순으로 정리 연결하거나(total2), b 항목 순으로 정리 연결(total3)하는 방법은 다음과 같다.

```
data one;
input a b c $;
cards;
1 1 a
1 2 b
1 3 c
;
proc print;
title 'data one';
run;

data two;
input a b c $;
cards;
2 1 f
2 1 t
2 2 d
2 3 r
;
```

```
proc print;
title 'data two';
run;

data three;
input a b c $;
cards;
3 1 s
3 2 g
3 3 y
3 4 p
3 5 o
;
proc print;
title 'data three';
run;

data total;
set one two three;
proc print;
title 'data total1';
run;
data total2;
set one two three;
by a;
proc print;
title 'data total2';
run;

data total3;
set one two three;
by b;
proc print;
title 'data total3';
run;
```

결과)

data one

OBS	a	b	c
1	1	1	a
2	1	2	b
3	1	3	c

data two

OBS	a	b	c
1	2	1	f
2	2	1	t
3	2	2	d
4	2	3	r

data three

OBS	a	b	c
1	3	1	s
2	3	2	g
3	3	3	y
4	3	4	p
5	3	5	o

data total1

OBS	a	b	c
1	1	1	a
2	1	2	b
3	1	3	c
4	2	1	f
5	2	1	t
6	2	2	d

7	2	3	r
8	3	1	s
9	3	2	g
10	3	3	y
11	3	3	p
12	3	5	o

data total2

OBS	a	b	c
1	1	1	a
2	1	2	b
3	1	3	c
4	2	1	f
5	2	1	t
6	2	2	d
7	2	3	r
8	3	1	s
9	3	2	g
10	3	3	y
11	3	3	p
12	3	5	o

data total3

OBS	a	b	c
1	1	1	a
2	2	1	f
3	2	1	t
4	3	1	s
5	1	2	b
6	2	2	d

```
7   3   2   g
8   1   3   c
9   2   3   r
10  3   3   y
11  3   4   p
12  3   5   o
```

라) 자료의 재구성 및 분리

위에서는 자료의 정리나 병합에 대한 것을 설명하는데 여기에서는 자료를 선택하여 분리하는 방법에 대하여 설명한다.

① 자료 중 변수(조사 항목)를 삭제(혹은 잔류)하는 경우(DROP, KEEP 문에 의한 재구성)
불필요한 변수를 삭제할 때는 drop 명령을 이용하고 남겨 두어야 할 필요한 변수를 선택할 때는 keep 문을 이용한다. 즉 삭제할 변수가 적은 경우 drop을 선택해야 할 변수가 적은 경우는 Keep을 사용하면 편리하다.

예) data one 자료로부터 b 변수를 제거하거나, 변수 a와 c를 남겨두거나 결과가 같음을 알 수 있다.

```
data one;
input a b c $;
cards;
1 1 a
1 2 b
1 3 c
;
proc print;
title 'data one';
run;

data two;
```

```
set one;
drop b;
proc print;
title 'data two';
run;
data three;
set one;
keep a c;
proc print;
title 'data three';
run;
```

결과)

data one

OBS	A	B	C
1	1	1	a
2	1	2	b
3	1	3	c

data two

OBS	A	C
1	1	a
2	1	b
3	1	c

data three

OBS	A	C
1	1	a
2	1	b
3	1	c

② 원래 자료 중 지정하는 변수의 성질에 따라 선별하여 재구성하는 경우(IF 문에 의한 선별)

이 방법은 남자만 선택한다든지 여자만 선택한다든지 하는 조사 조건에 의하여 자료를 선택하고자 하는 경우에 사용한다.

예) 자료 data one으로부터 두 번째 변수 a의 내용이 1이 아니고 또 마지막 변수 c의 내용이 a가 아닌 새로운 자료구성을 다음 방법으로 한다.

```
data one;
input n a b c $;
cards;
1   1   1   a
2   1   2   b
3   1   3   a
4   2   1   f
5   2   1   t
6   2   2   d
7   2   3   r
8   3   1   s
9   3   2   a
10  3   3   y
11  3   4   p
12  3   5   a
;
proc print;
title 'data one';
run;

data two;
set one;
if a=1 then delete;
proc print;
```

```
title 'data two';
run;

data three;
set two;
if c='a' then delete;
proc print;
title 'data three';
run;
```

결과)

data one

OBS	N	A	B	C
1	1	1	1	a
2	2	1	2	b
3	3	1	3	a
4	4	2	1	f
5	5	2	1	t
6	6	2	2	d
7	7	2	3	r
8	8	3	1	s
9	9	3	2	a
10	10	3	3	y
11	11	3	4	p
12	12	3	5	a

data two

OBS	N	A	B	C
1	4	2	1	f
2	5	2	1	t
3	6	2	2	d

4	7	2	3	r
5	8	3	1	s
6	9	3	2	a
7	10	3	3	y
8	11	3	4	p
9	12	3	5	a

data three

OBS	N	A	B	C
1	4	2	1	f
2	5	2	1	t
3	6	2	2	d
4	7	2	3	r
5	8	3	1	s
6	10	3	3	y
7	11	3	4	p

③ 원래 자료 중 지정하는 변수의 성질에 따라 새로운 항목을 만들어 추가하는 경우
(IF 문에 의한 자료의 추가)

예) 자료 data one에 셋째 변수 b의 성질이 1이면 항목 d의 내용을 kk라 표시하고, 다시 네 번째 변수 c 항목의 내용이 a이면 항목 e의 내용을 1000으로, 아니면 2000으로 표시하는 새로운 항목 d와 e가 추가된 새 자료를 구성할 수 있다.

```
data one;
input n a b c $;
cards;
1  1  1  a
2  1  2  b
3  1  3  a
4  2  1  f
```

```
5  2  1  t
6  2  2  d
7  2  3  r
8  3  1  s
9  3  2  a
10  3  3  y
11  3  4  p
12  3  5  a
;
proc print;
title 'data one';
run;

data two;
set one;
d='oo';
if b=1 then d='kk';
proc print;
title 'data two';
run;
data three;
set two;
if c='a' then e=1000;
else e=2000;
proc print;
title 'data three';
run;
```

결과)

data one

OBS	N	A	B	C
1	1	1	1	a
2	2	1	2	b

3	3	1	3	a
4	4	2	1	f
5	5	2	1	t
6	6	2	2	d
7	7	2	3	r
8	8	3	1	s
9	9	3	2	a
10	10	3	3	y
11	11	3	4	p
12	12	3	5	a

data two

OBS	N	A	B	C	D
1	1	1	1	a	kk
2	2	1	2	b	oo
3	3	1	3	a	oo
4	4	2	1	f	kk
5	5	2	1	t	kk
6	6	2	2	d	oo
7	7	2	3	r	oo
8	8	3	1	s	kk
9	9	3	2	a	oo
10	10	3	3	y	oo
11	11	3	4	p	oo
12	12	3	5	a	oo

data three

OBS	N	A	B	C	D	E
1	1	1	1	a	kk	1000
2	2	1	2	b	oo	2000

```
3     3   1  3  a  oo  1000
4     4   2  1  f  kk  2000
5     5   2  1  t  kk  2000
6     6   2  2  d  oo  2000
7     7   2  3  r  oo  2000
8     8   3  1  s  kk  2000
9     9   3  2  a  oo  1000
10    10  3  3  y  oo  2000
11    11  3  4  p  oo  2000
12    12  3  5  a  oo  1000
```

제3절 자료에 종류

자료에 종류는 크게 2가지로 나타낸다.

하나는 범주형 자료이고 또 하나는 연속형 자료이다.

이러한 형태에 따라 자료의 분석은 많은 차이를 가지고 있으므로 개념을 잘 파악해야 한다.

▼ 3.1 범주형 자료

범위에 상응하는 자료로서 예를 들면 서울지역, 경기지역, 강원지역 등 서로 연관성이 없는 자료들의 모임이다. 또 다른 명칭은 명목형 자료라고도 한다.

▼ 3.2 연속형 자료

이는 자료 간에 서로 연관성을 가지고 있는 자료의 형태로서 온도의 변화, 습도의 변화, 농도의 변화 등 어떤 기준 변수에 따라 계속적으로 변화되는 자료를 말한다. 물론 우리는 연속형 자료일지라도 범주형으로 간주하여 분석할 수 있지만 범주형을 연속형으로 처리할 수는 없다. 이러한 구분은 실험 설계에서 중요하기 때문에 잘 파악을 해야 한다. 특이한 경우, 범주형 자료라 할지라도 점수를 부여하여 연속형으로 처리할 수 있지만, 특수한 경우이므로 변환 과정이나 처리에 세심한 주의가 뒤따른다.

SAS의 자료 처리방법

SAS에서 자료의 수집도 중요하지만, SAS가 자료를 잘 인식할 수 있도록 입력해야 하기 때문에 자료를 다루는 방법은 대단히 중요하다. 또한 자료는 수집한대로 사용하는 것이 아니고 때로는 정렬을 해야 하고, 때로는 몇 가지만 선택해야하기도 하고 기타 여러 방법에 의하여 가공을 해야만 한다. 이러한 방법이 SAS를 이용함에 있어 대단히 중요하다.

제4절 자료 처리에 도움이 되는 사항

자료를 보다 효율적으로 처리하려면 다음과 같은 사용법을 읽혀 두는 것이 도움이 된다.

▼ 4.1 SAS에서의 사칙 및 logical operators 표현

**		제곱
*		곱하기
/		나누기
+		더하기
-		빼기
=	EQ	equal to
^=	NE	not equal to
〉	GT	greater than

〈　LT　less then

〉=　GE　greater then or equal to

〈=　LE　less then equal to

&　AND

|　OR

^　NOT

예)

```
data one;
input a b c $;

d = a + b;
e = a - b;
f = a * b;
g = a / b;
h = a ** b;
i = b ** 5;
if a = b then j = 100;
else j = 200;

if b ^= 2 then k =1000;
else k = 10;
if b > 2 then m = 50;
if b = 1 or b = 2 then l = 111;

cards;
1 1 a
1 2 b
1 3 c
;
proc print;
run;
```

결과)

OBS	A	B	C	D	E	F	G	H	I	J	K	M	L
1	1	1	a	2	0	1	1.00000	1	1	100	1000	.	111
2	1	2	b	3	-1	2	0.50000	1	32	200	10	.	111
3	1	3	c	4	-2	3	0.33333	1	243	200	1000	50	.

▼ 4.2 DO문

SAS에서의 반복 실행 명령이다. 즉 DO 문은 END 문과 같이 쓰이는데 DO 문과 END 문과의 사이 문장을 반복하라는 뜻이다.

예1) 다음은 1에서 10까지 출력하라는 예문이다.

```
data one;
do a = 1 to 10;
   output;
end;
proc print;
run;
```

결과1)

OBS	A
1	1
2	2
3	3
4	4
5	5
6	6
7	7

8	8
9	9
10	10

위 결과는 a가 1에서 10까지 반복된 결과이다.

예2) 다음은 구구셈 표를 만드는 예이다.

```
data one;
do a = 2 to 9;
do c = 1 to 9;
d = a * c;     output;
end;
end;
proc print;
run;
```

위의 예는 구구셈을 계산한 것으로써 2단에서 9단 까지를 표현한 것이다.

결과2)

OBS	A	C	D
1	2	1	2
2	2	2	4
3	2	3	6
4	2	4	8
5	2	5	10
6	2	6	12
7	2	7	14
8	2	8	16
9	2	9	18
10	3	1	3
11	3	2	6
12	3	3	9

```
13   3   4  12
14   3   5  15
15   3   6  18
16   3   7  21
17   3   8  24
18   3   9  27
19   4   1   4
20   4   2   8
21   4   3  12
22   4   4  16
23   4   5  20
24   4   6  24
25   4   7  28
26   4   8  32
27   4   9  36
28   5   1   5
29   5   2  10
30   5   3  15
31   5   4  20
32   5   5  25
33   5   6  30
34   5   7  35
35   5   8  40
36   5   9  45
37   6   1   6
38   6   2  12
39   6   3  18
40   6   4  24
41   6   5  30
42   6   6  36
43   6   7  42
44   6   8  48
45   6   9  54
46   7   1   7
47   7   2  14
```

```
48    7    3   21
49    7    4   28
50    7    5   35
51    7    6   42
52    7    7   49
53    7    8   56
54    7    9   63
55    8    1    8
56    8    2   16
57    8    3   24
58    8    4   32
59    8    5   40
60    8    6   48
61    8    7   56
62    8    8   64
63    8    9   72
64    9    1    9
65    9    2   18
66    9    3   27
67    9    4   36
68    9    5   45
69    9    6   54
70    9    7   63
71    9    8   72
72    9    9   81
```

여기에서 주의할 점은 output이라는 문장인데 이는 do문이 진행되면서 그 결과를 출력하라는 뜻이다. 만약 이 output문을 빼면 do문이 다 진행된 후 다음과 같이 마지막 결과만 나타낸다.

```
OBS    A    C    D
 72    9    9   81
```

▼ 4.3 FORMAT문

이 명령은 어떠한 특징을 숫자로 바꾸어 입력한 DATA를 다시 본래의 특징으로 바꿀 수 있는 명령이다.

예) 이름과 성별을 조사할 때(자료 입력 시 많은 노력이 필요하므로) male은 1, female은 2로 바꾸어 작성한 자료를 본래대로 나타내고자 할 경우

```
proc format;
  value sexfmt 1='male'
          2='female';
          data all;
          input name $ sex @@;
          format sex sexfmt.;
          cards;
          cha 1 kim 2 park 1 jung 2
          chio 1 chai 2
          ;
          proc print;
          run;
```

결과)

SAS

OBS	NAME	SEX
1	cha	male
2	kim	female
3	park	male
4	jung	female
5	chio	male
6	chai	female

▼ 4.4 SYSTEM OPTION

1) CENTER/NOCENTER

이는 출력을 화면의 중심에 하느냐 그렇지 않고 앞쪽에 하느냐를 결정하는 OPTION이다.

예) 물품과 구입 일자에 대한 자료에서 일자를 본래대로 표시하고 결과를 왼편에 시작되도록 나타낼 경우

```
option nocenter;
  data all;
  input name $ ac date7.;
     format ac worddate.;
     cards;
     table 15jan88
     desk 03mar87
     clock 28may91
   ;
proc print;
run;
```

결과)

```
                    SAS
          OBS  NAME                   AC
           1   table    January 15, 1988
           2   desk        March 3, 1987
           3   clock        May 28, 1991

                    SAS   13:14 Friday, February 23, 1990  6

        OBS   NAME                    AC
         1    table       January 15, 1988
```

2	desk	March 3, 1987
3	clock	May 28, 1991

2) DATE/NODATE

이는 출력된 SAS 결과를 보면 페이지마다 날짜가 출력되는 것을 볼 수 있는데 이를 어떻게 할 것인지 경정하는 option이다.

예) 일자를 7자로 줄여 표기한 자료를 본래대로 나타내되 출력 결과 오른쪽 위편에 나타내는 시간 요일 그리고 일자를 지우려 할 경우

```
option nodate;
   data all;
  input name $ ac date7.;
   format ac worddate.;
   cards;
   table 15jan88
   desk 03mar87
   clock 28may91
;
proc print;
run;
```

결과)

SAS

OBS	NAME	AC
1	table	January 15, 1988
2	desk	March 3, 1987
3	clock	May 28, 1991

3) NUUMBER/NONUMBER

이는 SAS에 페이지마다 페이지 번호가 출력되게 되어 있는데 이 번호를 출력하느냐 하지 않느냐를 결정하는 OPTION이다.

4) LINESIZE

이는 출력되는 폭을 나타낸다. (최소 62, 최대 256)

```
LINESIZE = width
LS = width
```

만약 width가 80이면 80칼럼으로 화면에 출력하고 100이면 100칼럼으로 출력하므로 프린터에도 같이 출력된다.

5) PAGESIZE

이는 출력되는 page의 길이를 나타낸다. (최소 20, 최대 500)

```
PAGESIZE = n
PS = n
```

화면에 "SAS 날짜 Page" 등이 나타나고 뒤이어 결과가 출력되고 또 "SAS 날짜 Page"가 나타나는데 여기까지가 한 Page가 된다. 이 Page를 크게(즉 여러 줄을 한Page로 함), 또는 작게 할 수 있다.

6) NOOBS

이 명령을 PROC PRINT의 보조명령으로 사용하면 PRINT시 관측치 번호를 나타내지 않게 한다.

예)

```
data a;
input a b c ;
cards;
1 3 5
1 6 9
2 6 8
2 4 1
;
proc print data=a NOOBS;
run;
```

결과)

```
              SAS

          A   B   C
          1   3   5
          1   6   9
          2   6   8
          2   4   1
```

7) Options

상기한 option들은 메뉴바 바로 밑에 있는 command 입력창을 이용하여 options라 입력하면 System options window를 볼 수 있는데 여기에서 각종 option을 바꿀 수도 있다. 만약 보다 자세한 option의 내용을 알고자 할 경우 이 options 화면에서 F1 키를 누르면 도움말이 화면에 나타난다.

만일 options 화면에서 수정을 하였다면 end 명령으로 다른 화면으로 가야만 수정된 내용이 기억된다.

8) 기타 Option

위에서 설명한 중요한 option 외에 여러 가지 option은 자주 쓸 수 있는 option은 아니므로 생략한다.

MISSING : 이는 missing value(결측구)를 표시하는 문자를 지칭하는 option으로 . 로 되어 있는데 이를 수정함으로써 자료 입력 시 잘못된 부분을 missing value로 처리할 수도 있다.

제3장

SAS PROCEDURE

이제부터 이 procedure에 대해서 설명하고자 한다. 즉 이 proc 다음에 할 수 있는 명령이 무엇이고 그 proc를 명령했을 때 어떠한 결과를 SAS가 출력해주며 그 출력을 판독하는 방법과 그 proc를 명령하기 위해서 어떠한 부수적인 명령이 필요한지를 공부하는 것이다.

SAS의 PROC(procedure)란 SAS의 data set을 읽고 통계량을 계산하고 결과를 출력하는 등의 작업을 의미하며 이를 이용하여 원하는 자료를 처리 분석 결과 출력할 수 있다. 이 procedure는 'PROC procedure 명'의 형태로 사용되며 여러 개의 option을 가질 수 있다. 여기에서는 이 procedure들이 어느 것을 분석해주고 거기에 따른 option은 어떻게 사용해야 하는지를 설명하고자 한다.

제1절 실험설계[Experimental Design]

1.1 실험설계

실험설계를 할 때 우리는 참고 문헌에 나타나는 통계 방법을 고집하거나 어떻게 할 줄을 몰라 하기도 하는데 이에 대한 해답은 자기가 실험을 하여서 표현하고자 하는 것이 무엇인가가 가장 중요하다. 혹자들은 새로운 통계방법에 억지로 맞추기를 원하지만 새로운 통계방법으로 처리하기 위해서는 새로운 실험설계를 해야만 하고, 자신이 실험을 하여 말하고자 하는 목적과 잘 부합되어야 한다. 여기에 설명되는 통계방법이 여러 가지가 있는데 그들의 목적은 각기 다르고 그 목적에 맞게 사용되어야 통계 처리가 잘되었다고들 한다.

예를 들면 연속적으로 흐르는 환경에 따라 변화되는 과정을 보고자 할 때는 연속형 자료이므로 연속형 자료 처리에 따라 분석의 초점을 맞추어야 한다. 만약 그렇지 못하고 범주형 처리로 처리를 하였다면 설명 자체도 문제가 될 뿐 아니라 많은 것을 이야기할 수도 없어 통계처리를 한 보람도 없이 설명 자체를 못 하고 만다. 그러므로 실험설계가 대단히 중요한 것이다. 그럼 실험 설계는 어디에서부터 시작해야 하는가? 실험설계는 우선 자신이 하고자 하는 실험에서 어떠한 결과를 이야기할 것인가를 알고 있어야 한다. 그다음에 그 결과를 이야기하기 위해서는 어떠한 조사가 뒤따라야 하며, 다음은 그 숫자들을 어떻게 가공(통계)함으로써 설명에 필요한 숫자들을 만들 수 있나 생각하여야 한다. 결국 통계는 자신의 주장을 합리적으로 확인시키는데 필요한 숫자의 검증방법이다.

▼ 1.2 자료의 종류

자료를 정리하거나 통계분석을 수행하기 위해서는 자료의 유형에 대해서 알아야 한다. 자료의 유형에 따라 분석방법이 달라지기 때문이다.

자료는 크게 연속형(양적) 자료와 범주형(질적) 자료로 나누어진다. 연속형 자료는 키, 몸무게, 시험점수 등 수치로 나타낼 수 있는 자료이고, 범주형 자료는 순위형 자료와 명목형 자료로 나누어진다. 순위형 자료는 1등, 2등… 그리고 첫째, 둘째 등등의 자료로 숫자로 표현할 수는 있지만, 서로 간에 연속되는 척도가 없는 경우이고, 순서의 의미가 전혀 없는 직업, 거주지 등 수치로 나타낼 수 없는 형태의 명목형 자료로 나누어진다.

연속형 자료는 다시 이산형 자료와 연속형 자료로 나누어지는데 이산형 자료는 자녀 수, 컴퓨터 수, 교통사고 건수와 같이 셀 수 있는 수치만을 갖는 자료이고, 연속형 자료는 키, 무게, 온도 등 연속적인 값을 취할 수 있는 자료이다.

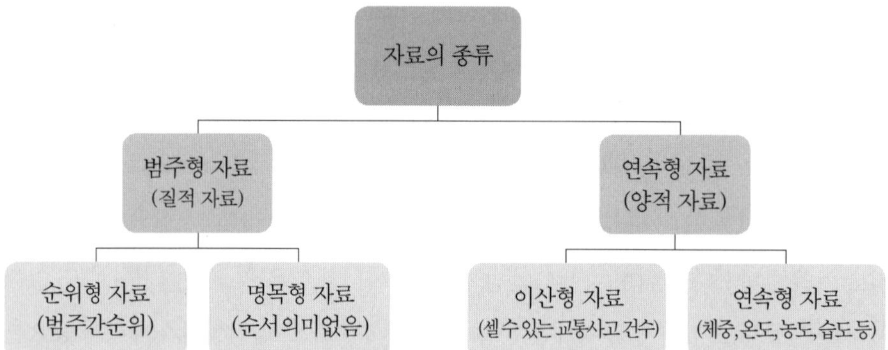

또한, 자료는 측정척도의 유형에 따라 비율척도, 등간척도, 서열척도, 명목척도로 나누어진다. 비율척도와 등간척도는 연속형 자료 측정에 사용되고, 서열척도와 명목척도는 범주형 자료 측정에 사용된다. 서열척도는 측정 대상 간에 높고 낮음의 관계를 순서에 따라 값을 부여한 것이다. 예를 들면 각 행정기관에 대한 만족도를 그 만족 순서에 따라 나열하여 번호로 순서를 정하면 서열척도가 된다. 명목척도는 남녀구별, 결혼 여부, 출신지역 등과 같이 상호 다르다는 것을 표시하는 척도이다. 물론 남자=0, 여자=1과 같이 숫자로 표시할 수는 있으나, 이는 단지 하나의 표시로 숫자를 부여한 것으로, 측정대상간의 크기를 나타내거나 계산은 할 수 없다.

사회과학에서 구하기 쉬운 자료는 명목척도나 서열척도 자료이긴 하지만, 그 분석방법에는 한계가 있다. 반면에 등간척도나 비율척도는 다양한 통계분석 방법을 적용할 수 있으나 그 자료를 구하는 것이 쉽지는 않다. 예를 들면 시민들을 대상으로 설문조사를 할 경우 월 소득액을 정확히 쓰라고 하면 꺼려하지만, 월 소득액을 대략의 범주로 나누어서 어디에 해당되는지를 체크하도록 하면 응답률이 높아진다.

보통은 명목척도나 서열척도로부터 얻어진 자료로는 적용할 수 있는 분석방법이 제한되어 있기 때문에 가능하면 등간척도나 비율척도로 자료를 얻고자 노력할 필요가 있다. 척도에 따른 통계분석기법은 크게 모수통계와 비모수통계로 나누어 볼 수 있다. 모수통계는 등간척도나 비율척도로 측정된 경우에 적용할 수 있는 기법이고, 비모수 통계 기법은 변수가 명목척도나 서열척도로 측정된 경우에 적용할 수 있는 기법이다.

1. 하나의 변수에 대한 분석-기술적 통계량

척도의 종류	명목, 서열척도(질적분석)	구간, 비율척도(양적분석)
통계량	비율, 최빈치, 사분위, 범위, 첨도, 왜도 등	평균, 표준편차,최빈치, 첨도, 왜도 등

2. 두 변수들 간에 분석

독립변수	종속변수	적용 가능한 통계기법
명목	명목	카이자승, 빈도분석
명목	구간	T-test, 분산분석(ANOVA), 회귀분석(더미 변수이용)
구간	명목	Logit 모형, Probit 모형
구간	구간	상관분석, 회귀분석, 편상관계수
명목	명목	로그선형모형
명목	구간	MANOVA
구간	명목	로지스틱 분석, 판별분석
구간	구간	다변량 회귀분석
독립변수, 종속변수 구분이 없는 경우		주성분분석, 요인분석, 군집분석

연속형 자료가 범주형 자료로 변환되어 사용되는 경우가 있다. 예를 들어 시험 성적 자료에서 60점 이하, 61-70점, 71-80점, 81-90점, 91-100점으로 집단화하여 각각 F, D, C, B, A의 평점으로 표현하면 시험 점수라는 연속형 자료가 평점이라는 범주형 자료로 변환된 것이다. 이러한 변환은 성적, 소득 등의 자료에서 흔히 이용된다.

종합

다음 표는 자료의 형태에 따라서 분석할 수 있는 통계 방법을 설명한 표이다. 실험 계획을 할 때, 수집되는 자료의 특성은 알 수 있으므로 통계 분석 방법 또한 추정할 수 있다. 그러나 각 통계 방법에 따라 자료 수집 방법이 달라지므로 이에 유의해야 한다. 예를 들면 독립변수와 종속변수가 동일하게 연속형인 경우에 회귀 분석, T-검정 또는 분산분석을 할 수 있지만, 자료 수집이 독립변수(연속형 자료나 범주형 자료)에 구분이 두 개가 있는 자료라면 (비록 종속변수(연속형 자료) 수는 여러 개라고 할지라도) T-검정을 할 수밖에 없고, 독립변수(연속형 자료)의 구분이 여러 개인 자료에서 서로 간에 차이만을 요구한다면 분산분석을 해야만 하며, 독립변수(연속형 자료)의 구분이 여러 개인 자료에서 종속변수의 변화를 관찰하기 위한 자료라면 회귀분석으로 분석할 수 있다. 그러나 이 경우는 독립변수의 구분이 최소 4개 이상(구분이 많을수록 좋다)이 되어야 하는데 이러한 특성을 생각하여 실험 설계를 해야만 하기 때문에 실험 설계를 할 때 통계의 이 부분을 잘 읽혀 두어야 한다. 또한 때때로 범주형 자료라고 할지라도 통계가 끝난 뒤 설명이 연속형 형태로의 설명이 요구된다면 범주형 자료를 변환 할 수 있는(충분한 의미가 있도록) 방법을 이용하여 변환한 뒤 회귀분석을 이용할 수 있다. 예를 들면 맛을 측정하여 수집된 자료에서 맛의 정도는 범주형으로 수집되는 것이 일반적인데 (아주 맛없다 : 1, 맛없다 : 2, 보통이다 : 3, 맛있다 : 4, 아주 맛있다 : 5) 최종 설명을 할 때, 이를 연속형으로 보고 "2.4 정도의 맛이다" 등으로 설명이 요구될 때는 연속형 자료로 바꾸어 (다중) 회귀분석을 하는 것이 옳은 방법이다.

독립변수 \ 종속변수	연속형 변수	범주형 변수	이산형 변수
연속형 변수	회귀분석 T-검정 분산분석 (독립변수 변환-범주형)	(독립변수와 종속변수 변환)	빈도분석(독립변수와 종속변수 변환)
범주형 변수	분산분석 T-검정	빈도분석 (종속변수 변환-개수)	빈도분석
이산형 변수	분산분석 (독립변수 변환-범주형)		빈도분석 (종속변수 변환-개수)

변수[variable]

관측 되는 특성 그 자체가 변수이다.

키, 몸무게, 교통사고 건수와 같이 관측 결과가 수치로 나타나는 변수는 수치 변수[Numerical variable]라 하고 혈액형, 지역명, 학교명 등과 같이 범주의 형태로 나타나는 변수를 범주형 변수[Categorical variable]라 한다. 수치변수는 다시 시간이나 몸무게와 같이 연속적인 값을 갖는 연속형 변수[Continuous variable]와 교통사고 건수와 같이 셀 수 있는 값을 갖는 이산형 변수[Discrete variable]로 구분될 수 있다. 또한 범주형 변수는 범주

간에 순서에 의미가 있는 순위형 변수[Ordinal variable]와 순서에 의미가 없는 명목형 변수[Nominal variable]로 구분된다.

▼ 1.3 평균

일반적으로 대푯값으로 사용하기 위하여 평균을 계산하며, 평균 계산에는 여러 가지 방법이 있다. 우리가 일반적으로 하고 있는 산술 평균이라는 것과 기하평균, 최빈수, 중위수 등등… 그러나 일반 통계를 하는 데는 산술 평균만으로 충분하다. 평균에서부터 질려버리면 통계는 언제 할 수 있을까? Sample의 수가 많아 평균 계산하기가 곤란한 경우 최빈수나 중위수를 사용하기도 한다. 자연 상태의 모든 일은 항상 정규분포를 하고 있다는 가설에서부터 중위수나 최빈수는 적절하게 평균으로 인정을 받고 있다.

제2절 PROC PRINT

결과를 출력하는 명령이다.(제2장에서 설명)

제3절 PROC SORT

자료를 정리해주는 명령이다.(제2장에서 설명)

제4절 PROC MEANS

평균만 계산하는 것이 아니고 기초통계 분석에 사용되는 값을 계산하며 사용방법은 다음과 같다.

```
PROC MEANS option;
VAR variables;
BY variables;
CLASS variables;
FREQ variables;
WEIGHT variables;
ID variables;
OUTPUT options;
```

→ 이들은 PROC MEANS에서 사용될 수 있는 보조명령으로, 사용될 수도 있고, 사용하지 않아도 되는 즉 선택적으로 사용할 수 있다.

OPTION에 사용할 수 있는 명령과 그 의미는 다음과 같은데 이들 또한 필요에 따라 선택하여 사용할 수 있다.

N	: 관찰수
NMISS	: 결측수
MEAN	: 평균
STD	: 표준편차
MIN	: 관찰치중 가장 작은 값(최소값)
MAX	: 관찰치중 가장 큰 값(최대값)
RANGE	: 가장 큰 관찰치와 가장 작은 관찰치의 차이(MAX - MIN)
SUM	: 합계
USS	: uncorrected sum of squares 수정되지 않은 제곱 합
CSS	: corrected sum of squares 평균에 의해 수정된 제곱 합
CV	: 변이계수
STDERR	: 표준오차

T : t값에 대한 검정 통계치
PRT : 유의 확율($PR > /t/$)
SUMWGT : 가중 변수 합

Proc means에는 출력명령이 포함되어 있으므로 출력을 위한, 별도 명령이 필요 없이 출력된다.

예) 학생들의 신장과 체중, 학년 그리고 성별을 조사한 자료이다. 이 자료에 대한 기본 통계 치들을 구하여 보자.

신장	체중	학년	성별
160	63	1	m
170	70	1	m
159	50	1	f
163	51	2	f
170	55	3	f
183	75	2	m
177	70	3	m
165	60	3	m
162	48	3	f

```
data new;
input hight bodywt year sex$;
cards;
160 63 1 m
170 70 1 m
159 50 1 f
163 51 2 f
170 55 3 f
183 75 2 m
177 70 3 m
165 60 3 m
```

```
162 48 3 f
run;

proc means;
run;
```

결과)

SAS

N Obs	Variable	N	Minimum	Maximum	Mean	Std Dev
9	HIGHT	9	159.000000	183.000000	167.66667	8.1240384
	BODYWT	9	48.000000	75.000000	60.22222	9.8966886
	YEAR	9	1.000000	3.000000	2.11111	0.9279607

다음은 proc means에 option들을 삽입하여 학년별, 성별로 출력하여 보자.

```
proc means sum range t prt sumwgt uss;
class year sex;
run;
```

이는 상기한 proc means; 을 변형한 것이다.

```
run;
```

결과)

SAS

YEAR	SEX	N Obs	Variable	Sum	Sumwgt
1	f	1	HIGHT	159.000000	1.0000000
			BODYWT	50.0000000	1.0000000

	m	2	HIGHT	330.000000	2.0000000
			BODYWT	133.000000	2.0000000
2	f	1	HIGHT	163.000000	1.0000000
			BODYWT	51.0000000	1.0000000
	m	1	HIGHT	183.000000	1.0000000
			BODYWT	75.0000000	1.0000000
3	f	2	HIGHT	332.000000	2.0000000
			BODYWT	103.000000	2.0000000
	m	2	HIGHT	342.000000	2.0000000
			BODYWT	130.000000	2.0000000

YEAR	SEX	N Obs	Variable	USS	Range
1	f	1	HIGHT	25281.00	0
			BODYWT	2500.00	0
	m	2	HIGHT	54500.00	10.0000000
			BODYWT	8869.00	7.0000000
2	f	1	HIGHT	26569.00	0
			BODYWT	2601.00	0
	m	1	HIGHT	33489.00	0
			BODYWT	5625.00	0
3	f	2	HIGHT	55144.00	8.0000000
			BODYWT	5329.00	7.0000000
	m	2	HIGHT	58554.00	12.0000000
			BODYWT	8500.00	10.0000000

YEAR	SEX	N Obs	Variable	T	Prob>|T|
1	f	1	HIGHT	.	.
			BODYWT	.	.
	m	2	HIGHT	33.0000000	0.0193
			BODYWT	19.0000000	0.0335
2	f	1	HIGHT	.	.
			BODYWT	.	.
	m	1	HIGHT	.	.
			BODYWT	.	.
3	f	2	HIGHT	41.5000000	0.0153
			BODYWT	14.7142857	0.0432
	m	2	HIGHT	28.5000000	0.0223
			BODYWT	13.0000000	0.0489

제5절 PROC UNVARIATE

PROC MEANS와 동일한 분석치를 보여주는데 정규성에 대한 검정이 요구될 때는 이 방법을 쓴다. PROC MEANS와 비교하기 바란다.

```
PROC UNVARIATE options;
  VAR variables;
  BY variables;
  FREQ variables;
  WEIGHT variables;
```

```
ID variables;
OUTPUT OUT = SASdataset keyword=names...;
```

위 보조명령은 선택적으로 사용할 수 있고 사용하지 않아도 된다.

예)

```
data new;
input hight bodywt year sex$;
cards;
160 63 1 m
170 70 1 m
159 50 1 f
163 51 2 f
170 55 3 f
183 75 2 m
177 70 3 m
165 60 3 m
162 48 3 f
run;
proc univariate;
run;
```

결과)

```
                              SAS

                      UNIVARIATE PROCEDURE
Variable=HIGHT
                            Moments

     N               9          Sum Wgts        9
     Mean     167.6667          Sum          1509
```

Std Dev	8.124038	Variance	66
Skewness	0.910997	Kurtosis	-0.04705
USS	253537	CSS	528
CV	4.845351	Std Mean	2.708013
T:Mean=0	61.91502	Prob>|T|	0.0001
Sgn Rank	22.5	Prob>|S|	0.0039
Num ^= 0	9		

SAS

UNIVARIATE PROCEDURE

Variable=HIGHT

Quantiles(Def-5)

100% Max	183	99%	183
75% Q3	170	95%	183
50% Med	165	90%	183
25% Q1	162	10%	159
0% Min	159	5%	159
		1%	159
Range	24		
Q3-Q1	8		
Mode	170		

SAS

UNIVARIATE PROCEDURE

Variable=HIGHT

Extremes

Lowest	Obs	Highest	Obs
159(	3)	165(	8)
160(	1)	170(	2)
162(	9)	170(	5)

163(	4)	177(	7)
165(	8)	183(	6)

SAS

UNIVARIATE PROCEDURE

Variable=BODYWT

Moments

N	9	Sum Wgts	9
Mean	60.22222	Sum	542
Std Dev	9.896689	Variance	97.94444
Skewness	0.215131	Kurtosis	-1.57702
USS	33424	CSS	783.5556
CV	16.43362	Std Mean	3.298896
T:Mean=0	18.25526	Prob>|T|	0.0001
Sgn Rank	22.5	Prob>|S|	0.0039
Num ^= 0	9		

SAS

UNIVARIATE PROCEDURE

Variable=BODYWT

Quantiles(Def=5)

100%	75	99%	75
Max	70	95%	75
75% Q3	60	90%	75
50% Med	51	10%	48
25% Q1	48	5%	48
0% Min		1%	48
	27		
Range	19		
Q3-Q1	70		
Mode			

SAS

UNIVARIATE PROCEDURE

Variable=BODYWT

Extremes

Lowest	Obs	Highest	Obs
48(	9)	60(	8)
50(	3)	63(	1)
51(	4)	70(	2)
55(	5)	70(	7)
60(	8)	75(	6)

SAS

UNIVARIATE PROCEDURE

Variable–YEAR

Moments

N	9	Sum Wgts	9
Mean	2.111111	Sum	19
Std Dev	0.927961	Variance	0.861111
Skewness	-0.2632	Kurtosis	-2.01754
USS	47	CSS	6.888889
CV	43.95603	Std Mean	0.30932
T:Mean=0	6.825001	Prob>|T|	0.0001
Sgn Rank	22.5	Prob>|S|	0.0039
Num ^= 0	9		

SAS

UNIVARIATE PROCEDURE

Variable=YEAR

Quantiles(Def=5)

100% Max	3	99%	3
75% Q3	3	95%	3
50% Med	2	90%	3
25% Q1	1	10%	1
0% Min	1	5%	1
		1%	1
Range	2		
Q3-Q1	2		
Mode	3		

SAS

UNIVARIATE PROCEDURE

Variable=YEAR

Extremes

Lowest	Obs	Highest	Obs
1(	3)	2(	6)
1(	2)	3(	5)
1(	1)	3(	7)
2(	6)	3(	8)
2(	4)	3(	9)

제6절 PROC TABULATE

이 procedure 또한 기초통계량을 계산하는 procedure로써 자료를 표로 만들어 보기 좋게 하여 정리하여 준다.

사용 방법은 다음과 같다.

```
PROC TABULATE option;
  ┌─ CLASS variables;
  │  VAR variables;
  │  FREQ variables;
  │  WEIGHT variables;
┌─┤  FORMAT variables;
│ │  LABEL variables;
│ │  BY variables=label;
│ │  TABLE expression,expression,expression/option;
│ └─ KEYLABEL keyword='text'...;
│
└→ proc tabulate에서 사용할 수 있는 보조명령이다.
```

이는 어느 procedure에서와같이 선택적으로 사용할 수 있다.

Proc tabulate에도 출력명령이 포함되어 있다.

예) 학생들의 학년, 성별로 키와 체중을 조사한 예1)의 자료를 학년, 성별로 키에 대한 합계, 평균, 분산, 표준편차로 표로 만들고 또 학년별로 키에 대한 합계, 평균, 분산, 표준편차의 표로 만들려면 다음과 같이 처리한다.

```
data tabul;
input hight bodywt year sex$;
cards;
160 63 1 m
170 70 1 m
159 50 1 f
163 51 2 f
170 55 3 f
183 75 2 m
```

```
177 70 3 m
165 60 3 m
162 48 3 f
run;
proc tabulate;
class year sex;
var hight;
table year*sex year,hight*(sum std mean var);
run;
```

결과)

SAS

		HIGHT			
		SUM	STD	MEAN	VAR
YEAR	SEX				
1	f	159.00	.	159.00	.
	m	330.00	7.07	165.00	50.00
2	f	163.00	.	163.00	.
	m	183.00	.	183.00	.
3	f	332.00	5.66	166.00	32.00
	m	342.00	8.49	171.00	72.00
YEAR					
1		489.00	6.08	163.00	37.00
2		346.00	14.14	173.00	200.00
3		674.00	6.56	168.50	43.00

제7절 PROC TRANSPOSE

이 procedure는 data의 행과 열을 바꾸어 주는데 사용방법은 다음과 같다.

```
PROC TRANSPOSE option;
VAR variables;
ID variables;
COPY variables;
BY variables;
```

예)

```
data a;
input a b c;
cards;
1 3 5
1 6 9
2 6 8
2 4 1
;
proc print;
title 'normal data';
run;
proc transpose;
proc print;
title 'transpose data';
run;
```

이 procedure는 출력명령이 없고 data만 변화시켜주므로 proc print와 함께 사용해야 우리가 확인할 수 있다.

결과)

normal data

OBS	A	B	C
1	1	3	5
2	1	6	9
3	2	6	8
4	2	4	1

transpose data

OBS	_NAME_	COL1	COL2	COL3	COL4
1	A	1	1	2	2
2	B	3	6	6	4
3	C	5	9	8	1

제4장

SAS를 이용한 통계분석

제1절 빈도 분석[FREQUENCE]

빈도 분석은 설문지 조사에서 나타나는 어떤 기준을 가정한 뒤 그 가정에 현재 조사된 사항이 적합한지를 조사하는 방법으로 카이 자승(χ^2) 검정이라고도 한다.

카이스퀘어 검정은 어떤 기준 변수를 분류하고 이에 해당되는 빈도를 조사하여 검정하는 것으로 이 범주형 자료는 단일 기준에 의하여 분류되는 경우와, 두 기준이상에 의하여 분류되는 경우로 구분되는데, 전자는 관측도수와 기대 도수를 비교하는 적합도 검정을 하는 경우이고, 후자는 서로 다른 두 구분 기준 간의 독립성 검정(또는 동질성 검정)을 하는 경우이다.

위와 같이 내용을 요약하면 다음과 같다.

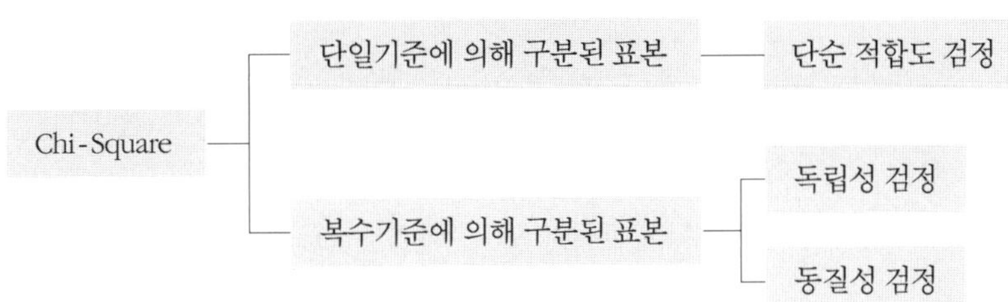

기본형

```
PROC FREQ options;
TABLE 변수*변수/options;
WEIGHT  변수들;
BY 변수; (sorting된 경우에만 가능함)
RUN;
```

▼ 1.1 단일기준에 의한 적합도 검정

예) 어떤 보험회사에서 채용한 신입사원은 6명이며 객관적으로 보아 이들의 능력은 거의 같다고 하자. 연수 후 실제 한 달간 보험가입실적을 확인한 결과 6명이 총 150만 원의 실적을 올렸다. 개인별 실적은 A는 27만 원, B는 18만 원, C는 15만 원, D는 24만 원, E는 36만 원, F는 30만 원씩을 올렸다. 과연 이들의 능력이 같다는 것이 적합한가.

프로그램

```
DATA kim;
 INPUT x1 $ x2 @@;
 CARDS;
 A 27  B 28
 C 15  D 24
 E 36  F 30
RUN;
PROC FREQ;
 TABLE x1*x2/expect chisq deviation cellchisq;
RUN;
```

x1*x2에서 *표 왼쪽은 결과의 분할표에서 세로축에 나타나고, 오른쪽은 가로축에 나타남.

결과

TABLE OF X1 BY X2

X1 Frequency Expected Deviation Cell Chi-Square	X2 15	18	24	27	30	36	Total

a	0 0.1667 -0.167 0.1667	0 0.1667 -0.167 0.1667	0 0.1667 -0.167 0.1667	1 0.1667 0.8333 4.1667	0 0.1667 -0.167 0.1667	0 0.1667 -0.167 0.1667	1
b	0 0.1667 -0.167 0.1667	1 0.1667 0.8333 4.1667	0 0.1667 -0.167 0.1667	0 0.1667 -0.167 0.1667	0 0.1667 -0.167 0.1667	0 0.1667 -0.167 0.1667	1
c	1 0.1667 0.8333 4.1667	0 0.1667 -0.167 0.1667	0 0.1667 -0.167 0.1667	0 0.1667 -0.167 0.1667	0 0.1667 -0.167 0.1667	0 0.1667 -0.167 0.1667	1
d	0 0.1667 -0.167 0.1667	0 0.1667 -0.167 0.1667	1 0.1667 0.8333 4.1667	0 0.1667 -0.167 0.1667	0 0.1667 -0.167 0.1667	0 0.1667 -0.167 0.1667	1
e	0 0.1667 -0.167 0.1667	0 0.1667 -0.167 0.1667	0 0.1667 -0.167 0.1667	0 0.1667 -0.167 0.1667	0 0.1667 -0.167 0.1667	1 0.1667 0.8333 4.1667	1
f	0 0.1667 -0.167 0.1667	0 0.1667 -0.167 0.1667	0 0.1667 -0.167 0.1667	0 0.1667 -0.167 0.1667	1 0.1667 0.8333 4.1667	0 0.1667 -0.167 0.1667	1
Total	1	1	1	1	1	1	6

STATISTICS FOR TABLE OF X1 BY X2

Statistic	DF	Value	Prob
Chi-Square	25	30.000	0.224
Likelihood Ratio Chi-Square	25	21.501	0.664
Mantel-Haenszel Chi-Square	1	1.449	0.229
Phi Coefficient		2.236	
Contingency Coefficient		0.913	
Cramer's V		1.000	

Sample Size = 6
WARNING: 100% of the cells have expected counts less
than 5. Chi-Square may not be a valid test.

Frequency : 관측도수

Expected : 기대도수

Deviation : 관측도수와 기대도수의 차이

Cell Chi-Square : 각 cell에서 Chi-Square값, 즉 (관측도수-기대도수)^2 /(기대도수)를 계산함.(이 값이 4이상이면 그 칸에서의 적합정도는 그다지 만족스럽지 못하다고 할 수 있다)

결과 해석

Chi-Square 의미는 다항분포에서 각 범주에 속할 확률이 ($P_1, P_2, \cdots\cdots, P_k$)인지를 검정하는 것이다. 이때 i번째 범주에 해당하는 관측도수 n과 이의 기대도수 즉 nP_i와의 차이 $n-nP_i$, (i=1, 2, 3 $\cdots k$)의 검정통계량의 값이 크면 귀무가설 즉($P_i, P_2, \cdots P_k$)의 확률분포의 모형을 따른다는 가설이 기각될 것이다.

각 사원의 능력이 동일하다고 할 때 기대할 수 있는 실적은 150/6=25만 원 이 될 것이다. 이를 이용하여 Chi-Square 검정통계량을 구해보면

$$\chi_5^{\,2} = \Sigma\frac{(O_i - E_i)^2}{E_i} = \frac{(27\text{-}25)^2 + (18\text{-}25)^2 +}{25}\cdots\cdots + \frac{(30\text{-}25)^2}{25} = 12$$

한편 자유도는 6 - 1=5이고, 유의수준 10%에서 귀무가설을 검정하면 x^2 임계치는 9.24이다. 따라서 카이스퀘어 값이 12이고 5% 임계치가 11.07이므로 귀무가설은 기각되며 각 사원의 능력이 동일하다고 보기는 어렵다라고 판정할 수 있다.

참고

검정통계량은 본래 다항분포를 따르고 있으나, 표본의 크기(n)가 크고 기대도수(npi)가 5보다 같거나 클 때 이 근사적 접근이 무리가 없다고 알려져 있다. 따라서 분할표 상에서 각 범주의 기대도수가 5미만의 값을 가지면 주변의 범주와 통합하여 기대도수가 5 이상이 되도록 하는 Yates의 연속성수정을 해야 한다. 본 예문 결과에서는 5보다 작은 cell이 100%이므로 chi - square 검정은 타당성이 없을 수 있다는 경고를 받았다.

예제4-1 적합도 검정

다음의 표는 어떤 도시에서 5명의 자녀를 가진 3868세대를 무작위 추출하여 아들의 수에 따라 분류한 것이다. 아들의 출생률을 1/2이라고 할 수 있겠는가?

아들 수	0	1	2	3	4	5
세대 수	92	603	1137	1254	657	125

프로그램

```
data kim;
 input x1 x2 x3;
 cards;
0 1  92
1 2  603
2 3 1137
3 4 1254
4 5  657
```

```
5 6 125
run;
proc freq;
 weight x3;
 table x1*x2/chisq expected;
run;
```

결과

The SAS System
The FREQ Procedure
Table of x1 by x2

x1 Frequency Expected Percent Row Pct Col Pct	x2 1	2	3	4	5	6	Total
0	92 2.1882 2.38 100.00 100.00	0 14.342 0.00 0.00 0.00	0 27.043 0.00 0.00 0.00	0 29.826 0.00 0.00 0.00	0 15.627 0.00 0.00 0.00	0 2.9731 0.00 0.00 0.00	92 2.38
1	0 14.342 0.00 0.00 0.00	603 94.004 15.59 100.00 100.00	0 177.25 0.00 0.00 0.00	0 195.49 0.00 0.00 0.00	0 102.42 0.00 0.00 0.00	0 19.487 0.00 0.00 0.00	603 15.59
2	0 27.043 0.00 0.00 0.00	0 177.25 0.00 0.00 0.00	1137 334.22 29.40 100.00 100.00	0 368.61 0.00 0.00 0.00	0 193.13 0.00 0.00 0.00	0 36.744 0.00 0.00 0.00	1137 29.40

3	0	0	0	1254	0	0	125
	29.826	195.49	368.61	406.54	213	40.525	
	0.00	0.00	0.00	32.42	0.00	0.00	32.42
	0.00	0.00	0.00	100.00	0.00	0.00	
	0.00	0.00	0.00	100.00	0.00	0.00	
4	0	0	0	0	657	0	657
	15.627	102.42	193.13	213	111.59	21.232	
	0.00	0.00	0.00	0.00	16.99	0.00	16.99
	0.00	0.00	0.00	0.00	100.00	0.00	
	0.00	0.00	0.00	0.00	100.00	0.00	
5	0	0	0	0	0	125	125
	2.9731	19.487	36.744	40.525	21.232	4.0396	
	0.00	0.00	0.00	0.00	0.00	3.23	3.23
	0.00	0.00	0.00	0.00	0.00	100.00	
	0.00	0.00	0.00	0.00	0.00	100.00	
Total	92	603	1137	1254	657	125	3868
	2.38	15.59	29.40	32.42	16.99	3.23	100.00

The SAS System

The FREQ Procedure

Statistics for Table of x1 by x2

Statistic	DF	Value	Prob
Chi-Square	25	19340.0000	<.0001
Likelihood Ratio Chi-Square	25	11726.0475	<.0001
Mantel-Haenszel Chi-Square	1	3867.0000	<.0001
Phi Coefficient		2.2361	
Contingency Coefficient		0.9129	
Cramer's V		1.0000	

Sample Size = 3868

▼ 1.2 복수기준에 의한 경우

표본이 복수인 경우에 χ^2 검정법은 분석목적에 따라 독립성 검정과 동질성 검정으로 구분된다.

1) 독립성 검정

두 분류기준이 상호 독립적인지를 확인하는 방법으로 두 분류기준 중 어느 하나가 다른 하나에 전혀 영향을 주지도 받지도 않을 때 이 두 분류기준은 서로 독립이라고 하는데 이와 같은 현상의 유무를 검정하는 방법을 독립성 검정이라고 한다.

예) 종교 신자들의 거주지역과 관련성을 알아보기 위하여 어느 지역을 4개(동, 서, 남, 북)로 구분한 후 200명의 신자를 임의로 추출하여 다음 표를 얻었다. 종교와 지역 사이는 독립적이라고 할 수 있는가?

	기독교	천주교	불교	기타	계
동부	9	12	8	12	41
서부	13	9	11	14	53
남부	9	16	12	14	51
북부	11	10	15	19	55
계	42	53	46	59	200

프로그램

```
data kim;
input x1 x2 x3@@;
cards;
1 1  9  1 2 12  1 3  8  1 4 12
2 1 13  2 2 15   2 3 11  2 4 14
3 1  9  3 2 16  3 3 12  3 4 14
```

```
4 1 11  4 2 10  4 3 15  4 4 19
run;
proc freq;
  weight x3;
  table x1*x2 /chisq expected;
run;
```

결과

The SAS System
The FREQ Procedure
Table of x1 by x2

x1 Frequency Expected Percent Row Pct Col Pct	x2 1	2	3	4	Total
1	9 8.61 4.50 21.95 21.43	12 10.865 6.00 29.27 22.64	8 9.43 4.00 19.51 17.39	12 12.095 6.00 29.27 20.34	41 20.50
2	13 11.13 6.50 24.53 30.95	15 14.045 7.50 28.30 28.30	11 12.19 5.50 20.75 23.91	14 15.635 7.00 | 26.42 23.73	53 26.50
3	9 10.71 4.50 17.65 21.43	16 13.515 8.00 31.37 30.19	12 11.73 6.00 23.53 26.09	14 15.045 7.00 | 27.45 23.73	51 25.50

4	11 11.55 5.50 20.00 26.19	10 14.575 5.00 18.18 18.87	15 12.65 7.50 27.27 32.61	19 16.225 9.50 | 34.55 32.20	55 27.50
Total	42 21.00	53 26.50	46 23.00	59 29.50	200 100.00

The SAS System
The FREQ Procedure
Statistics for Table of x1 by x2

Statistic	DF	Value	Prob
Chi-Square	9	4.2023	0.8976
Likelihood Ratio Chi-Square	9	4.3246	0.8888
Mantel-Haenszel Chi-Square	1	1.1742	0.2785
Phi Coefficient		0.1450	
Contingency Coefficient		0.1435	
Cramer's V		0.0837	

Sample Size = 200

결과 해석

이론 수[expected]와 관찰 수는 카이스퀘어 검정법에 의해서 비교할 수 있는데, 결과에서 카이스퀘어Chi-Square가 4.2023이며, 이때의 *P*값은 0.8976(0.01 또는 0.05보다 크므로)으로 유의하지 않으므로 지역과 종교는 연관성이 없다고 인정된다.

예제4-2 독립성 검정

종교와 신자들의 거주 지역과 관련성을 알아보기 위하여 어느 지역을 4(동, 서, 남, 북)로 구분한 후 200명의 신자를 임의로 추출하여 다음 표를 얻었다. 종교와 지역 사이는 독립적이라고 할 수 있는가?

	기독교	천주교	불교	기타	계
동 부	9	12	8	12	41
서 부	13	9	11	14	53
남 부	9	16	12	14	51
북 부	11	10	15	19	55
계	42	53	46	59	200

프로그램

```
data kim;
input x1 x2 x3 @@;
cards;
1 1  9  1 2 12  1 3  8  1 4 12
2 1 13  2 2 15  2 3 11  2 4 14
3 1  9  3 2 16  3 3 12  3 4 14
4 1 11  4 2 10  4 3 15  4 4 19
run;

proc freq;
 weight x3;
 table x1*x2/chisq expected;
run;
```

결과

The SAS System
The FREQ Procedure
Table of x1 by x2

x1 Frequency Expected Percent Row Pct Col Pct	x2 1	2	3	4	Total
1	9 8.61 4.50 21.95 21.43	12 10.865 6.00 29.27 22.64	8 9.43 4.00 19.51 17.39	12 12.095 6.00 29.27 20.34	41 20.50
2	13 11.13 6.50 24.53 30.95	15 14.045 7.50 28.30 28.30	11 12.19 5.50 20.75 23.91	14 15.635 7.00 26.42 23.73	53 26.50
3	9 10.71 4.50 17.65 21.43	16 13.515 8.00 31.37 30.19	12 11.73 6.00 23.53 26.09	14 15.045 7.00 27.45 23.73	51 25.50
4	11 11.55 5.50 20.00 26.19	10 14.575 5.00 18.18 18.87	15 12.65 7.50 27.27 32.61	19 16.225 9.50 34.55 32.20	55 27.50
Total	42 21.00	53 26.50	46 23.00	59 29.50	200 100.00

```
The FREQ Procedure
Statistics for Table of x1 by x2

Statistic                        DF     Value     Prob
------------------------------------------------------
Chi-Square                        9    4.2023   0.8976
Likelihood Ratio Chi-Square       9    4.3246   0.8888
Mantel-Haenszel Chi-Square        1    1.1742   0.2785
Phi Coefficient                        0.1450

Contingency Coefficient                0.1435
Cramer's V                             0.0837

Sample Size = 200
```

2) 동질성 검정

두 분류기준이 상호 독립적인지를 확인하는 독립성 검정과 비슷하나 구별하자면 모집단이 같은 곳에서 추출하면 독립성 검정 모집단이 두개 이상인 곳에서 표본이 추출되면 동질성 검정을 하는 경우이다.

예) 농어촌에 비해 도시의 소득격차가 심하다는 견해의 정당성 여부를 1% 유의수준에서 판정하고자 할 경우 각 지역에서 100명씩 200명을 무작위로 추출한 표본정보를 다음과 같이 정리하여 동질성 검정을 하여보자.

	도 시	농 어 촌	합 계
저 소득층	30	20	37
중간소득층	50	75	33
고 소득층	20	5	30
합　계	100	100	100

프로그램

```
DATA KIM;
  INPUT A B C;
  admit=1; count=c; output;
  admit=0; count=100-c; output;
  CARDS;
  1 1 30
  2 1 50
  3 1 20
  1 2 20
  2 2 75
  3 2  5
RUN;
PROC FREQ;
 weight count;
 TABLE A*B*admit/CHISQ nocol nopercent expected deviation cellchi2;
RUN;
```

결과

The SAS System

The FREQ Procedure

Table 1 of B by admit
Controlling for A=1

B Frequency Expected Deviation Cell Chi-Square Row Pct	admit 0	 1	 Total

1	70 75 -5 0.3333 70.00	30 25 5 1 30.00	100
2	80 75 5 0.3333 80.00	20 25 -5 1 20.00	100
Total	150	50	200

The FREQ Procedure
Statistics for Table 1 of B by admit
Controlling for A=1

Statistic	DF	Value	Prob
Chi-Square	1	2.6667	0.1025
Likelihood Ratio Chi-Square	1	2.6807	0.1016
Continuity Adj. Chi-Square	1	2.1600	0.1416
Mantel-Haenszel Chi-Square	1	2.6533	0.1033
Phi Coefficient		-0.1155	
Contingency Coefficient		0.1147	
Cramer's V		-0.1155	

Fisher's Exact Test

Cell (1,1) Frequency (F)	70
Left-sided Pr <= F	0.0706
Right-sided Pr >= F	0.9641
Table Probability (P)	0.0347
Two-sided Pr <= P	0.1412

Sample Size = 200

The SAS System
The FREQ Procedure
Table 2 of B by admit
Controlling for A=2

B Frequency Expected Deviation Cell Chi-Square Row Pct	admit 0	 1	 Total
1	50 37.5 12.5 4.1667 50.00	50 62.5 -12.5 2.5 50.00	100
2	25 37.5 -12.5 4.1667 25.00	75 62.5 12.5 2.5 75.00	100
Total	75	125	200

The SAS System
The FREQ Procedure

Statistics for Table 2 of B by admit
Controlling for A=2

Statistic	DF	Value	Prob
Chi-Square	1	13.3333	0.0003
Likelihood Ratio Chi-Square	1	13.5288	0.0002
Continuity Adj. Chi-Square	1	12.2880	0.0005
Mantel-Haenszel Chi-Square	1	13.2667	0.0003
Phi Coefficient		0.2582	
Contingency Coefficient		0.2500	
Cramer's V		0.2582	

Fisher's Exact Test

Cell (1,1) Frequency (F)	50
Left-sided Pr <= F	0.9999
Right-sided Pr >= F	2.102E-04
Table Probability (P)	1.449E-04
Two-sided Pr <= P	4.203E-04

Sample Size = 200

The SAS System

The FREQ Procedure

Table 3 of B by admit

Controlling for A=3

B Frequency Expected Deviation Cell Chi-Square Row Pct	admit 0	 1	 Total

1	80 87.5 -7.5 0.6429 80.00	20 12.5 7.5 4.5 20.00	100
2	95 87.5 7.5 0.6429 95.00	5 12.5 -7.5 4.5 5.00	100
Total	175	25	200

The SAS System

The FREQ Procedure

Statistics for Table 3 of B by admit

Controlling for A=3

Statistic	DF	Value	Prob
Chi-Square	1	10.2857	0.0013
Likelihood Ratio Chi-Square	1	10.9245	0.0009
Continuity Adj. Chi-Square	1	8.9600	0.0028
Mantel-Haenszel Chi-Square	1	10.2343	0.0014
Phi Coefficient		-0.2268	
Contingency Coefficient		0.2212	
Cramer's V		-0.2268	

Fisher's Exact Test

Cell (1,1) Frequency (F)	80
Left-sided Pr <= F	0.0011
Right-sided Pr >= F	0.9998
Table Probability (P)	8.924E-04
Two-sided Pr <= P	0.0022

Sample Size = 200

결과 해석

소득계층별 도 · 농간 소득 차의 동질성에 관한 카이제곱 검정의 결과

소득계층	카이제곱	자유도	P-값
1(저소득)	2.667	1	0.102
2(중소득)	13.333	1	0.000
3(고소득)	10.286	1	0.001

위의 결과를 보면 도시와 농촌의 소득 차이에 대한, 동질성 검정에 의하면 저소득층에서는 1%의 유의수준 하에서 동질이 아니라고 본다.

예제4-3 동질성 검정

최근 대학생들이 학교생활에 대한 만족도를 알아보기 위하여 J 대학교 전체 학생들을 대상으로 각 학년에서 100명씩 표본을 임의로 추출한 후 다음 표를 얻었다. 학년에 따라 만족한 학생의 비율이 같다고 할 수 있겠는가?($\alpha=0.01$)

	만족	보통	불만족	계
1	47	18	35	100
2	60	12	28	100
3	68	11	21	100
4	73	7	20	100
계	248	48	104	400

프로그램

```
data kim;
input x1 x2 x3@@;
```

```
cards;
1 1 47  1 2 18  1 3 35
2 1 60  2 2 12  2 3 28
3 1 68  3 2 11  3 3 21
4 1 73  4 2  7  4 3 20
run;
proc freq;
  weight x3;
  table x1*x2/chisq expected;
run;
```

결과

The SAS System

The FREQ Procedure

Table of x1 by x2

x1	x2			
Frequency Expected Percent Row Pct Col Pct	1		3	Total
1	47 62 11.75 47.00 18.95	18 12 4.50 18.00 37.50	35 26 8.75 35.00 33.65	100 25.00

2	60	12	28	100
	62	12	26	
	15.00	3.00	7.00	25.00
	60.00	12.00	28.00	
	24.19	25.00	26.92	
3	68	11	21	100
	62	12	26	
	17.00	2.75	5.25	25.00
	68.00	11.00	21.00	
	27.42	22.92	20.19	
4	73	7	20	100
	62	12	26	
	18.25	1.75	5.00	25.00
	73.00	7.00	20.00	
	29.44	14.58	19.23	
Total	248	48	104	400
	62.00	12.00	26.00	100.00

The SAS System
The FREQ Procedure
Statistics for Table of x1 by x2

Statistic	DF	Value	Prob
Chi-Square	6	17.0079	0.0093
Likelihood Ratio Chi-Square	6	17.0662	0.0090
Mantel-Haenszel Chi-Square	1	12.6575	0.0004
Phi Coefficient		0.2062	
Contingency Coefficient		0.2020	
Cramer's V		0.1458	

Sample Size = 400

제2절 T검정[T-Test]

T-TEST는 한 모집단에서 두 개의 표본을 두 개 골라, 이 두 표본 사이에 평균차가 있는지를 분석하거나, 두 개의 모집단에서 각각 한 표본을 골라 두 표본 간에 평균차이를 분석하는 것이다. 이 방법은 표본의 수가 30개 이하인 경우에 사용하고, 30개 이상인 경우는 Z 검정을 이용하며, 모집단의 수가 3개 이상인 경우는 분산분석을 통해 검정해야만 한다.

예) 다음은 어떤 남녀공학인 학교의 학생 중 남 · 여 각각 7명씩을 임으로 선정하여 영어점수를 조사한 결과를 가지고 남녀 간에 차이가 있다고 볼 수 있나 없나를 검정한 예이다.

프로그램

```
DATA kim;
  INPUT sex $ score @@;
  CARDS;
F 75  F 76  F 80  F 77  F 80  F 77  F 73
M 82  M 80  M 85  M 85  M 78  M 87  M 82
;
PROC TTEST;
  CLASS sex;
  VAR score;
RUN;
```

결과

SAS 시스템
The TTEST Procedure
Variable: score

sex	N	Mean	Std Dev	Std Err	Minimu	Maximum
F	7	76.8571	2.5448	0.9619	73.0000	80.0000
M	7	82.7143	3.1472	1.1895	78.0000	87.0000
Diff (1-2)		-5.8571	2.8619	1.5298		

sex	Method	Mean	95% CL Mean		Std Dev	95% CL Std Dev	
F		76.8571	74.5036	79.2107	2.5448	1.6399	5.6039
M		82.7143	79.8036	85.6249	3.1472	2.0280	6.9303
Diff (1-2)	Pooled	-5.8571	9.1902	-2.5241	2.8619	2.0522	4.7242
Diff (1-2)	Satterthwaite	-5.8571	-9.2064	-2.5078			

Method	Variances	DF	t Value	Pr > |t|
Pooled	① Equal	12	-3.83	0.0024
Satterthwaite	② Unequal	11.496	-3.83	0.0026

Equality of Variances

Method	Num DF	Den DF	F Value	Pr > F
Folded F	6	6	1.53	0.6189③

결과 해석

T-Test 결과를 읽는 방법은 첫 번째 Equality of Variances 항을 보면 *P*값 ③이 0.6189로 유의성이 없다. 유의성이 없다는 뜻은 서로 같은 결과로 판정되기 때문에 ①Equal 항을 보면 된다. 결국 *P*값은 0.0024이다. 본 예문에서는 ①과 ②의 차이가 적은 것으로 나왔지만 때때로 이 차이가 커서 유의성 판정에 영향을 주기도 한다. T 검정을 할 수 있는 도구는 많이 있으나(Excel 또는 공학용 계산기 등) 이러한 Equality of Variances를 검정해주지 않기 때문에 문제가 되기도 한다. 특히 두 처리 간에 반복 수가 다를 경우 많은 차이를 보이기도 한다.

예에서 남녀공학인 학교(동일모집단)에서 여학생의 평균점수는 76.9이고, 남학생의 경우는 82.7로 영어 점수의 남녀 간의 차이가 없다는 귀무가설에 대한 *P*-값은 ①에서 보는

바와 같이 0.0024이므로 0.01보다 작아 1% 수준에서 기각되어 남녀 학생 간에 영어점수에 차이가 있다고 판단한다.

예제4-4 T-Test

다음은 양계육성 계통 *A*와 *B*를 공시하여 일주일 동안 산란 수를 조사한 성적이다. 계통 간에 산란 수에 차이가 있는가를 검정하라.

계통	주당 산란 수											
A	4	5	7	6	3	4	6	5	2	3	5	.
B	4	6	5	3	7	5	4	2	1	3	2	6

프로그램

```
data kim;
input x1$ x2@@;
cards;
A 4 B 4
A 5 B 6
A 7 B 5
A 6 B 3
A 3 B 7
A 4 B 5
A 6 B 4
A 5 B 2
A 2 B 1
A 3 B 3
A 5 B 2
A . B 6
```

```
run;
proc ttest;
class x1;
var x2;
run;
```

결과

SAS 시스템
The TTEST Procedure
Variable: x2

x1	N	Mean	Mean	Std Err	Minimum	Maximum
A	11	4.5455	4.5455	0.4545	2.0000	7.0000
B	12	4.0000	4.0000	0.5365	1.0000	7.0000
Diff (1-2)		0.5455	0.5455	0.7098		

sex	Method	Mean	95% CL Mean		Std Dev	95% CL Std Dev	
A		4.5455	3.5327	5.5582	1.5076	1.0534	2.6457
B	Pooled	4.0000	2.8191	5.1809	1.8586	1.3167	3.1557
Diff (1-2)	Satterthwaite	0.5455	-0.9307	2.0216	1.7005	1.3083	2.4302
Diff (1-2)		0.5455	-0.9181	2.0091			

Method	Variances	DF	t Value	Pr > |t|
Pooled	Equal	12	0.77	0.4508
Satterthwaite	Unequal	20.717	0.78	0.4467

Equality of Variances

Method	Num DF	Den DF	F Value	Pr > F
Folded F	Equal	12	0.77	0.4508

제3절 상관분석[Correlation]

두 변수 또는 여러 변수 간에 독립변수와 종속변수를 구별하지 않고, 단지 밀접도만을 측정하는 것으로 그 범위는 -1과 1 사이이며, -1에 가까울수록 두 변수 간에 부의 선형관계를 나타내고 1에 가까울수록 정의 선형관계, 0에 가까울수록 무상관으로 나타난다. 즉 한 변수(독립변수)가 증가하면 다른 변수(종속변수)가 증가한다든지(양의 상관), 독립 변수가 증가하면 종속 변수가 감소하는(음의 상관) 정도를 숫자로 표현한 것이다. 다음 장의 회귀분석과 밀접한 관계를 가지고 있다.

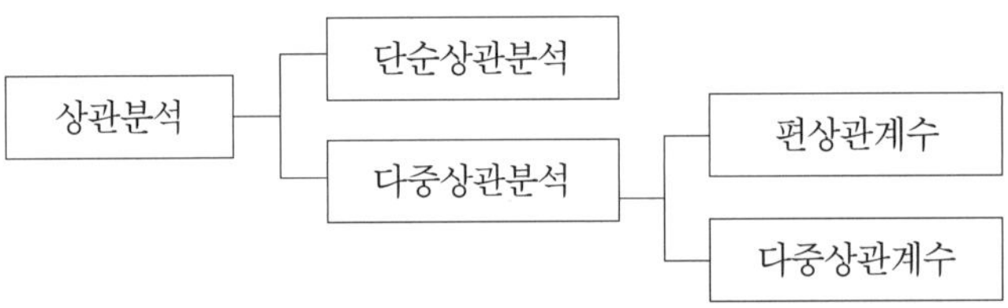

<기본형>

```
PROC CORR options
  VAR ;
  WITH ;
  PARTIAL ;
  BY ;
RUN;
```

options 에는 pearson,
spearman,
kandall 이 이용된다.

자료가 서열 척도의 경우는 spearman, kandall을 이용하고, 연속형 자료일 경우는 pearson을 이용하나, option을 지정하지 않으면 자동적으로 perason 상관분석을 하게 된다.

▼ 3.1 단순 선형 상관분석

단순 선형 상관분석이란 두 변수가 1차 선형관계를 가지고 있는지의 여부와 그 강도를 측정하는 방안에 국한된 것이므로 두 변수의 관계가 선형이 아닐 경우는 그 의미를 상실한다.

예) 대학에 합격한 학생들의 고교내신등급(x^1)과 대입학력고사성적(x^2)간에 상관관계가 어느 정도 있는가를 알아보자.

프로그램

```
DATA kim;
 INPUT x1 x2;
CARDS;
1 310
2 290
3 280
3 300
2 320
1 295
4 305
1 290
1 315
2 295
;
RUN;
PROC corr;
 VAR x1 x2;
RUN;
```

결과

SAS 시스템

CORR 프로시저

2 개의 변수: x1 x2

단순 통계량

변수	N	평균	표준편차	합	최솟값	최댓값
x1	10	2.00000	1.05409	20.00000	1.00000	4.00000
x2	10	300.00000	12.47219	3000	280.00000	320.00000

피어슨 상관 계수, N = 10

H0: Rho=0 가정 하에서 Prob > |r|

	x1	x2
x1	1.00000	-0.16903 (0.6406)
x2	-0.16903 (0.6406)	1.00000

주 : ( )은 p-value임.

결과 해석

고교 내신 성적이 X_1, 대입학력고사가 X_2이라 할 때, 이 두 변수 간의 상관계수는 $\gamma X_1 X_2$ = - 0.1693이며 그때의 P-값은 0.6406이다. 즉 유의수준이 36%=(1-0.6406)*100로 아주 낮아 고교 내신 성적과 학력고사와는 함수관계가 없다.

예제4-5 단순 상관 분석

다음은 12명의 아버지와 아들의 키에 대하여 조사한 표이다. 아버지의 키와 아들의 키 사이에 상관계수를 구하라.

아버지	165.1	160.0	170.1	162.5	172.7	157.4	177.8	167.6	172.7	170.1	175.2	180.3
아들	172.7	167.6	172.7	165.1	175.2	167.6	172.7	165.1	180.3	170.1	172.7	177.8

프로그램

```
data kim;
input x1 x2;
cards;
165.1  172.7
160.0  167.6
170.1  172.7
162.5  165.1
172.7  175.2
157.4  167.6
177.8  172.7
167.6  165.1
172.7  180.3
170.1  170.1
175.2  172.7
180.3  177.8
run;
proc corr;
run;
```

결과

The SAS System

The CORR Procedure

2 Variables: x1 x2

Simple Statistics

Variable	N	Mean	Std Dev	Sum	Minimum	Maximum
x1	12	169.29167	7.05388	2032	157.40000	180.30000
x2	12	171.63333	4.77367	2060	165.10000	180.30000

```
Pearson Correlation Coefficients, N = 12
Prob > |r| under H0: Rho=0

              x1          x2
x1       1.00000     0.70457
                      0.0105
x2       0.70457     1.00000
          0.0105
```

▼ 3.2 다중 상관 분석

다중 상관 분석이란 임의의 둘 이상의 변수들 간에 선형관계 내지는 강도 또는 밀접도를 측정하는 것이다.

1) 편 상관계수

여러 변수 간의 상관을 보는 경우, 한 변수 이상 몇 개의 변수가 일정하다고 하고 나머지 다른 변수들 간의 상관을 보는 경우에 사용하는 방법이다.

프로그램

```
data kim;
  input age weight oxy runtime rstpulse runpulse maxpulse;
  cards;
 44 89.47  44.609 11.37 62 178 182
 40 75.07  45.313 10.07 62 185 185
 44 85.84  54.297  8.65 45 156 168
 42 68.15  59.571  8.17 40 166 172
 38 89.02  49.874  9.22 55 178 180
 47 77.45  44.811 11.63 58 176 176
```

```
40 75.98  45.681 11.95 70 176 180
43 81.19  49.091 10.85 64 162 170
44 81.42  39.442 13.08 63 174 176
38 81.87  60.055  8.63 48 170 186
44 73.03  50.541 10.13 45 168 168
45 87.66  37.388 14.03 56 186 192
45 66.45  44.754 11.12 51 176 176
47 79.15  47.273 10.60 47 162 164
54 83.12  51.855 10.33 50 166 170
49 81.42  49.156  8.95 44 180 185
51 69.63  40.836 10.95 57 168 172
51 77.91  46.672 10.00 48 162 168
48 91.63  46.774 10.25 48 162 164
49 73.37  50.388 10.08 67 168 168
57 73.37  39.407 12.63 58 174 176
54 79.38  46.080 11.17 62 156 165
52 76.32  45.441  9.63 48 164 166
50 70.87  54.625  8.92 48 146 155
51 67.25  45.118 11.08 48 172 172
54 91.63  39.203 12.88 44 168 172
51 73.71  45.790 10.47 59 186 188
57 59.08  50.545  9.93 49 148 155
49 76.32  48.673  9.40 56 186 188
48 61.24  47.920 11.50 52 170 176
52 82.78  47.467 10.50 53 170 172
;
PROC CORR data=kim pearson spearman kendall;
  VAR  weight runpulse maxpulse rstpulse;
  partial oxy runtime age;
RUN;
```

* 변수 oxy, runtime, age가 고정되어 있다고 봄.

결과 (partial를 사용한 경우)

CORRELATION ANALYSIS

3 'PARTIAL' Variables: OXY RUNTIME AGE

4 'VAR' Variables: WEIGHT RUNPULSE MAXPULSE RSTPULSE

Simple Statistics

Variable	N	Mean	Std Dev	Median	Minimum	Maximum
OXY	31	47.37581	5.32723	46.77400	37.38800	60.05500
RUNTIME	31	10.58613	1.38741	10.47000	8.17000	14.03000
AGE	31	47.67742	5.21144	48.00000	38.00000	57.00000
WEIGHT	31	77.44452	8.32857	77.45000	59.08000	91.63000
RUNPULSE	31	169.64516	10.25199	170.00000	146.00000	186.00000
MAXPULSE	31	173.77419	9.16410	172.00000	155.00000	192.00000
RSTPULSE	31	53.45161	7.61944	52.00000	40.00000	70.00000

CORRELATION ANALYSIS

Simple Statistics

after Partialling

Variable	Variance	Std Dev
WEIGHT	68.10003	8.25227
RUNPULSE	69.07128	8.31091
MAXPULSE	61.71270	7.85574
RSTPULSE	46.64889	6.83000

CORRELATION ANALYSIS

Pearson Partial Correlation Coefficients / Prob > |R| under Ho: Partial Rho=0/ N = 31

	WEIGHT	RUNPULSE	MAXPULSE	RSTPULSE
WEIGHT	1.00000	-0.04402	0.06767	-0.12964
	0.0	0.8240	0.7322	0.5109

RUNPULSE	-0.04402	1.00000	0.91915	0.10860
	0.8240	0.0	0.0001	0.5823
MAXPULSE	0.06767	0.91915	1.00000	0.08363
	0.7322	0.0001	0.0	0.6722
RSTPULSE	-0.12964	0.10860	0.08363	1.00000
	0.5109	0.5823	0.6722	0.0

CORRELATION ANALYSIS

Spearman Partial Correlation Coefficients/ Prob > |R| under Ho: Partial Rho=0/ N = 31

	WEIGHT	RUNPULSE	MAXPULSE	RSTPULSE
WEIGHT	1.00000	-0.04444	0.03749	-0.12052
	0.0	0.8223	0.8498	0.5413
RUNPULSE	-0.04444	1.00000	0.91147	0.23645
	0.8223	0.0	0.0001	0.2257
MAXPULSE	0.03749	0.91147	1.00000	0.20358
	0.8498	0.0001	0.0	0.2988
RSTPULSE	-0.12052	0.23645	0.20358	1.00000
	0.5413	0.2257	0.2988	0.0

Kendall Partial Tau b Correlation Coefficients / N = 31

	WEIGHT	RUNPULSE	MAXPULSE	RSTPULSE
WEIGHT	1.00000	-0.00615	0.04930	-0.04888
RUNPULSE	-0.00615	1.00000	0.81659	0.18467
MAXPULSE	0.04930	0.81659	1.00000	0.13537
RSTPULSE	-0.04888	0.18467	0.13537	1.00000

결과 해석

프로그램 작성에서 PARTIAL 문에 oxy, runtime, age를 사용한 결과 oxy, runtime, age를 일정하다고 인정하고, 이 변수들을 제외한 다른 변수들 간의 다중 상관을 나타내고 있다.

결과는 option에 의해 pearson, spearman, kandall tau의 3가지로 나누어 설명할 수 있다. pearson correation에서 MAXPULSE와 RUNTIME과는 0.92로 아주 높은 정의 상관관계를 가지고 있으면서 p 값도 0.0001로서 매우 유의하다. 물론 spearman, kandall tau도 위와 유사하게 강한 정의 상관관계를 가지고 있다.

2) 다중 상관 계수(with를 사용한 경우)

다중 상관 계수의 의미를 보면 단순 회귀분석에서처럼 결정계수가 단순 상관 계수의 제곱과는 다르고, 다중 상관 계수의 제곱이 다중 회귀분석의 결정계수와 같아지는 것을 알 수 있다.

프로그램

```
PROC CORR data=kim pearson spearman kendall;
  VAR  oxy runtime age weight runpulse maxpulse rstpulse;
  WITH  oxy runtime age ;
  RUN;
```

* oxy runtime age과 다른 변수와의 상관관계를 알아보는 경우

결과

SAS 시스템

CORR 프로시저

```
3 개의 With 변수:  oxy   runtime  age
7 개의 변수:       oxy   runtime  age   weight  runpulse maxpulse rstpulse
```

단순 통계량

변수	N	평균	표준편차	중위수	최솟값	최댓값
oxy	31	47.37581	5.32723	46.77400	37.38800	60.05500
runtime	31	10.58613	1.38741	10.47000	8.17000	14.03000
age	31	47.67742	5.21144	48.00000	38.00000	57.00000
weight	31	77.44452	8.32857	77.45000	59.08000	91.63000
runpulse	31	169.64516	10.25199	170.00000	146.00000	186.00000
maxpulse	31	173.77419	9.16410	172.00000	155.00000	192.00000
rstpulse	31	53.45161	7.61944	52.00000	40.00000	70.00000

피어슨 상관 계수, N = 31
H0: Rho=0 가정하에서 Prob > |r|

	oxy	runtime	age	weight	runpulse	maxpulse	rstpulse
oxy	1.00000	-0.86219	-0.30459	-0.16275	-0.39797	-0.23674	-0.39936
		<.0001	0.0957	0.3817	0.0266	0.1997	0.0260
runtime	-0.86219	1.00000	0.18875	0.14351	0.31365	0.22610	0.45038
	<.0001		0.3092	0.4412	0.0858	0.2213	0.0110
age	-0.30459	0.18875	1.00000	-0.23354	-0.33787	-0.43292	-0.16410
	0.0957	0.3092		0.2061	0.0630	0.0150	0.3777

스피어만 상관 계수, N = 31
H0: Rho=0 가정하에서 Prob > |r|

	oxy	runtime	age	weight	runpulse	maxpulse	rstpulse
oxy	1.00000	-0.80806	-0.18351	-0.09318	-0.43748	-0.32239	-0.38028
		<.0001	0.3231	0.6181	0.0138	0.0769	0.0348
runtime	-0.80806	1.00000	0.15883	0.07483	0.28390	0.20580	0.48618
	<.0001		0.3934	0.6891	0.1217	0.2667	0.0056
age	-0.18351	0.15883	1.00000	-0.16152	-0.29810	-0.38682	-0.11766
	0.3231	0.3934		0.3853	0.1033	0.0316	0.5285

켄달 타우 b 상관 계수, N = 31
H0: Tau=0 가정하에서 Prob > |tau|

	oxy	runtime	age	weight	runpulse	maxpulse	rstpulse
oxy	1.00000	-0.62581	-0.12380	-0.04104	-0.29625	-0.22063	-0.26219
		<.0001	0.3390	0.7466	0.0221	0.0902	0.0420
runtime	-0.62581	1.00000	0.10170	0.02808	0.21224	0.18943	0.36354
	<.0001		0.4322	0.8250	0.1011	0.1457	0.0048
age	-0.12380	0.10170	1.00000	-0.11102	-0.20682	-0.28867	-0.07248
	0.3390	0.4322		0.3930	0.1186	0.0303	0.5829

결과 해석

프로그램 작성에서 WITH 문에 oxy, runtime, age를 사용한 결과 oxy, runtime, age에 대해 다른 변수들과의 상관관계를 나타내고 있다.

결과는 option에 의해 pearson, spearman, kandall 3가지로 나누어 설명할 수 있다.

pearson에서 oxy와 runtime과는 아주 높은 부의 상관관계를 가지고 있으면서 p 값도 0.0001로 매우 유의하다. 물론 spearman, kandall tau에서도 위와 유사하게 부의 상관관계를 나타내고 있다.

3) 다중상관(모든 변수를 전부 이용할 경우)

Option을 정의하지 않으면 모든 변수를 전부 이용하는 것으로 된다.

프로그램

```
PROC CORR data=kim pearson spearman kendall;
RUN;
```

예제4-6 다중 상관 분석

의류 소비량, 소득 및 가격에 따라 다음과 같은 자료를 얻었다. 상호 간에 상관관계를 계산하라.

	의류 소비량	소 득	가 격
1	99.2	96.7	101.1
2	99.0	98.1	100.1
3	100.0	100.0	100.0
4	111.6	104.9	90.6
5	122.2	104.9	86.5
6	117.6	109.5	89.7
7	121.1	110.8	90.6
8	136.0	112.3	82.8
9	154.2	109.3	70.1
10	153.6	105.3	65.4
11	158.5	101.7	61.3
12	140.6	95.4	62.5
13	136.2	96.4	63.6
14	168.0	97.6	52.6
15	154.3	102.4	59.7
16	149.0	101.6	59.5
17	165.5	103.8	61.3

프로그램

```
data kim;
input x1 x2 x3;
cards;
 99.2  96.7  101.1
 99.0  98.1  100.1
```

```
100.0 100.0 100.0
111.6 104.9  90.6
122.2 104.9  86.5
117.6 109.5  89.7
121.1 110.8  90.6
136.0 112.3  82.8
154.2 109.3  70.1
153.6 105.3  65.4
158.5 101.7  61.3
140.6  95.4  62.5
136.2  96.4  63.6
168.0  97.6  52.6
154.3 102.4  59.7
149.0 101.6  59.5
165.5 103.8  61.3
run;
proc corr pearson spearman kendall;
run;
```

결과

SAS 시스템

CORR 프로시저

3개의 변수: x1 x2 x3

단순 통계량

변수	N	평균	표준편차	중위수	최솟값	최댓값
x1	17	134.50588	23.57733	136.20000	99.00000	168.00000
x2	17	102.98235	5.30097	102.40000	95.40000	112.30000
x3	17	76.31765	16.87540	70.10000	52.60000	101.10000

피어슨 상관 계수, N = 17
H0: Rho=0 가정하에서 Prob > |r|

	x1	x2	x3
x1	1.00000	0.06177	-0.94668
		0.8138	<.0001
x2	0.06177	1.00000	0.17831
	0.8138		0.4935
x3	-0.94668	0.17831	1.00000
	<.0001	0.4935	

스피어만 상관 계수, N = 17
H0: Rho=0 가정하에서 Prob > |r|

	x1	x2	x3
x1	1.00000	0.00613	-0.91657
		0.9814	<.0001
x2	0.00613	1.00000	0.16636
	0.9814		0.5234
x3	-0.91657	0.16636	1.00000
	<.0001	0.5234	

켄달 타우 b 상관 계수, N = 17
H0: Tau=0 가정하에서 Prob > |tau|

	x1	x2	x3
x1	1.00000	0.02214	-0.78521
		0.9016	<.0001
x2	0.02214	1.00000	0.14126
	0.9016		0.4327
x3	-0.78521	0.14126	1.00000
	<.0001	0.4327	

제4절 배치법

저자 또한 통계를 배우면서 배치법에 많은 혼란이 있었다. 그러나 배치법은 실험구들 사이의 환경적 오차를 줄이기 위한 수단일 뿐 통계에서는 특별하게 신경 쓸 필요는 없다. 단지 실험 특성에 따라 적절한 배치법을 사용해야 하고 그에 따른 통계 방법을 선택하여 사용해야 함은 틀림없는 사실이지만 이 배치법에 너무 고민하다 보면 중요한 다른 것을 망치기도 한다. 가장 편한 방법은 완전 임의 배치법이다. 이는 말 그대로 완전 임의 배치를 하는 것으로 편하기는 하지만 이 또한 공평한 조건을 주어야 하는 어려움도 있다. 또 실험에 따라서는 완전 임의 배치법으로 통용되지 않고 여타 배치법을 꼭 사용해야만 하기도 한다.

실험에 대한 오차는 항상 존재하지만 우리는 특별한 환경을 만들어 놓고 그 외의 환경은 모두 동일하다는 가정하에서 실험을 하는 것이다. 그러나 동일하다고 가정한 요인들의 효과가 실험하려는 요인들의 효과보다 클 경우 실험에 문제가 있어 전혀 다른 결과를 주장하게 되는 오류를 범하게 되므로 주의해야 한다. 이러한 오류를 줄이기 위해 동일하다고 가정한 조건을 자세히 검토할 필요가 있는데, 우리는 배치법을 적절하게 사용하고 기타 환경 요인들을 동일하게 조절하기 위한 노력이 필요하다.

특히 포장 실험에서 토양, 바람, 습도 등 오차를 줄이고자 여러 배치법을 사용하기도 한다. 또한 동물 사육실험을 할 때도 사육실 내의 실험구 위치에 따라 성적이 다르게 나오는 경우가 있는데 이를 마치 실험에 대한 효과로 분석 결과가 나와 엉뚱한 생각을 할 수도 있다.

다음은 여러 배치법에 따른 분산 분석의 의미와 처리 방법이다.

제5절 분산분석[Analysis of Variance]

표본이 2개인 경우는 T 검정에 의하여 표본 평균간 차를 검정할 수 있지만 3개 이상의 표본을 서로 비교한다든가 요인[class]이 많아지게 되면 분산분석으로 처리 평균 간의 차이를 검정한다. 다시 말하면 평균을 계산하면 차이가 있긴 한데 이 차이가 정말 차이가 있는 것인지를 검정하는 것이다. 그리고 이러한 차이를 가지고 있지만, 어느 처리가 가장 크고 그다음은 어느 것이고 가장 작은 것은 어떤 것인지 등을 분석하는 것이다. 개략적으로 계산하는 방법이지만 하나의 평균이 다른 처리의 변이 속에 속한다면 그것은 차이가 없는 것이다. 이러한 원리를 잘 생각하여 보면 계산을 하지 않고도 대체적인 관계는 알 수 있을 것이다.

분산분석의 종류

① 완전 임의 배치법(기본형)

② 난괴법

③ 라틴 방각법

④ 요인실험법

⑤ 분할구 실험법

⑥ MANOVA

분산분석을 SAS에서는 proc anova와 proc glm에 의해서 처리하는데 여기에 많은 option과 여러 가지 부수적인 명령이 필요하다.

실례를 들어가며 여러 형태의 proc anova와 부수적 명령을 설명하기로 한다.

ANOVA Procedure 일반형

```
PROC ANOVA option;
  CLASS variables;
  MODEL dependents = effect/options;
  MEANS effect/option;
  MANOVA M = effects, E = effects, M = equations/options;
  TEST H = effect, E = effect;
  BY variables;
```

▼ 5.1 완전 임의 배치법[Completely Randomized Design]에 의한 결과의 분산분석

모든 조건이 균일하다고 보고 오직 비교하고자 하는 한 가지 요인에 대하여 전 실험구에 걸쳐 아무 제한 없이 임의로 배열하는 방법을 완전 임의 배치법이라 한다. 이 방법은 실험 단위가 균일한 경우에 적합하며, 환경 요인이 실험의 성패를 좌우하므로 환경요인을 쉽게 조절할 수 있는 실내실험이나 온실 및 pot 시험 또는 동물실험에 자주 이용된다. 그 결과의 분산분석은 다음 예와 같다.

1) 처리효과의 유무 분석

예) 조직배양 실험에서 기본 배양액에 4가지 처리를 한 후 각 처리별 배양액에 형성된 callus양을 5차례에 걸쳐 조사하였던바 그 결과는 다음과 같다. 처리 효과를 인정할 수 있는가?

처리별 밀의 수확량

반복	처리 1	처리 2	처리 3	처리 4
1	15	18	28	34
2	19	27	20	41
3	25	28	32	33
4	11	33	26	35
5	20	29	29	27

프로그램

```
data anova1;
input treat yield @@;
cards;
1 15  2 18  3 28  4 34
1 19  2 27  3 20  4 41
1 25  2 28  3 32  4 33
1 11  2 33  3 26  4 35
1 20  2 29  3 29  4 27
;
proc anova;
class treat;
model yield=treat;
run;
```

결과

```
                    SAS 시스템
               The ANOVA Procedure
             Class Level Information
           Class        Levels    Values
           treat             4    1 2 3 4

     Number of Observations Read       20
     Number of Observations Used       20

                    SAS 시스템

               The ANOVA Procedure
Dependent Variable: yield
```

Source	DF	Sum of Squares	Mean Square	F Value	Pr > F
Model	3	645.000000	215.000000	8.31	0.0015
Error	16	414.000000	25.875000		
Corrected Total	19	1059.000000			

R-Square	Coeff Var	Root MSE	yield Mean
0.609065	19.19527	5.086747	26.50000

Source	DF	Anova SS	Mean Square	F Value	Pr > F
treat	3	645.0000000	215.0000000	8.31	0.0015

결과 해석

위 SAS 처리 결과에 의하여 분산분석표를 작성하여 보면 다음과 같다.

분산분석표

요 인	*df*	*SS*	*MS*	*F*
전 체	19	1059.00	---------	
처 리	3	645.00	215.000	8.31**
오 차	16	414.00	25.875	

위 분산분석표에서 처리의 *F*값은 8.31이며 유의확률(significant probability; *PR*〉*F*)이 0.0015로 유의수준 0.01 보다 작으므로 1%의 유의성이 있다. 즉 실험에 있어서 처리는 callus의 생성에 큰 영향을 주었다고 할 수 있다. 그러나 처리 평균 간의 차이는 알 수 있지만, 그들 평균 간에 차이에 대해서는 파악하기가 곤란하다. 즉 처리 수가 3개의 자료라면 크게 문제될 것이 없지만 처리 수가 3개 이상인 경우는 전체 처리 간에 차이는 있지만 각자 간에 차이가 없는 조합도 있을 수 있고, 차이가 있는 조합도 생기게 된다. 그래서 우리는 분석을 좀 더 진행함으로써 각자 처리별 평균들 간에 차이를 보다 자세히 알 수 있게 되는데 이는 Tukey, LSD 그리고 DUNCAN 등등의 검정을 함으로써 파악할 수가 있다.

ANOVA(Analysis of Variance)

ANOVA는 영국의 Ronald A. Fisher(1920)에 의하여 최초로 시작하였으며 그의 공동 연구자들에 의하여 발전되어 오늘에 이르렀다. 이는 T-test와 다르게 자유도가 1 이상인 경우, 처리 간에 유의성을 검정하는 방법으로, 전체의 요인에서 생기는 분산을 개개의 요인에 의한 분산으로 나누어 각 분산으로 하고 나머지 분산을 이 실험에 있어서의 오차량[Variance for error]으로 실험 성적을 비교 판정하게 된다. 그러나 이 방법은 전체적인 유의성을 검정하는 것이지 각각의 처리 간에는 서로 간에 관계를 알 수가 없기 때문에 이어서 평균 간에 다중 비교[Multiple Comparison]를 하여야 한다. ANOVA의 과정을 보면 다음과 같다.

a = 처리수 반복수 처리의 합

$$CF=(\sum Xi)^2/n$$

$$SS_T=\sum Xi^2-CF$$

$$SS_V=\frac{\sum Ti^2}{K}-CF$$

$$SS_E=SS_T-SS_V$$

$$MS_V=\frac{SS_V}{a-1}$$

$$MS_E=\frac{SS_E}{n-a}$$

$$F=\frac{MS_V}{MS_E}$$

	df	SS	MS	F
Total	n-1	SS_T		
Treatment	a-1	SS_V	MS_V	F
Error	n-a	SS_E	MS_E	

동일한 처리 수를 가지고 있는 실험 자료에서 반복 수(n)를 늘려가게 되면 Error에 자유도(df, Degree of Freedom)가 커지며, MS_E 값은 $MS_E = \frac{SS_E}{n-a}$ 이므로 반복 수(n)가 커지게 되면 MS_E 값은 작아지게 된다. $F = \frac{MS_V}{MS_E}$ 이므로 결과적으로 F 값은 커지게 된다. 이것은 반복수가 많아야 유의성을 얻기 쉽게 됨을 알려주고 있다. 그러나 반복 수는 끝없이 늘려갈 수 있는 것이 아니므로 실험에 따라 고려해야 하지만, 되도록 반복 수가 많은 자료를 만들어 가는 것이 유의성을 얻는데 도움이 된다.

2) 처리 평균 간의 차이 비교

예) 5개의 상추품종 A, B, C, D, E에 대하여 발아율을 4차례에 걸쳐 조사하였던바 다음 표와 같았다. 품종 간 발아율에 어떠한 차이가 있는가?

품종별 발아율

반복	A	B	C	D	E
1	68	60	74	76	70
2	65	62	75	73	71
3	67	61	74	72	69
4	67	64	73	74	71

프로그램

```
data anova4;
input treat $ germ @@;
cards;
a 68  b 60  c 74  d 76  e 70
```

```
a 65  b 62  c 75  d 73  e 71
a 67  b 61  c 74  d 72  e 69
a 67  b 64  c 73  d 74  e 71
;
proc anova;
class treat ;  → 원인이 되는 변수(기준, 구분, 범주 등)
model germ = treat;  → 원인에 대한 반응변수(결과, 종속 등)
means treat / duncan;  → 변수 treat별 평균 간에 duncan 검정을 함.
run;
```

결과

SAS 시스템

The ANOVA Procedure

Class Level Information

Class	Levels	Values
treat	5	a b c d e

Number of Observations Read	20
Number of Observations Used	20

SAS 시스템

The ANOVA Procedure

Dependent Variable: germ

Source	DF	Sum of Squares	Mean Square	F Value	Pr > F
Model	4	425.2000000	106.3000000	59.06	<.0001
Error	15	27.0000000	1.8000000		
Corrected Total	19	452.2000000			

R-Square	Coeff Var	Root MSE	germ Mean
0.940292	1.935990	1.341641	69.30000

Source	DF	Anova SS	Mean Square	F Value	Pr > F
treat	4	425.2000000	106.3000000	59.06	<.0001

SAS 시스템

The ANOVA Procedure
Duncan's Multiple Range Test for germ

NOTE: This test controls the Type I comparisonwise error rate, not the experimentwise error rate.

Alpha	0.05
Error Degrees of Freedom	15
Error Mean Square	1.8

Number of Means	2	3	4	5
Critical Range	2.022	2.120	2.180	2.222

Means with the same letter are not significantly different.

Duncan Grouping	Mean	N	treat
A	74.0000	4	c
A			
A	73.7500	4	d
B	70.2500	4	e
C	66.7500	4	a
D	61.7500	4	b

결과 해석

위 결과를 종합하면 다음과 같다.

분산분석표

요 인	df	SS	MS	F
전 체	19	452.2	-------------	
처 리	4	425.2	106.3	59.06**
오 차	15	27.0	1.8	

품종 평균 간의 유의성 검정표

품　종	A	B	C	D	E
출수일수평균	66.75 ± 1.258^{c}	61.75 ± 1.708^{d}	74.00 ± 0.816^{a}	73.75 ± 1.708^{a}	70.25 ± 0.957^{b}

즉 C 품종과 D 품종 간에는 차이가 없으나 A B E 간에 유의차가 인정된다. 따라서 C와 D가 발아율이 가장 높고, 다음이 E, 다음이 A이며 B가 가장 낮다고 할 수 있다.

예제4-7 완전 임의 배치법

동일한 성능을 갖는 상품을 세 가지 디자인으로 고안하여 제품화하였다. 디자인에 따라 매출액에 차이가 발생할 것인지 확인하기 위하여 이 상품을 판매하는 수많은 대리점 중 10개 점포를 무작위로 선정하였다.

이들 표본 점포가 판매한 디자인별 월 매상고를 관측한 결과 다음과 같았다. 디자인 간에 매상고의 차이가 있다고 보는가?

점 포	A 디자인	B 디자인	C 디자인
1	10	15	8
2	10	20	5

3	20	30	15
4	20	25	22
5	9	12	6
6	12	15	9
7	18	24	12
8	20	25	15
9	15	20	12
10	8	10	6

프로그램

```
data a;
input a$ b @@;
cards;
A 10   B 15   C  8
A 10   B 20   C  5
A 20   B 30   C  15
A 20   B 25   C  22
A 9    B 12   C  6
A 12   B 15   C  9
A 18   B 24   C  12
A 20   B 25   C  15
A 15   B 20   C  12
A 8    B 10   C  6
run;
proc anova;
class a;
model b=a;
means a/duncan;
run;
```

결과

SAS 시스템

The ANOVA Procedure

Class Level Information

Class	Levels	Values
a	3	A B C

Number of Observations Read	30
Number of Observations Used	30

SAS 시스템

The ANOVA Procedure

Dependent Variable: b

Source	DF	Sum of Squares	Mean Square	F Value	Pr > F
Model	2	377.866667	188.933333	5.97	0.0071
Error	27	854.000000	31.629630		
Corrected Total	29	1231.866667			

R-Square	Coeff Var	Root MSE	b Mean
0.306743	37.66087	5.624023	14.93333

Source	DF	Anova SS	Mean Square	F Value	Pr > F
a	2	377.8666667	188.9333333	5.97	0.0071

SAS 시스템

The ANOVA Procedure

Duncan's Multiple Range Test for b

NOTE: This test controls the Type I comparisonwise error rate, not the experimentwise error rate.

Alpha	0.05
Error Degrees of Freedom	27
Error Mean Square	31.62963

Number of Means	2	3
Critical Range	5.161	5.422

Means with the same letter are not significantly different.

Duncan Grouping	Mean	N	a
A	19.600	10	B
B	14.200	10	A
B			
B	11.000	10	C

T-test 와 ANOVA-1

T-test

일반적으로 T-test는 처리해야 할 수가 2개(자유도가 1)일 때 이용하는 것이고 처리해야 할 수가 2개 이상일 때는 ANOVA를 하는 것이 통념으로 되어 있다. 또한 모집단의 분산을 모르거나 표본의 크기가 작을 경우에 T-test를 사용한다. 대부분 모집단의 분산을 모르기 때문에 현재 T-test가 널리 이용되고 있는 것이 사실이다. 이에 반하여 ANOVA는 처리해야 할 수가 2개 이상인 자료를 분석하는 방법으로, T-test의 결과와 ANOVA의 결과를 비교하여 보면 확률값이 같은 것을 알 수 있다.

표 1. Sample data

F	75	76	80	77	80	77	73
M	82	80	85	85	78	87	82

표 2는 표 1의 동일한 자료[sample data]를 T-test와 ANOVA를 실시한 결과이다. *Pr* 〉 *F* (Probability)은 Sample data의 유의성을 나타내는데, 표 2에서 보이는 것과 같이 T-test에서의 *Pr* 〉 |*t*| 값과 ANOVA에서의 *Pr* 〉 *F*값이 같음을 알 수 있다. 단, T-test의 결과에서 Variances가 같은 경우에 ANOVA 결과와 같음을 알 수 있다 (표 2A). 또한 여기에서 자유도[*df*]가 1일 때 *T*값과 *F*값의 관계는 $t=\sqrt{F}$ 임을 보여주고 있다 (표 2B).

$$t=\sqrt{F} \rightarrow 3.83=\sqrt{14.66}$$

표 2. sample data를 가지고 본 t-test와 ANOVA의 결과

A. t-test 결과

The TTEST Procedure

Statistics

Variable	sex	N	Lower CL Mean	Mean	Upper CL Mean	Lower CL Std Dev	Std Dev	Upper CL Std Dev	Std Err	Minimum	Maximum
score	F	7	74.504	76.857	79.211	1.6399	2.5448	5.6039	0.9619	73	80
score	M	7	79.804	82.714	85.625	2.028	3.1472	6.9303	1.1895	78	87
score	Diff (1-2)		-9.19	-5.857	-2.524	2.0522	2.8619	4.7242	1.5298		

T-Tests

Variable	Method	Variances	DF	t Value	Pr > |t|
score	Pooled	Equal	12	-3.83	0.0024
score	Satterthwaite	Unequal	11.5	-3.83	0.0026

Equality of Variances

Variable	Method	Num DF	Den DF	F Value	Pr > F
score	Folded F	6	6	1.53	0.6189

B. ANOVA 결과

The ANOVA Procedure

Class Level Information

Class	Levels	Values
sex	2	F M

Number of Observations Read	14
Number of Observations Used	14

The ANOVA Procedure

Dependent Variable: score

Source	DF	Sum of Squares	Mean Square	F Value	Pr > F
Model	1	120.0714286	120.0714286	14.66	0.0024
Error	12	98.2857143	8.1904762		
Corrected Total	13	218.3571429			

R-Square	Coeff Var	Root MSE	score Mean
0.549886	3.586984	2.861901	79.78571

Source	DF	Anova SS	Mean Square	F Value	Pr > F
sex	1	120.0714286	120.0714286	14.66	0.0024

T-test 결과와 ANOVA 결과

Sample data를 활용한 T-test 결과와 ANOVA 결과에서 알 수 있듯이, Variances가 같은 경우의 T-test 결과와 ANOVA 결과는 확률값이 같다. 이 확률 값은 유의성을 나타내는 것이므로 Variances의 동일 여부에 관련하여 T-test 결과와 ANOVA 결과는 같음을 알 수 있다.

T-test 와 ANOVA-2

비교하고자 하는 처리가 2개 일 때는 T-Test를 사용하고 2개 이상일 때는 분산분석[ANOVA]을 사용하는 것은 당연한 일이다. 그러나 때때로 이를 혼용하는 때가 있다. 이것은 우리가 통계 처리를 하는 주된 목적은 실험의 결과를 설명하기 위해서 하는 것이므로 설명하고자 하는 목적에 따라 편하게 설명하기도 한다.

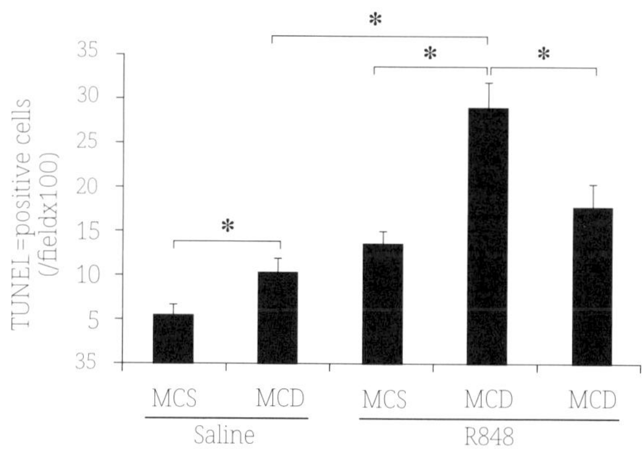

예눈 그래프에서 처리별 전체적으로 비교하지 않고 특정 처리 간(2개 처리 비교)에 비교가 요구되므로 T 검정으로 분석하였다. 그러나 전체적인 비교가 이루어지지 않는다. 전체적으로 설명코자 한다면 분산분석을 통하여 다중검정을 해야 한다. 전체적 설명을 요구하면 분산분석으로 처리하는 것이 옳은 것이다.

반복에 관하여[About Replication on Statistics]

실험을 하는 데 있어서 반복은 중요하다. 그러나 지금하고 있는 실험에서 반복을 얼마나 가져야 할지를 결정하는 것은 많은 조건을 참고해야 하는데 쉽게 결정하는 하나의 방법을 설명하고자 한다.

반복	CON	DIM 0.1mg	DIM 0.3mg	DIM 100mg
1		3.550883		
2	0.60832	0.848788		

3	0.505674	0.619966	1.835656	7.181163
4	2.077427	0.74028	3.005163	1.437147
5	0.808581	2.022069	3.955564	1.120217

treat	관측치 수	평균값	표준편차	표준오차
0.1	5	1.5563972	1.2488481	0.5585018
0.3	5	2.9321278	1.0618395	0.6130533
100	5	3.2461755	3.4114812	1.9696196
CON	5	1.0000005	0.7292145	0.3646072

위자료에서 처리 평균 간에 유의성 검정을 실시하면 다음과 같은 결과를 얻을 수 있다.

```
data a;
input treat$ value@@;
cards;
CON .             0.1 3.550883      0.3 .             100 .
CON 0.60832       0.1 0.848788331   0.3 .             100 .
CON 0.505674294   0.1 0.61996573    0.3 1.835656008   100 7.181162746
CON 2.07742693    0.1 0.740279863   0.3 3.005163231   100 1.437146612
CON 0.808580614   0.1 2.022069281   0.3 3.955564016   100 1.120217287
run;

proc means mean std stderr
class treat;
run;

proc anova;
class treat;
model value = treat;
means treat/duncan;
run;
```

SAS 실행 결과

SAS 시스템

MEANS 프로시저

분석 변수 : value

treat	관측치 수	평균값	표준편차	표준오차
0.1	5	1.5563972	1.2488481	0.5585018
0.3	5	2.9321278	1.0618395	0.6130533
100	5	3.2461755	3.4114812	1.9696196
CON	5	1.0000005	0.7292145	0.3646072

The ANOVA Procedure

Class Level Information

Class	Levels	Values
treat	4	0.1 0.3 100 CON

Number of Observations Read	20
Number of Observations Used	15

The ANOVA Procedure

Dependent Variable: value

Source	DF	Sum of Squares	Mean Square	F Value	Pr > F
Model	3	12.24266534	4.08088845	1.35	0.3099
Error	11	33.36516183	3.03319653		
Corrected Total	14	45.60782717			

R-Square	Coeff Var	Root MSE	value Mean
0.268433	86.17013	1.741607	2.021127

Source	DF	Anova SS	Mean Square	F Value	Pr > F
treat	3	12.24266534	4.08088845	1.35	0.3099

The ANOVA Procedure
Duncan's Multiple Range Test for value

NOTE: This test controls the Type I comparisonwise error rate, not the experimentwise error rate.

Alpha	0.05
Error Degrees of Freedom	11
Error Mean Square	3.033197
Harmonic Mean of Cell Sizes	3.58209

NOTE: Cell sizes are not equal.

Number of Means	2	3	4
Critical Range	2.864	2.996	3.075

Means with the same letter are not significantly different.

Duncan Grouping	Mean	N	treat
A	3.246	3	100
A			
A	2.932	3	0.3
A	11.000	10	C
A	1.556	5	0.1
A			
A	1.000	4	CON

결과에서 보면 전체적인 확률값은 0.3099로 "처리 평균 간에 유의성이 없다"라고 판정할 수 있다. 그러나 반복을 늘려가면 유의성이 나타남을 알 수 있는데 다음은 자료를 늘려 입력한 예이다. 단 변이는 같은 것으로 생각하여 같은 수를 반복해서 입력하여 결과를 관찰하여 보면 확률값(P-Value)의 변화를 알 수 있다.

```
data a;
input treat$ value@@;
cards;
CON .              0.1  3.550883     0.3 .               100 .
CON 0.60832        0.1  0.848788331 0.3 .               100 .
CON 0.505674294   0.1  0.61996573   0.3 1.835656008 100 7.181162746
CON 2.07742693    0.1  0.740279863 0.3 3.005163231 100 1.437146612
CON 0.808580614   0.1  2.022069281 0.3 3.955564016 100 1.120217287

CON .              0.1  3.550883     0.3 .               100 .
CON 0.60832        0.1  0.848788331 0.3 .               100 .
CON 0.505674294   0.1  0.61996573   0.3 1.835656008 100 7.181162746
CON 2.07742693    0.1  0.740279863 0.3 3.005163231 100 1.437146612
CON 0.808580614   0.1  2.022069281 0.3 3.955564016 100 1.120217287
run;

proc means mean std stderr
class treat;
run;
proc anova;
class treat;
model value = treat;
means treat/duncan;
run;
```

SAS의 결과

SAS 시스템

MEANS 프로시저
분석 변수 : value

treat	관측치 수	평균값	표준편차	표준오차
0.1	5	1.5563972	1.2488481	0.5585018
0.3	5	2.9321278	1.0618395	0.6130533
100	5	3.2461755	3.4114812	1.9696196
CON	5	1.0000005	0.7292145	0.3646072

The ANOVA Procedure

Class Level Information

Class	Levels	Values
treat	4	0.1 0.3 100 CON

Number of Observations Read	40
Number of Observations Used	30

The ANOVA Procedure

Dependent Variable: value

Source	DF	Sum of Squares	Mean Square	F Value	Pr > F
Model	3	24.48533067	8.16177689	3.18	0.0406
Error	26	66.73032366	2.56655091		
Corrected Total	29	91.21565433			

R-Square	Coeff Var	Root MSE	value Mean
0.268433	79.26500	1.602046	2.021127

Source	DF	Anova SS	Mean Square	F Value	Pr > F
treat	3	24.48533067	8.16177689	3.18	0.0406

The ANOVA Procedure

Duncan's Multiple Range Test for value

NOTE: This test controls the Type I comparisonwise error rate, not the experimentwise error rate.

```
        Alpha                                   0.05
        Error Degrees of Freedom                  26
        Error Mean Square                   2.566551
        Harmonic Mean of Cell Sizes         7.164179

                  NOTE: Cell sizes are not equal.

      Number of Means             2         3         4
      Critical Range          1.740      1.82     1.885

    Means with the same letter are not significantly different.

       Duncan Grouping        Mean       N    treat
                     A      3.2462       6    100
                     A
                     A      2.9321       6    0.3
                     A
                B    A      1.5564      10    0.1
                B
                B           1.0000       8    CON
```

전체적 확률값은 0.0406으로 5%에서 유의성을 보인다.

다음 단계를 보면 확률값이 계속적으로 변함을 알 수 있다.

```
data a;
input treat$ value@@;
cards;
CON  .            0.1  3.550883     0.3  .            100  .
CON  0.60832      0.1  0.848788331  0.3  .            100  .
CON  0.505674294  0.1  0.61996573   0.3  1.835656008  100  7.181162746
CON  2.07742693   0.1  0.740279863  0.3  3.005163231  100  1.437146612
CON  0.808580614  0.1  2.022069281  0.3  3.955564016  100  1.120217287
```

```
CON    .              0.1   3.550883      0.3   .             100   .
CON    0.60832        0.1   0.848788331   0.3   .             100   .
CON    0.505674294    0.1   0.61996573    0.3   1.835656008   100   7.181162746
CON    2.07742693     0.1   0.740279863   0.3   3.005163231   100   1.437146612
CON    0.808580614    0.1   2.022069281   0.3   3.955564016   100   1.120217287
CON    .              0.1   3.550883      0.3   .             100   .
CON    0.60832        0.1   0.848788331   0.3   .             100   .
CON    0.505674294    0.1   0.61996573    0.3   1.835656008   100   7.181162746
CON    2.07742693     0.1   0.740279863   0.3   3.005163231   100   1.437146612
CON    0.808580614    0.1   2.022069281   0.3   3.955564016   100   1.120217287
run;

proc means mean std stderr
class treat;
run;

proc anova;
class treat;
model value = treat;
means treat/duncan;
run;
```

SAS 결과

SAS 시스템

MEANS 프로시저
분석 변수 : value

treat	관측치 수	평균값	표준편차	표준오차
0.1	5	1.5563972	1.2488481	0.5585018
0.3	5	2.9321278	1.0618395	0.6130533

100	5	3.2461755	3.4114812	1.9696196
CON	5	1.0000005	0.7292145	0.3646072

The ANOVA Procedure
Class Level Information

Class	Levels	Values
treat	4	0.1 0.3 100 CON

Number of Observations Read	60
Number of Observations Used	45

The ANOVA Procedure

Dependent Variable: value

Source	DF	Sum of Squares	Mean Square	F Value	Pr > F
Model	3	36.7279960	12.2426653	5.01	0.0047
Error	41	100.0954855	2.4413533		
Corrected Total	44				

R-Square	Coeff Var	Root MSE	value Mean
0.268433	77.30753	1.562483	2.021127

Source	DF	Anova SS	Mean Square	F Value	Pr > F
treat	3	36.72799601	12.24266534	5.01	0.0047

The ANOVA Procedure
Duncan's Multiple Range Test for value

NOTE: This test controls the Type I comparisonwise error rate, not the experimentwise error rate.

Alpha	0.05
Error Degrees of Freedom	41
Error Mean Square	2.441353
Harmonic Mean of Cell Sizes	10.74627

NOTE: Cell sizes are not equal.

Number of Means	2	3	4
Critical Range	1.361	1.431	1.477

Means with the same letter are not significantly different.

Duncan Grouping	Mean	N	treat
A	3.2462	9	100
A			
A	2.9321	9	0.3
B	1.5564	15	0.1
B			
B	1.0000	12	CON

결과를 보면 전체적인 확률 값이 0.0047로 1%에서 고도의 유의성을 보인다.

이상의 결과를 종합하여 보면 이 실험에서 요구되는 반복은 15반복 이상이 요구된다 하겠다. 물론 결측구의 발생으로 몇 처리는 15반복이 되지 않지만 결측구가 생길 수밖에 없고, "각 실험의 조건이 같다."라는 가정 하에서 반복만을 기준으로 본 결과 이다. 예비 실험을 통한 분석이 이루어지면 실험 설계할 때에 15 반복 이상을 설계하는 것이 합당하고 차후에 통계분석이 원활하게 이루어질 것이다.

표준편차는 평균에 대한 검증의 한 가지 방법으로 계산 방법은

$\sqrt{\frac{\Sigma(x_i - x)^2}{n}}$ 와 같다.

이러한 이유로 반복이 커지게 되면 편차(오차)는 작아지므로 분산 분석을 했을 때 반복이 많아지게 되면 유의하게 나타난다.

Duncan Multiple Range Test와 LSD 검정과의 차이

이들 분석에서 SAS의 결과를 자세히 관찰하면 Critical Value(LSD)와 Critical Range(Duncan Test)라는 항목이 있다. 즉 LSD는 각 처리 간에 간격을 하나로 고정하여 처리한 것이고 Duncan Test는 각 처리 간의 간격을 하나씩 계산하여 상세하게 분석한 것이다. 그래서 최근에는 Duncan Test를 주로 많이 사용한다. 자세한 내용은 다음에 설명하기로 한다.

처리 평균 간에 다중 비교[Multiple Comparison]

ANOVA는 전체적인 유의성에 대한 결과를 얻을 수 있다. 만약 ANOVA에서 유의성을 얻지 못하면 더 이상의 처리 평균 간에 차이 비교를 진행할 필요가 없지만, 유의성을 얻는 경우 처리 간에 차이에 대한 검정을 할 필요성이 있기 때문에 검정을 계속 진행해야 한다(John *et al.*, 2002). 그러나 이러한 평균 간에 차이 검정에는 많은 방법이 있어, 이러한 방법에 대한 검토가 충분히 이루어진 후에 사용되어야 한다. 대체적으로 처리 평균 간에 차이 비교의 방법은 표 3에서와 같이 각각의 방법에 따른 표준오차를 구하고, 사용하는 분포에서 임계치[Critical Value]를 찾은 후, 표준오차를 곱하여 최소유의차[Minimum Significant Difference]를 구한다. 이 최소유의범위는 유의성을 확인하여 Grouping을 하는 중요한 요소이다.

계산 과정에서 알 수 있지만, 유의성의 확률을 높이기 위해서는 반복수(K)가 커지게 되어 표준오차가 작아지게 되고, 이것은 최소유의차를 작게 하므로 보다 작은 차이에서도 유의성이 나타나게 된다. 현실적으로 비용 절감 등의 이유로 반복수를 작게 하는 경향이 있는데 이러한 경우 오류를 범할 확률이 높아진다는 것을 고려하여 실험 설계를 하여야 하며, 실험을 진행함에 있어 주의를 기울여야 한다.

또한 처리 평균 간에 비교 방법에는 최소유의차를 하나의 값으로 계산하는 형태와 Duncan's Multiple Range Test와 같이 임계 범위[Critical Range]를 각각 사용하는 방법이 있는데 전자는 처리 간에 차이가 같다고 보고 계산을 진행하는 형태이고 후자는 다르게 보고 계산을 하는 형태이다. 후자의 경우 보다 합리적인 유의성 검정을 할 수 있는 것으로 생각되나, 결과적으로 처리 간에 거리가 멀어질수록 유의성이 관대해 짐을 알 수 있다.

표 5는 각 방법에 따른 Critical Value, Minimum Significant Difference 그리고 Grouping을 보여주고 있다. 각 방법에 따라 Critical Value를 이용한 Minimum Significant Difference를 사용하는 방법과 Critical Range를 사용하는 방법으로 구분하였고, 각 방법에 따른 Minimum Significant Difference와 Critical Value를 계산하고 표 4와 비교하여 Grouping을 한 결과이다. 나타난 바와 같이 최소유의차의 차이로 인한 Grouping이 다르게 됨을 알 수 있다. 전반적으로 볼 때, 최소유의차의 크기에 따라 유의수준이 엄격해지고 있으나, 최소유의차가 커서 정확한 것은 아니라 생각되어진다.

각 방법의 Grouping 과정을 보면 다음과 같다.

표 3. 평균의 다중비교에서 각각의 방법에 따른 최소유의범위의 차이

	Tukey	L.S.D.	Duncan
표준오차	$S\bar{x} = \sqrt{\frac{MS_E}{K}}$	$S\bar{d} = \sqrt{\frac{MS_E}{K_1} + \frac{MS_E}{K_2}} = \sqrt{\frac{2MS_E}{K}}$	$S\bar{x} = \sqrt{\frac{MS_E}{K}}$
Distribution	Student화 Q분포 $Q(4,16) = 4.05$	5% 수준의 t분포 $t(0.05,16) = 2.12$	5%수준의 Duncan's Student화 분포
Minimum Significant Difference	48.68	36.04	36.06 37.74 38.94

T-Test(L.S.D.) Method Grouping

표 4에 평균 A와 B의 차이는 27.2이고 이 방법에서의 최소유의차는 36.04 (표 5)로 차이가 최소유의차보다 작으므로 유의성이 없다고 판정한다. 또한 C와 B의 차이는 10.4로 유의성이 없다고 판정되지만 C와 A는 37.6으로 서로 차이가 인정된다.

표 4. Sample data에서 각 처리 평균값의 차이

	A	*B*	*C*	*D*
A	28.8	27.2	37.6	99.0
B		56.0	10.4	71.8
C			66.4	61.4
D				127.8

표 5. 각각의 방법 간에 최소유의범위의 차이로 인한 Grouping

	Method(SAS Option)	Critical Value (Minimum Significant Difference)	Grouping
Critical Value	Waller-Duncan K-ratio t Test (waller)	2.01 (34.24)	*D C CB A*
	t Test (lsd)	2.12 (36.04)	*D C CB A*
	Tukey's Studentized Range Test (tukey)	4.05 (48.64)	*D CBA*
	Studentized Maximum Modulus Test (gt2)	2.97 (50.48)	*D CBA*
	Sidak t Test (sidak)	2.30 (50.97)	*D CBA*
	Bonferroni t Test (bon)	3.01 (51.14)	*D CBA*
	Scheffe's Test (scheffe)	3.24 (52.99)	*D CBA*
Critical Range	Duncan' Multiple Range Test (duncan)	36.06 37.79 38.88	*D CBA*
	Ryan-Einot-Gabriel-Welsch Multiple Range Test (regwq)	41.93 43.86 48.63	*D CBA*

Tukey Method Grouping

최소유의범위가 T-test보다 큰 Tukey Method (표 5)는 표 4에 있는 *C*와 *A*의 차이(37.6)보다 최소유의차(48.64) (표 5)가 크게 되므로 유의성이 인정되지 않아 *ABC* 처리 모두 같이 Grouping이 된다.

Duncan Multiple Range Test Method Grouping

다른 방법과는 다르게 Critical Range를 계산하는 형태인 이 방법에서의 Grouping을 보면 평균값이 가장 작은 *A*와 그다음 평균값이 작은 *B*의 차이(27.2)는(표 4) 첫 번째 Critical Range(36.06)(표 5)보다 작아 유의성이 없는 것으로 판정을 하며 *C*와 *D*의 경우 평균 차이는 61.4(표 4)로 Critical Range(36.06)(표 5)보다 크므로 유의성을 인정하며, *A*와 *C*의 경우 평균 차이는 37.6(표 4) 이지만 두 번째 Critical Range(37.74)(표 5)를 적용하여 유의성이 없는 것으로 판정한다. 또한 *A*와 *D*는 평균 차이가 99.0(표 4)으로 세 번째 Critical Range(38.94)(표 5)와 비교하여 유의성을 인정한다.

각각의 방법에 따른 SAS 시행

표 6에서 각각의 방법 lsd, tukey, duncan, scheffe에 따른 SAS를 시행하였다.

표 6. 각각의 방법에 따른 SAS 시행과정

```
data anova;
        input treat $ yield @@;
        cards;
          a 40  b 46  c 27  d 154
          a 34  b 97  c 82  d 122
          a 27  b 15  c 66  d 154
          a 6   b 74  c 80  d 70
          a 37  b 48  c 77  d 139
 run;

 proc anova;
     class treat;
     model yield= treat;
     means treat /lsd tukey duncan scheffe;
 run;
```

LSD(Least Significant Difference) 검정법(표 7)

LSD 검정은 T-test에 근거한 이해하기 쉽고 사용하기에 간편하지만, 실제의 유의수준은 a가 아니라 그보다 크게 된다. 예를 들면 5종류의 처리에 대하여 평균 반응치의 차이를 비교할 때 실제로는 평균 반응치가 모두 같은 경우에도 하나 이상의 평균 반응치가 유의하다고 판정할 확률은 5%(=a)가 아니라 63%나 된다 (허명회, 1986). 각 처리 간에 최소 유의차를 동일하게 계산하고 있다.

표 7. LSD 방법에 따른 SAS 결과

The ANOVA Procedure

t Tests (LSD) for yield

NOTE: This test controls the Type I comparisonwise error rate, not the experimentwise error rate.

Alpha	0.05
Error Degrees of Freedom	16
Error Mean Square	722.425
Critical Value of t	2.11991
Least Significant Difference	36.037

Means with the same letter are not significantly different.

t Grouping		Mean	N	treat
	A	127.80	5	d
	B	66.40	5	c
	B			
C	B	56.00	5	b
C				
C		28.80	5	a

Tukey 검정법(표 8)

Tukey 검정법은 1953년 John Tukey에 의하여 제안된 방법으로 Studentized range distribution에 기초한 Tukey의 HSD(Honestly Significant Difference) 검정법이라고도 한다. 이 검정법은 모든 집단의 반복수가 같아야 하고 평균치 간에 1대 1의 짝의 비교를 하고자 할 때는, Scheffe's 검정법보다 강력할 수 있다. 그러나 Tukey의 HSD 검정법은 Newman-Keuls의 방법이나 Duncan 검정법보다 유의한 차이로 나오는 것이 적으며 평균치의 서열을 고려하지 않고 한 개의 기준치를 사용한다는 의미에서 비계열적인 방법이며, 다른 Pairwise Comparison 방법에 비하여 강력하지 못하다.

표 8. Tukey 방법에 따른 SAS 결과

The ANOVA Procedure

Tukey's Studentized Range (HSD) Test for yield

NOTE: This test controls the Type I experimentwise error rate, but it generally has a higher Type II error rate than REGWQ.

Alpha	0.05
Error Degrees of Freedom	16
Error Mean Square	722.425
Critical Value of Studentized Range	4.04609
Minimum Significant Difference	48.635

Means with the same letter are not significantly different.

Tukey Grouping	Mean	N	treat
A	127.80	5	d
B	66.40	5	c
B			
B	56.00	5	b
B			
B	28.80	5	a

Duncan 검정법(표 9)

Duncan 검정법은 1955년 David B. Duncan에 발전된 방법으로 흔히 Duncan's new Multiple Range Test(Duncan의 MRT test)라고 부르기도 한다. 계열적인 면에서는 Newman-Keuls의 방법과 비슷하다. 그러나 평균들을 크기별 등위를 정하고, Critical Range(표 9)를 적용하여 등위에서 다음과 비교할 때는 첫 번째 Critical Range를 적용하고 등위에서 다음, 다음과 비교할 때는 두 번째 Critical Range를 이용하는 방법이 특징이다. Duncan 검정법에서 사용하는 유의수준은 을 사용해서 계산하므로, 평균들이 등위로 보아 떨어져 있으면 있을수록 유의 수준은 관대해진다.

표 9. Duncan's Multiple Range Test 방법에 따른 SAS 결과

The ANOVA Procedure

Duncan's Multiple Range Test for yield

NOTE: This test controls the Type I comparisonwise error rate, not the experimentwise error rate.

Alpha	0.05
Error Degrees of Freedom	16
Error Mean Square	722.425

Number of Means	2	3	4
Critical Range	36.04	37.79	38.88

Means with the same letter are not significantly different.

Duncan Grouping	Mean	N	treat
A	127.80	5	d
B	66.40	5	c
B			
B	56.00	5	b
B			
B	28.80	5	a

Scheffe 검정법(표 10)

Tukey 방법과 같이 일반적인 비교를 위해서 사용되는 방법으로 FWE(Familywise Error)을 모든 경우에서 조절해준다. 이러한 이유로 다른 방법에 비하여 가장 좁은 신뢰구간을 설정해 주어 유의성을 얻기 어려운 방법이나 처음부터 반복수가 다른 경우를 고려한 방법이므로 선호되기도 한다. 그리고 이 방법은 검증력이 있는 강한 검증법이라기 보다는 대단히 보수적인 방법이다. 다른 방법에 비하여 최소유의차의 값이 크게 계산되므로 검증력은 엄격하지만 근소한 두 평균치의 차를 검출하는데 있어, 불리한 단점을 가지고 있다.

표 10. Scheffe's Test 방법에 따른 SAS 결과

```
                    The ANOVA Procedure
                   Scheffe's Test for yield

NOTE: This test controls the Type I experimentwise error rate.

          Alpha                                  0.05
          Error Degrees of Freedom                 16
          Error Mean Square                   722.425
          Critical Value of F                 3.23887
          Minimum Significant Difference       52.989

Means with the same letter are not significantly different.

          Scheffe Grouping        Mean     N   treat
                         A      127.80     5   d

                         B       66.40     5   c
                         B
                         B       56.00     5   b
                         B
                         B       28.80     5   a
```

처리 평균 간에 다중 비교의 각각의 방법에 따른 차이 비교

최소유의범위의 값이 크면 유의성이 나타나기 어렵고 값이 작으면 보다 관대한 유의성을 보이는데, 임계치의 계산 형태와 각각 다른 분포를 이용하므로 비교 값은 여러 방법들이 다르게 계산된다. 이는 각 방법의 특성을 보여주고 있는 것이며, 자료의 형태에 따라서 보다 합리적인 결과를 얻으려 하는 통계학자들의 노력에 일환이라 생각된다.

결론적으로 Tukey 방법은 처리의 반복수가 같을 때 유용하며, 처리의 반복수가 다른 경우는 Scheffe 방법이 이용될 수 있으나 Scheffe 방법은 유의성을 얻기 어려워서 미세한 평균의 차이를 검정하지 못하는 단점이 있어 고려해야 한다. 또한 각 처리의 간격을 같지 않다고 보는 경우는 Duncan Multiple Range Test가 적절하다고 생각되나 이는 Tukey 방법에 비하여 미세한 평균의 차이를 검출 할 수 있는 장점과 함께 순위에서 밀어지면 유의성에 관대해지는 단점도 있다.

Duncan's Multiple Range Test 방법과 Ryan - Einot - Gabriel - Welsch Multiple Range Test 방법에서는 각 처리 간에 Critical Range를 따로 계산하는데 이는 각 처리들 사이에 간격을 동일하게 보지 않는 결과이다. 대체적으로 처리들의 평균값의 크기순으로 나열하여 큰 값부터 다음 값을 비교하고 또 다음 값을 비교하게 되는데, 순위가 멀어질수록 값은 커지게 된다. Ryan - Einot - Gabriel - Welsch Multiple Range Test 방법 보다 Duncan's Multiple Range Test 방법의 값이 적어 미세한 평균의 차이를 나타낼 수 있는 장점이 있다.

모든 방법이 공인된 방법이므로 어느 방법을 이용하여도 큰 문제는 없겠으나 나타난 결과 만 생각하여 특정 방법을 이용하는 것은 오류를 범할 수 있는 경우가 많아지므로 이론적인 배경을 검토하여 적절한 방법을 선택해야 한다. 즉 여러 방법은 공인된 방법으로 어느 것이 좋고 나쁜 것이 아니라 자료의 특성에 따라 선택적으로 사용해야 한다. Range가 큰 자료는 표 5에서 보는바와 같이 Minimum Significant Difference 큰 방법을 선택해야 하는 것이 타당하다.

▼ 5.2 난괴법[Randomized Block Design]

난괴법이란 실험구를 조건이 다를 수도 있다고 생각되는 몇 개의 집구[block]로 나누고 각 집구에 모든 처리가 임의로 들어가게 하여 실험하는 방법이다. 분석이 쉽고 빠를 뿐 아니라 알려진 변이 원인을 집구로 제거하였기 때문에 완전 임의 배치법 보다 효율이 높다. 이 방법은 반복수나 처리 수에 아무런 제한을 받지 아니한다. 그러나 처리 수가 너무 많을 때에는 부적당하므로 일반적으로 총 처리구 수 25 미만일 때 많이 사용된다.

예) 다음은 5가지 밀 품종의 수량을 난괴법 4반복으로 배치 조사한 것이다. 품종 간의 수량 차를 인정 할 수 있는가?

밀 품종별 수량

품 종	집 구 (block)			
	I	II	III	IV
A	349	331	335	358
B	391	317	342	408
C	174	148	152	186
D	294	178	269	325
E	388	380	388	401

프로그램

```
data anova8;
input block treat $ yield @@;
cards;

1 a 349    2 a 331    3 a 335    4 a 358
1 b 391    2 b 317    3 b 342    4 b 408
1 c 174    2 c 148    3 c 152    4 c 186
1 d 294    2 d 178    3 d 269    4 d 325
1 e 388    2 e 380    3 e 38     4 e 401
```

```
;
proc anova;
   class block treat;
   model yield=block treat;
   means treat / lsd tukey duncan;
run;
```

결과

SAS 시스템

The ANOVA Procedure
Class Level Information

Class	Levels	Values
block	4	1 2 3 4
treat	5	a b c d e

Number of Observations Read	20
Number of Observations Used	20

SAS 시스템

The ANOVA Procedure

Dependent Variable: yield

Source	DF	Sum of Squares	Mean Square	F Value	Pr > F
Model	7	144557.3000	20651.0429	34.34	<.0001
Error	12	7216.9000	601.4083		
Corrected Total	19	151774.2000			

R-Square	Coeff Var	Root MSE	yield Mean
0.952450	8.022122	24.52363	305.7000

Source	DF	Anova SS	Mean Square	F Value	Pr > F
block	3	11832.6000	3944.2000	6.56	0.0071
treat	4	132724.7000	33181.1750	55.17	<.0001

SAS 시스템

The ANOVA Procedure

t Tests (LSD) for yield

NOTE: This test controls the Type I comparisonwise error rate, not the experimentwise error rate.

Alpha	0.05
Error Degrees of Freedom	12
Error Mean Square	601.4083
Critical Value of t	2.17881
Least Significant Difference	37.782

Means with the same letter are not significantly different.

t Grouping		Mean	N	treat
	A	389.25	4	e
	A			
B	A	364.50	4	b
B				
B		343.25	4	a
	C	266.50	4	d
	D	165.00	4	c

SAS 시스템

The ANOVA Procedure

Duncan's Multiple Range Test for yield

NOTE: This test controls the Type I comparisonwise error rate, not the experimentwise error rate.

Alpha	0.05
Error Degrees of Freedom	12
Error Mean Square	601.4083

Number of Means	2	3	4	5
Critical Range	37.78	39.55	40.62	41.32

Means with the same letter are not significantly different.

Duncan Grouping		Mean	N	treat
	A	389.25	4	e
	A			
B	A	364.50	4	b
B				
B		343.25	4	a
	C	266.50	4	d
	D	165.00	4	c

SAS 시스템

The ANOVA Procedure

Tukey's Studentized Range (HSD) Test for yield

```
NOTE: This test controls the Type I experimentwise error rate, but it generally
has a higher Type II error rate than REGWQ.

                 Alpha                                      0.05
                 Error Degrees of Freedom                     12
                 Error Mean Square                      601.4083
                 Critical Value of Studentized Range     4.50766
                 Minimum Significant Difference           55.272

        Means with the same letter are not significantly different.

                 Tukey Grouping         Mean      N    treat
                              A       389.25      4    e
                              A
                              A       364.50      4    b
                              A
                              A       343.25      4    a

                              B       266.50      4    d

                              C       165.00      4    c
```

결과 해석

이상의 결과를 종합하면 다음과 같다.

분산분석표

요 인	*df*	*SS*	*MS*	*F*
전 체	19	151774.2		
집 구	3	11832.6	3944.2	6.56**
품 종	4	132725.7	33181.175	55.17**
오 차	12	7216.9	601.4083	

위 분산분석표에서 집구와 품종 모두가 1% 수준의 유의성이 인정된다. 이는 $PR > F$의 값이 각각 0.0071과 0.0001로 유의수준 0.01 보다 작기($P < 0.01$) 때문이다.

집구 간에 차이가 있을 것을 감안하여 각 품종 간 차이를 LSD DUNCAN TUKEY 검정한 결과를 정리하면 다음과 같다.

품종 평균 간의 유의성 검정표(LSD)

품 종	*A*	*B*	*C*	*D*	*E*
평 균	343.25±12.50^{b}	364.50±42.26^{ab}	165.00±18.07^{d}	266.50±63.29^{c}	389.25±8.69^{a}

품종 평균 간의 유의성 검정표(DUNCAN)

품 종	*A*	*B*	*C*	*D*	*E*
평 균	343.25±12.50^{b}	364.50±42.26^{ab}	165.00±18.07^{d}	266.50±63.29^{c}	389.25±8.69^{a}

품종 평균 간의 유의성 검정표(TUKEY)

품 종	*A*	*B*	*C*	*D*	*E*
평 균	343.25±12.50^{a}	364.50±42.26^{a}	165.00±18.07^{c}	266.50±63.29^{b}	389.25±8.69^{a}

즉 E 품종의 수량이 가장 많고, 다음이 B와 A, 다음이 D이며 C가 가장 적다고 할 수 있다.

위와 같이 각 검정 방법에 따라 다소 차이는 난다. 여러 가지 방법 중에서 어느 것을 선택하여야 하는 문제는 작은 변화에도 유의성을 요구한다면 MSD가 작은 LSD 방법을 이용하고 자료에 변이가 클 수밖에 없어 큰 차이에서 유의성이 인정되는 자료의 분석에는 MSD 값이 큰 scheffe 방법을 선택하면 된다. 이와 같이 어떤 방법이 좋은 분석을 하여 주는 것이 아니라 자료의 특성에 따라 방법이 정해지는 것이다. 자료 평균 간에 비교를 SAS에서는 여러 가지 방법으로 할 수 있는 것 또한 특징이다.

예제4-8 난괴법

비옥도가 균일하다고 보는 포장을 사용해서 어떤 작물의 5품종의 비교 재배를 5개년에 걸쳐 시행한 결과 다음과 같은 수량의 기록을 얻었다. 각 품종 간의 수량차와 5년의 환경차에 유의성이 있는가를 알아보자.

품종	년도별 수량				
	1차년도	2차년도	3차년도	4차년도	5차년도
A	32	34	30	28	29
B	30	31	33	30	29
C	35	33	33	30	31
D	28	30	30	30	29
E	34	35	32	32	28

프로그램

```
data na;
input pum$ year yield @@;
cards;
A 1 32   A 2 34   A 3 30   A 4 28   A 5 29
B 1 30   B 2 31   B 3 33   B 4 30   B 5 29
C 1 35   C 2 33   C 3 33   C 4 30   C 5 31
D 1 28   D 2 30   D 3 30   D 4 30   D 5 29
E 1 34   E 2 35   E 3 32   E 4 32   E 5 28
run;
proc anova;
class pum year;
model yield = pum year;
means pum year/duncan;
run;
```

결과

SAS 시스템

The ANOVA Procedure

Class Level Information

Class	Levels	Values
pum	5	A B C D E
year	5	1 2 3 4 5

Number of Observations Read	25
Number of Observations Used	25

SAS 시스템

The ANOVA Procedure

Dependent Variable: yield

Source	DF	Sum of Squares	Mean Square	F Value	Pr > F
Model	8	70.3200000	8.7900000	3.46	0.0165
Error	16	40.640000	2.5400000		
Corrected Total	24	110.9600000			

R-Square	Coeff Var	Root MSE	yield Mean
0.633742	5.134464	1.593738	31.04000

Source	DF	Anova SS	Mean Square	F Value	Pr > F
pum	4	31.36000000	7.84000000	3.09	0.0462
year	4	38.96000000	9.74000000	3.83	0.0227

SAS 시스템

The ANOVA Procedure
Duncan's Multiple Range Test for yield

NOTE: This test controls the Type I comparisonwise error rate, not the experimentwise error rate.

Alpha	0.05
Error Degrees of Freedom	16
Error Mean Square	2.54

Number of Means	2	3	4	5
Critical Range	2.137	2.241	2.306	2.350

Means with the same letter are not significantly different.

Duncan Grouping		Mean	N	pum
	A	32.400	5	C
	A			
	A	32.200	5	E
	A			
B	A	30.600	5	B
B	A			
B	A	30.600	5	A
B				
B		29.400	5	D

SAS 시스템

The ANOVA Procedure

Duncan's Multiple Range Test for yield

```
NOTE: This test controls the Type I comparisonwise error rate, not the
experimentwise error rate.

            Alpha                             0.05
            Error Degrees of Freedom            16
            Error Mean Square                 2.54

      Number of Means        2       3       4       5
      Critical Range     2.137   2.241   2.306   2.350

      Means with the same letter are not significantly different.

         Duncan Grouping       Mean      N   year
                       A     32.600      5   2
                       A
                   B   A     31.800      5   1
                   B   A
                   B   A     31.600      5   3
                   B
                   B   C     30.000      5   4
                       C
                       C     29.200      5   5
```

▼ 5.3 라틴 방각법 Latin 方角法

난괴법 에서는 어느 한 방향으로 집구를 만들고 한 집구 내에 모든 처리가 배열되도록 하나 라틴 방각법[latin square design]은 처리수와 같은 수의 집구를 열과 행으로 분할하고 모든 열[row]과 행[column]의 집구 내에 처리 전체가 포함되도록 배열함으로써(2중 집구) 처리수와 반복수가 동일하게 되며 각 열과 행은 연속하여 있게 된다.

따라서 난괴법에서는 변이의 근원을 한 방향에서 제거하였지만 라틴 방각 실험 배치에서는 두 개의 변이 근원을 제거할 수 있어서 실험오차를 한층 작게 하므로 실험의 정밀도와 효율은 그만큼 높아진다. 이는 시간과 공간이 실험오차의 원인이 될 경우와 같은 사회과학 분야에서도 이용된다. 그러나 반복수는 항상 처리 수에 영향을 받게 되므로 처리의 수가 4-10개 정도의 소수인 경우에 많이 이용되며 12 이상인 경우에는 잘 이용되지 아니한다.

예) 딸기 세 가지 품종 $A\ B\ C$를 3회 반복하여 라틴 방각법으로 배치하고 그의 수량을 조사 하였던바 다음과 같은 결과를 얻었다. 유의성을 검정하여라.

3 x 3 라틴방각법의 3회 반복 수량

방각		방각 1			방각 2			방각		
열	행	1	2	3	1	2	3	1	2	3
1	1	50(*b*)	34(*c*)	24(*a*)	36(*c*)	37(*b*)	12(*a*)	20(*a*)	24(*c*)	26(*b*)
2	2	29(*a*)	41(*b*)	33(*c*)	13(*a*)	26(*c*)	18(*b*)	33(*b*)	23(*a*)	42(*c*)
3	3	31(*c*)	21(*a*)	30(*b*)	31(*b*)	13(*a*)	26(*c*)	31(*c*)	29(*b*)	24(*a*)

프로그램

```
data anova10;
input squa col row yield treat $ @@;
cards;
1 1 1 50 b  1 2 1 34 c  1 3 1 24 a  2 1 1 36 c  2 2 1 37 b
2 3 1 12 a  3 1 1 20 a  3 2 1 24 c  3 3 1 26 b
1 1 2 29 a  1 2 2 41 b  1 3 2 33 c  2 1 2 13 a  2 2 2 26 c
2 3 2 18 b  3 1 2 33 b  3 2 2 23 a  3 3 2 42 c
1 1 3 31 c  1 2 3 21 a  1 3 3 30 b  2 1 3 31 b  2 2 3 13 a
2 3 3 26 c  3 1 3 31 c  3 2 3 29 b  3 3 3 24 a
;
proc anova;
class  col squa row treat; →
```

model에서 원인이 되는 변수들은 반드시 class해야 함.

```
model yield=treat squa treat*squa row*squa col*squa;
means treat / lsd tukey duncan;
run;
```

col과 squa의 상호작용 (col*squa)

결과

Analysis of Variance Procedure
Class Level Information

Class	Levels	Values
COL	3	1 2 3
SQUA	3	1 2 3
ROW	3	1 2 3
TREAT	3	a b c

Number of observations in data set = 27

Analysis of Variance Procedure

Dependent Variable: YIELD

Source	DF	Sum of Squares	Mean Square	F Value	Pr > F
Model	20	2055.851852	102.792593	10.09	0.0044
Error	6	61.111111	10.185185		
Corrected Total	26	2116.962963			

R-Square	C.V.	Root MSE	YIELD Mean
0.971133	11.38289	3.191424	28.0370370

Analysis of Variance Procedure

Dependent Variable: YIELD

Source	DF	Anova SS	Mean Square	F Value	Pr > F
TREAT	2	904.2962963	452.1481481	44.39	0.0003
SQUA	2	364.5185185	182.2592593	17.89	0.0030
SQUA*TREAT	4	156.1481481	39.0370370	3.83	0.0702
SQUA*ROW	6	388.4444444	64.7407407	6.36	0.0203
COL*SQUA	6	242.4444444	40.4074074	3.97	0.0589

Analysis of Variance Procedure

T tests (LSD) for variable: YIELD

NOTE: This test controls the type I comparisonwise error rate not the experimentwise error rate.

Alpha= 0.05 df= 6 MSE= 10.18519
Critical Value of T= 2.45
Least Significant Difference= 3.6813

Means with the same letter are not significantly different.

T Grouping	Mean	N	TREAT
A	32.778	9	b
A			
A	31.444	9	c
B	19.889	9	a

Analysis of Variance Procedure

Duncan's Multiple Range Test for variable: YIELD

NOTE: This test controls the type I comparisonwise error rate, not the experimentwise error rate

Alpha= 0.05 df= 6 MSE= 10.18519

Number of Means	2	3
Critical Range	3.681	3.816

Means with the same letter are not significantly different.

Duncan Grouping	Mean	N	TREAT
A	32.778	9	b
A			
A	31.444	9	c
B	19.889	9	a

Analysis of Variance Procedure

Tukey's Studentized Range (HSD) Test for variable: YIELD

NOTE: This test controls the type I experimentwise error rate, but generally has a higher type II error rate than REGWQ.

Alpha= 0.05 df= 6 MSE= 10.18519
Critical Value of Studentized Range= 4.339
Minimum Significant Difference= 4.6163

Means with the same letter are not significantly different.

Tukey Grouping	Mean	N	TREAT
A	32.778	9	b
A			
A	31.444	9	c
B	19.889	9	a

결과 해석

이상의 결과를 종합하여 보면 다음과 같다.

분산분석표

요 인	*df*	*SS*	*MS*	*F*
전 체	26	2116.963		
품 종	2	904.296	452.148	44.39**
방 각	2	364.519	182.259	17.89**
상호작용(처리x방각)	4	156.148	39.037	3.83
열	6	388.444	64.741	6.36*
행	6	242.444	40.407	3.97
오 차	6	61.111	10.185	

품종 간에는 고도의 유의성이 인정되고 방각 간에도 고도의 유의성이 인정되나 품종과 방각의 상호작용 및 행에는 유의차가 인정되지 않는다. 또한 열 간에는 5% 수준의 유의성이 인정되어 시험 구를 열로 집구화한 효과는 실험 오차를 줄이는데 크게 효율적이었다.

예제4-9 라틴 방각법

어떤 상품의 하루 판매량이 포장 방법($T1$, $T2$, $T3$)에 따라, 요일($R1$, $R2$, $R3$)에 따라 혹은 상점($C1$, $C2$, $C3$)에 따라 차이가 있는지를 알아보기 위하여 라틴 방각법에 의하여 판매량을 조사하여 다음과 같은 결과를 얻었다. 포장 방법, 요일 및 상점에 따라 판매량의 차이가 있다고 생각하는가?

	$C1$	$C2$	$C3$
$R1$	$T3$(30)	$T1$(45)	$T2$(75)
$R2$	$T2$(50)	$T3$(40)	$T1$(50)
$R3$	$T1$(35)	$T2$(65)	$T3$(50)

프로그램

```
data latin;
input rep c$ r$ t$ sales @@;
cards;
1 c1 r1 t3 30   2 c2 r1 t1 45   3 c3 r1 t2 75
1 c1 r2 t2 50   2 c2 r2 t3 40   3 c3 r2 t1 50
1 c1 r3 t1 35   2 c2 r3 t2 65   3 c3 r2 t3 50
run;

proc anova;
class c r t;
model sales = c r t;
means c r t/duncan;
run;
```

결과

SAS 시스템

The ANOVA Procedure

Class Level Information

Class	Levels	Values
c	3	c1 c2 c3
r	3	r1 r2 r3
t	3	t1 t2 t3

Number of Observations Read	9
Number of Observations Used	9

SAS 시스템

The ANOVA Procedure

Dependent Variable: sales

Source	DF	Sum of Squares	Mean Square	F Value	Pr > F
Model	6	1575.000000	262.500000	37.80	0.0260
Error	2	13.888889	6.944444		
Corrected Total	8	1588.888889			

R-Square	Coeff Var	Root MSE	sales Mean
0.991259	5.390246	2.635231	48.88889

Source	DF	Anova SS	Mean Square	F Value	Pr > F
c	2	605.5555556	302.7777778	43.60	0.0224
r	2	13.8888889	6.9444444	1.00	0.5000
t	2	955.5555556	477.7777778	68.80	0.0143

SAS 시스템

The ANOVA Procedure

Duncan's Multiple Range Test for sales

NOTE: This test controls the Type I comparisonwise error rate, not the experimentwise error rate.

Alpha	0.05
Error Degrees of Freedom	2
Error Mean Square	6.944444

Number of Means	2	3
Critical Range	9.258	8.845

Means with the same letter are not significantly different.

Duncan Grouping	Mean	N	c
A	58.333	3	c3
A			
A	50.000	3	c2
B	38.333	3	c1

SAS 시스템

The ANOVA Procedure

Duncan's Multiple Range Test for sales

NOTE: This test controls the Type I comparisonwise error rate, not the experimentwise error rate.

Alpha	0.05
Error Degrees of Freedom	2
Error Mean Square	6.944444
Harmonic Mean of Cell Sizes	2.769231

NOTE: Cell sizes are not equal.

Number of Means	2	3
Critical Range	9.636	9.207

Means with the same letter are not significantly different.

Duncan Grouping	Mean	N	r
A	50.000	3	r1
A			
A	50.000	2	r3
A			
A	47.500	4	r2

SAS 시스템

The ANOVA Procedure

Duncan's Multiple Range Test for sales

NOTE: This test controls the Type I comparisonwise error rate, not the experimentwise error rate.

Alpha	0.05
Error Degrees of Freedom	2
Error Mean Square	6.944444

Number of Means	2	3
Critical Range	9.258	8.845

Means with the same letter are not significantly different.

Duncan Grouping	Mean	N	t
A	63.333	3	t2
B	43.333	3	t1
B			
B	40.000	3	t3

▼ 5.4 요인 시험법[Factorial experiments](다원 ANOVA)

앞서 연습한 완전 임의 배치법, 난괴법, 라틴 방각법은 주로 하나의 요인에 대하여 수준을 달리하거나 요인 개념이 없이 처리만을 조사 측정한 것이다. 그러나 조사할 내용에 따라서는 둘 이상의 요인을 몇 개의 수준으로 나누어 여러 요인의 효과를 동시에 조사하는 경우가 있다. 요인 시험법이란 각 요인의 수준으로 가능한 모든 조합을 만들어 이들 조합을 비교 분석하여 각 요인의 최적 수준을 구하고 동시에 상호작용 효과를 구명하기 위하여 실시하는 분석법이다. 요인들의 배합에 의해 만들어진 처리를 어떻게 배치하는가는 완전 임의 배치법이나 난괴법 또는 라틴 방각법에 따르며 결과분석은 다음 예와 같다.

예) 2개 수준의 2개요인 처리(2^2)

돼지사료에 항생물질 A를 두 수준(0, 40mg)으로 또 비타민 $B12$ 두 수준(0, 5mg)으로 첨가 급여하여 돼지의 증체량을 조사하고자 완전 임의 배치로 2^2요인 시험을 하였던 바 그 결과는 다음과 같다. 결과를 분석하라.

항생제(anti)와 비타민 B12(vita)를 급여한 돼지의 증체량(gain)

항생제	0mg		40mg	
비타민$B12$	0mg	5mg	0mg	5mg
1	1.85	1.81	1.60	2.07
2	1.74	1.76	1.55	2.11
3	1.63	1.74	1.60	2.10

프로그램

```
data anova11;
input anti vita gain @@;
cards;
0 0 1.85   0 5 1.81   40 0 1.60   40 5 2.07
0 0 1.74   0 5 1.76   40 0 1.55   40 5 2.11
0 0 1.63   0 5 1.74   40 0 1.60   40 5 2.10
;
proc means mean std stderr;
class anti vita;
run;
proc anova;
class anti vita;
model gain=anti vita anti*vita;
run;
```

결과

SAS 시스템

MEANS 프로시저

분석 변수 : gain

anti	vita	관측치수	평균	표준편차	표준오차
0	0	3	1.7400000	0.1100000	0.0635085
	5	3	1.7700000	0.0360555	0.0208167
40	0	3	1.5833333	0.0288675	0.0166667
	5	3	2.0933333	0.0208167	0.0120185

SAS 시스템

The ANOVA Procedure

Class Level Information

Class	Levels	Values
anti	2	0 40
vita	2	0 5

Number of Observations Read	12
Number of Observations Used	12

SAS 시스템

The ANOVA Procedure

Dependent Variable: gain

Source	DF	Sum of Squares	Mean Square	F Value	Pr > F
Model	3	0.41233333	0.13744444	37.48	<.0001
Error	8	0.02933333	0.00366667		
Corrected Total	11	0.44166667			

R-Square	Coeff Var	Root MSE	gain Mean
0.933585	3.370297	0.060553	1.796667

Source	DF	Anova SS	Mean Square	F Value	Pr > F
anti	1	0.02083333	0.02083333	5.68	0.0443
vita	1	0.21870000	0.21870000	59.65	<.0001
anti*vita	1	0.17280000	0.17280000	47.13	0.0001

결과 해석

이상을 분산분석표로 작성하면 다음과 같다.

분산분석표

요인	*df*	*SS*	*MS*	*F*
전 체	11	0.4417		
처 리	3	0.4123	0.0208	
ANTI	1	0.0208	0.2187	5.68*
VITA	1	0.2187	0.1728	59.65**
ANTI * *VITA*	1	0.1728	0.0037	47.13**
오 차	8	0.0293		

항생제[ANTI]는 5% 수준, 비타민[vita]은 1% 수준에서 유의성이 인정되며 항생제와 비타민B(VITA)의 상호작용(ANTI*VITA)은 1%를 넘는 고도의 유의성이 인정되어 비타민과 항생제의 단독 사용도 각각 효과가 있지만, 같이 쓰게 되면 보다 증체량이 높다는 결론을 얻었다.

예2) **2개 수준의 3개 요인 처리**(3^2)

요인 질소[N], 인산[P], 가리[K] 3요인을 각각 2개 수준(무시용 0, 시용 1)으로 시용하고 난괴법 배치에 의한 밀의 수량을 조사하였다. 각 요인의 효과를 분석하여라.

2_3 요인처리에 의한 밀의 수량

집 구	I	II	III	IV
$N_0P_0K_0$	19	24	21	21
$N_1P_0K_0$	21	20	32	25
$N_0P_1K_0$	25	21	25	26
$N_1P_1K_0$	35	56	63	71
$N_0P_0K_1$	22	18	18	23
$N_1P_0K_1$	18	30	28	16
$N_0P_1K_1$	25	23	29	29
$N_1P_1K_1$	69	66	78	59

프로그램

```
data anova12;
input n p k bl yield @@;
cards;
0 0 0 1 19  0 0 0 2 24  0 0 0 3 21  0 0 0 4 21
1 0 0 1 21  1 0 0 2 20  1 0 0 3 31  1 0 0 4 25
0 1 0 1 25  0 1 0 2 21  0 1 0 3 25  0 1 0 4 26
1 1 0 1 35  1 1 0 2 56  1 1 0 3 63  1 1 0 4 71
0 0 1 1 22  0 0 1 2 18  0 0 1 3 18  0 0 1 4 23
1 0 1 1 18  1 0 1 2 30  1 0 1 3 28  1 0 1 4 16
0 1 1 1 25  0 1 1 2 23  0 1 1 3 29  0 1 1 4 29
1 1 1 1 69  1 1 1 2 66  1 1 1 3 78  1 1 1 4 59
;
proc anova;
class n p k bl;
model yield=bl n p k n*p n*k p*k n*p*k;
run;
```

결과

```
                SAS 시스템

          The ANOVA Procedure

         Class Level Information

        Class      Levels   Values

          n           2     0 1
          p           2     0 1
          k           2     0 1
          bl          4     1 2 3 4
```

Number of Observations Read	32
Number of Observations Used	32

SAS 시스템

The ANOVA Procedure

Dependent Variable: yield

Source	DF	Sum of Squares	Mean Square	F Value	Pr > F
Model	10	9672.81250	967.28125	20.89	<.0001
Error	21	972.15625	46.29315		
Corrected Total	31	10644.96875			

R-Square	Coeff Var	Root MSE	yield Mean
0.908675	20.63744	6.803907	32.96875

Source	DF	Anova SS	Mean Square	F Value	Pr > F
bl	3	226.593750	75.531250	1.63	0.2122
n	1	3140.281250	3140.281250	67.83	<.0001
p	1	3719.531250	3719.531250	80.35	<.0001
k	1	69.031250	69.031250	1.49	0.2356
n*p	1	2295.031250	2295.031250	49.58	<.0001
n*k	1	42.781250	42.781250	0.92	0.3473
p*k	1	132.031250	132.031250	2.85	0.1061
n*p*k	1	47.531250	47.531250	1.03	0.3225

결과 해석

이상의 결과를 분산분석표로 작성하면 다음과 같다.

분산분석표

요 인	df	SS	MS	F
전 체	31	10644.97		
집 구	3	226.59	75.53	
N	1	3140.28	3140.28	67.87**
P	1	3719.53	3719.53	80.35**
K	1	69.03	69.03	1.49
$N*P$	1	2295.03	2295.03	49.58**
$N*K$	1	42.78	42.78	0.92
$P*K$	1	132.03	132.03	2.85
$N*P*K$	1	47.53	47.53	1.03
오 차	21	972.16	46.29	

분석결과에 의하면 N과 P 그리고 상호 작용 $N*P$의 효과만 1% 수준을 넘는 고도의 유의성이 있고 그 외에는 효과가 인정되지 않았다. 즉 질소와 인산 시용의 효과가 크고 이들을 동시에 사용 할 때 시용 효과가 더욱 커진다.

주의 : 요인 시험법은 요인에 대한 검정을 하는 것이지 처리에 대한 검정이 아니므로 주의를 해야 한다. 독자들은 처리에 대한 검정으로 착각하기가 쉽다.

예제4-10 요인분석

돼지의 보조 사료로써 아미노산의 일종인 라이신 L(4수준), 메치오닌 M(3수준), 대두박 S(2수준) 등을 급여하여 증체량을 조사한 결과는 다음과 같다. 이 시험은 2 × 3 × 4 요인 시험이다. 요인의 효과를 분석하라.

요인 처리표

라이신 L	메치오닌 M	대두박 S
0 : 무사용	0 : 무사용	0 : 12g 사용
1 : 0.05g 사용	1 : 0.025g 사용	1 : 14g 사용

2 : 0.10g 사용 3 : 0.15g 사용	2 : 0.050g 사용	

돼지 증체량

처리(LMS) \ 반복	1	2
000	1.66	1.52
001	2.07	2.00
010	1.64	1.54
011	1.62	1.77
020	1.40	1.76
021	2.22	1.79
100	1.85	1.55
101	2.10	2.08
110	1.58	1.76
111	1.79	1.89
120	1.67	1.51
121	2.31	1.82
200	1.77	1.68
201	1.93	1.63
210	1.89	1.96
211	1.95	1.76
220	1.89	1.74
221	2.01	1.94
300	1.74	1.58
301	1.35	1.84
310	1.91	1.71
311	1.97	1.94
320	2.01	1.58
321	2.17	1.82

프로그램

```
data fac;
input L M S gain @@;
cards;
0 0 0  1.66  0 0 0  1.52
0 0 1  2.07  0 0 1  2.00
0 1 0  1.64  0 1 0  1.54
0 1 1  1.62  0 1 1  1.77
0 2 0  1.40  0 2 0  1.76
0 2 1  2.22  0 2 1  1.79
1 0 0  1.85  1 0 0  1.55
1 0 1  2.10  1 0 1  2.08
1 1 0  1.58  1 1 0  1.76
1 1 1  1.79  1 1 1  1.89
1 2 0  1.67  1 2 0  1.51
1 2 1  2.31  1 2 1  1.82
2 0 0  1.77  2 0 0  1.68
2 0 1  1.93  2 0 1  1.63
2 1 0  1.89  2 1 0  1.96
2 1 1  1.95  2 1 1  1.76
2 2 0  1.89  2 2 0  1.74
2 2 1  2.01  2 2 1  1.94
3 0 0  1.74  3 0 0  1.58
3 0 1  1.35  3 0 1  1.84
3 1 0  1.91  3 1 0  1.71
3 1 1  1.97  3 1 1  1.94
3 2 0  2.01  3 2 0  1.58
3 2 1  2.17  3 2 1  1.82
run;
proc anova;
class L M S;
model gain = L M S L*M L*S M*S L*M*S;
run;
```

결과

SAS 시스템

The ANOVA Procedure

Class Level Information

Class	Levels	Values
L	4	0 1 2 3
M	3	0 1 2
S	2	0 1

Number of Observations Read	48
Number of Observations Used	48

SAS 시스템

The ANOVA Procedure

Dependent Variable: gain

Source	DF	Sum of Squares	Mean Square	F Value	Pr > F
Model	23	1.30073125	0.05655353	1.75	0.0901
Error	24	0.77525000	0.03230208		
Corrected Total	47	2.07598125			

R-Square	Coeff Var	Root MSE	gain Mean
0.626562	9.953772	0.179728	1.805625

Source	DF	Anova SS	Mean Square	F Value	Pr > F
L	3	0.06273958	0.02091319	0.65	0.5922
M	2	0.05613750	0.02806875	0.87	0.4322
S	1	0.49410208	0.49410208	15.30	0.0007
L*M	6	0.28677917	0.04779653	1.48	0.2273
L*S	3	0.21298958	0.07099653	2.20	0.1144
M*S	2	0.10357917	0.05178958	1.60	0.2220
L*M*S	6	0.08440417	0.01406736	0.44	0.8478

▼ 5.5 분할구 시험법

분할구 배치법[split plot design]은 요인 간에 중요도의 차이가 있다든지 또는 적은 면적에서 시험하기 어려운 요인과 그렇지 않은 요인을 조합하여 실험하고자 할 때 이용된다. 큰 시험 구를 주구라 하고 주구를 세분한 것을 세구라 한다. 일반적으로 중요도가 높거나 보다 정확한 비교를 하려는 요인을 세구에 배치한다.

예) 분할구 배치

다음은 3개 종류의 농약 $B(b1, b2, b3)$을 4개 수준의 시용량 $A(a1, a2, a3, a4)$로 처리한 4 x 3 요인 구성으로서 난괴 분할구 3반복 배치에 의하여 얻어진 밀의 수량이다. 요인의 효과를 분석하여라. (시용량을 주구 A,농약의 종류를 세구 B로 하였음).

분할구 배치에 의한 밀의 수량

반복		1				2				3			
시용량		*A1*	*A2*	*A3*	*A4*	*A4*	*A3*	*A1*	*A2*	*A3*	*A1*	*A4*	*A2*
종류	*B1*	1.5	3.2	2.5	4.0	3.1	3.1	1.7	2.7	4.6	2.0	4.5	3.2
	B2	2.0	3.5	3.0	4.5	3.7	3.3	2.1	2.9	5.5	2.3	4.9	3.3
	B3	1.3	3.0	2.7	3.7	3.2	3.1	1.4	2.5	4.7	2.1	4.4	3.1

자유도 분할표

요인	자유도(*df*)	분산(*MS*)	*F*
주구분석 집구 *A* 오차(*a*)	11 = *Ka* - 1 2 = *K* - 1 3 = *a* - 1 6 = (*K*-1)(*a*-1)	 *MSA* *Ea*	 *MSA* / *Ea*
세구분석 *B* *A* * *B* 오차(*b*)	24 = *Ka*(*b*-1) 2 = *b*-1 6 = (*a*-1)(*b*-1) 16 = *a*(*b*-1)(*K*-1)	 *M* *M* *Eb*	 *MSB* / *Eb* *MSAB* / *Eb*
전체	35 = *Kab*-1		

* a: 주구 수　b: 세구 수　k: 반복 수

프로그램

```
data anova15;
input drug level block yield @@;
cards;
3 1 1 1.3 2 3 1 3.5 3 2 1 2.7 3 4 1 3.7 2 4 2 3.7 1 3 2 3.1
1 1 2 1.7 2 2 2 2.9 2 3 3 5.5 1 1 3 2.0 3 4 3 4.4 3 2 3 3.1
2 1 1 2.0 3 3 1 3.0 1 2 1 2.5 1 4 1 4.0 3 4 2 3.2 2 3 2 3.3
3 1 2 1.4 3 2 2 2.5 1 3 3 4.6 3 1 3 2.1 1 4 3 4.5 2 2 3 3.3
1 1 1 1.5 1 3 1 3.2 2 2 1 3.0 2 4 1 4.5 1 4 2 3.1 3 3 2 3.1
2 1 2 2.1 1 2 2 2.7 3 3 3 4.7 2 1 3 2.3 2 4 3 4.9 1 2 3 3.2
run;
proc anova;
class drug level block;
model yield=block level
        drug drug*level
        block*level block*drug(level);
test h=level        e=block*level;
test h=drug
```

```
        drug*level        e=block*drug(level);
    run;
```

결과

SAS 시스템

The ANOVA Procedure

Class Level Information

Class	Levels	Values
drug	3	1 2 3
level	4	1 2 3 4
block	3	1 2 3

Number of Observations Read	36
Number of Observations Used	36

SAS 시스템

The ANOVA Procedure

Dependent Variable: yield

Source	DF	Sum of Squares	Mean Square	F Value	Pr > F
Model	35	38.01638889	1.08618254	.	.
Error	0	0.00000000	.		
Corrected Total	35	38.01638889			

R-Square	Coeff Var	Root MSE	yield Mean
1.000000	.	.	3.119444

Source	DF	Anova SS	Mean Square	F Value	Pr > F
block	2	6.60388889	3.30194444	.	.
level	3	26.54972222	8.84990741	.	.
drug	2	1.62388889	0.81194444	.	.
drug*level	6	0.08944444	0.01490741	.	.
level*block	6	2.76944444	0.46157407	.	.
drug*block(level)	16	0.38000000	0.02375000	.	.

Tests of Hypotheses Using the Anova MS for level*block as an Error Term

Source	DF	Anova SS	Mean Square	F Value	Pr > F
level	3	26.54972222	8.84990741	19.17	0.0018

Tests of Hypotheses Using the Anova MS for drug*block(level) as an Error Term

Source	DF	Anova SS	Mean Square	F Value	Pr > F
drug	2	1.62388889	0.81194444	34.19	<.0001
drug*level	6	0.08944444	0.01490741	0.63	0.7062

결과 해석

이상의 결과를 종합하여 분산분석표를 만들면 다음과 같다.

분산분석표

요인	*df*	*SS*	*MS*	*F*
주구분석	11			
집구	2	6.60		
A	3	26.55	8.849	19.17**
오차(a)	6 = 2 x 3	2.77		
세구분석	24			
B	2	1.62	1.62	34.19**
$A * B$	6	0.09	0.09	0.63
오차(b)	16	0.38	0.38	
전체	35			

분산분석 결과 농약 시용량 A 및 농약 종류 B에 있어서는 1% 수준의 유의성이 인정되나 이들의 상호작용 $A*B$는 유의성이 없음을 알 수 있다.

예제4-11 분할구

다음은 감자의 삽묘기 시험으로 감자 품종을 주구, 삽묘 시기를 세구로 한 4반복의 난괴법 분할구 시험 성적이다. 품종과 삽묘기 간에 차이가 인정되는가? 그리고 품종 * 삽묘기 상호작용 효과를 분석하라.

주구	세구	집구1	집구2	집구3	집구4
장원	5/4	74	56	64	59
	5/24	66	66	70	64
	6/14	50	49	57	56
	7/4	36	39	33	46
조풍	5/4	88	76	84	76
	5/24	73	72	77	64
	6/14	73	59	74	62
	7/4	48	50	55	46

프로그램

```
data SPD;
input main$ spi block yield @@;
cards;
장 54  1 74  장  54 2 56  장  54 3 64  장  54 4 59
장 524 1 66  장 524 2 66  장 524 3 70  장 524 4 64
장 614 1 50  장 614 2 49  장 614 3 57  장 614 4 56
장 74  1 36  장  74 2 39  장  74 3 33  장  74 4 46
조 54  1 88  조  54 2 76  조  54 3 84  조  54 4 76
조 524 1 73  조 524 2 72  조 524 3 77  조 524 4 64
```

```
조 614 1 73  조 614 2 59  조 614 3 74  조 614 4 62
조 74 1 48  조 74 2 50  조 74 3 55  조 74 4 46
run;
proc anova;
class main spi block;
model yield = main block block*main
        spi spi*main block*main(spi);
  test h=block
      main     e=block*main;
  test h=spi
      spi*main   e=block*main(spi);
run;
```

결과

SAS 시스템

The ANOVA Procedure

Class Level Information

Class	Levels	Values
main	2	장 조
spi	4	54 74 524 614
block	4	1 2 3 4

Number of Observations Read	32
Number of Observations Used	32

SAS 시스템

The ANOVA Procedure

Dependent Variable: yield

Source	DF	Sum of Squares	Mean Square	F Value	Pr > F
Model	31	5874.875000	189.512097	.	.
Error	0	0.000000	.		
Corrected Total	31	5874.875000			

R-Square	Coeff Var	Root MSE	yield Mean
1.000000	.	.	61.31250

Source	DF	Anova SS	Mean Square	F Value	Pr > F
main	1	1152.000000	1152.000000	.	.
block	3	214.625000	71.541667	.	.
main*block	3	126.750000	42.250000	.	.
spi	3	3785.125000	1261.708333	.	.
main*spi	3	173.250000	57.750000	.	.
main*block(spi)	18	423.125000	23.506944	.	.

Tests of Hypotheses Using the Anova MS for main*block as an Error Term

Source	DF	Anova SS	Mean Square	F Value	Pr > F
block	3	214.625000	71.541667	1.69	0.3380
main	1	1152.000000	1152.000000	27.27	0.0137

Tests of Hypotheses Using the Anova MS for main*block(spi) as an Error Term

Source	DF	Anova SS	Mean Square	F Value	Pr > F
spi	3	3785.125000	1261.708333	53.67	<.0001
main*spi	3	173.250000	57.750000	2.46	0.0962

예) 세세구 배치[split split plot design]

옥수수 재배에 있어서 재식 거리B를 3개 수준(b_0, b_1, b_2)으로 하고 이들 각각에 대하여 비료C를 3개 수준(c_0, c_1, c_2)으로 처리하였으며 이들 전체를 관수처리A의 2개 수준(무관수 처리 a_0, 관수처리 a_1)으로 구분하여 4반복 실험하였던 바 그 결과는 다음과 같다. 이 실험에서 관수A를 1차 요인(주구), 식부거리B를 2차 요인(세구), 비료C를 3차 요인(세세구)으로 하여 세세구 배치를 하였다. 각 요인의 효과를 분석하여라.

옥수수 수량

관수처리 A	재식거리 B	시비처리 C	집구 1	2	3	4
무관수 a_0	b_0	C_0	90	83	85	86
		C_1	95	80	88	78
		C_2	107	95	88	89
	b_1	C_0	92	98	112	79
		C_1	89	98	104	86
		C_2	92	106	91	87
	b_2	C_0	81	74	82	85
		C_1	92	81	78	89
		C_2	93	74	94	83
관수 a_1	b_0	C_0	80	102	60	73
		C_1	87	109	104	114
		C_2	100	105	114	114
	b_1	C_0	121	99	90	109
		C_1	110	94	118	131
		C_2	119	123	113	126
	b_2	C_0	78	136	119	116
		C_1	98	133	122	136
		C_2	122	132	136	133

프로그램

```
data anova16;
input a b c d yield @@;
cards;
0 0 0 1  90 0 0 0 2  83 0 0 0 3  85 0 0 0 4  86
0 0 1 1  95 0 0 1 2  80 0 0 1 3  88 0 0 1 4  78
0 0 2 1 107 0 0 2 2  95 0 0 2 3  88 0 0 2 4  89
0 1 0 1  92 0 1 0 2  98 0 1 0 3 112 0 1 0 4  79
0 1 1 1  89 0 1 1 2  98 0 1 1 3 104 0 1 1 4  86
0 1 2 1  92 0 1 2 2 106 0 1 2 3  91 0 1 2 4  87
0 2 0 1  81 0 2 0 2  74 0 2 0 3  82 0 2 0 4  85
0 2 1 1  92 0 2 1 2  81 0 2 1 3  78 0 2 1 4  89
0 2 2 1  93 0 2 2 2  74 0 2 2 3  94 0 2 2 4  83
1 0 0 1  80 1 0 0 2 102 1 0 0 3  60 1 0 0 4  73
1 0 1 1  87 1 0 1 2 109 1 0 1 3 104 1 0 1 4 114
1 0 2 1 100 1 0 2 2 105 1 0 2 3 114 1 0 2 4 114
1 1 0 1 121 1 1 0 2  99 1 1 0 3  90 1 1 0 4 109
1 1 1 1 110 1 1 1 2  94 1 1 1 3 118 1 1 1 4 131
1 1 2 1 119 1 1 2 2 123 1 1 2 3 113 1 1 2 4 126
1 2 0 1  78 1 2 0 2 136 1 2 0 3 119 1 2 0 4 116
1 2 1 1  98 1 2 1 2 133 1 2 1 3 122 1 2 1 4 136
1 2 2 1 122 1 2 2 2 132 1 2 2 3 136 1 2 2 4 133
run;
proc anova;
class a b c d;
model yield=d a a*d
          b a*b b*d*a
      c a*c b*c a*b*c d*c*b(a);
test h=d
        a          e=a*d;
test h=b
```

```
          a*b          e=b*d*a;
test h=c
     a*c
     b*c
     a*b*c        e=d*c*b(a);
run;
```

결과

SAS 시스템

The ANOVA Procedure

Class Level Information

Class	Levels	Values
a	2	0 1
b	3	0 1 2
c	3	0 1 2
d	4	1 2 3 4

Number of Observations Read	72
Number of Observations Used	72

SAS 시스템

The ANOVA Procedure

Dependent Variable: yield

Source	DF	Sum of Squares	Mean Square	F Value	Pr > F
Model	71	23756.44444	334.59781	.	.

Error	0	0.00000		.
Corrected Total	71	23756.44444		

R-Square	Coeff Var	Root MSE	yield Mean
1.000000	.	.	99.72222

Source	DF	Anova SS	Mean Square	F Value	Pr > F
d	3	194.444444	64.814815	.	.
a	1	8277.555556	8277.555556	.	.
a*d	3	1411.777778	470.592593	.	.
b	2	1758.361111	879.180556	.	.
a*b	2	2747.027778	1373.513889	.	.
a*b*d	12	2787.944444	232.328704	.	.
c	2	1977.444444	988.722222	.	.
a*c	2	953.444444	476.722222	.	.
b*c	4	304.888889	76.222222	.	.
a*b*c	4	234.722222	58.680556	.	.
b*c*d(a)	36	3108.833333	86.356481	.	.

Tests of Hypotheses Using the Anova MS for a*d as an Error Term

Source	DF	Anova SS	Mean Square	F Value	Pr > F
d	3	194.444444	64.814815	0.14	0.9312
a	1	8277.555556	8277.555556	17.59	0.0247

Tests of Hypotheses Using the Anova MS for a*b*d as an Error Term

Source	DF	Anova SS	Mean Square	F Value	Pr > F
b	2	1758.361111	879.180556	3.78	0.0532
a*b	2	2747.027778	1373.513889	5.91	0.0163

Tests of Hypotheses Using the Anova MS for b*c*d(a) as an Error Term

Source	DF	Anova SS	Mean Square	F Value	Pr > F
c	2	1977.444444	988.722222	11.45	0.0001
a*c	2	953.444444	476.722222	5.52	0.0081
b*c	4	304.888889	76.222222	0.88	0.4841
a*b*c	4	234.722222	58.680556	0.68	0.6107

결과 해석

분산분석표

요인	*df*	*SS*	*MS*	*F*
주구 분석	7			
집구	3	194.44		
관수A	1	8277.56	8277.56	17.59*
오차(a)	3	1411.78	470.59	
세구 분석	16			
식부거리B	2	1758.36	879.18	3.78
$A*B$	2	2747.02	1373.51	5.91
오차(b)	12	2787.94	232.32	
세세구분석	48			
시비C	2	1977.44	988.72	11.45**
$A*C$	2	953.44	476.72	5.52**
$B*C$	4	304.88	76.22	0.88
$A*B*C$	4	234.72	58.68	0.68
오차(c)	36	3108.83	86.36	
전체	71	23756.44		

주구요인 효과 : 관수처리 5% 수준의 유의성이 인정된다.

세구요인 효과 : 식부거리 유의성이 없다.

상호작용 $A*B$: 5% 수준의 유의성이 인정된다.

세세구요인 효과 : 시비처리 1% 수준을 넘는 고도의 유의성이 인정된다.

상호작용 $A*C$: 1% 수준을 넘는 고도의 유의성이 인정된다.

상호작용 $B*C$: 유의성이 없다.

상호작용 $A*B*C$: 유의성이 없다.

예제4-12 세세구 배치법

보리의 생산력이 낮은 토양에다 퇴비(D)와 석회(C)의 사용이 그 생육 수량에 미치는 영향을 검토하여 토양 개량 효과를 알고자 한다. 또한 이 토양은 인산의 흡수력이 극히 강하기 때문에 인산(P)의 효과도 함께 알려고 다음과 같은 요인 구성으로 수량을 조사하였다.

인 산		P_0=1.5		P_1=3.0	
소석회 \ 퇴비		D_0=100	D_1=300	D_0=100	D_1=300
무석회	C_0	0	0	0	0
석회소량	C_1	25	25	25	25
석회다량	C_2	50	50	50	50

보리의 수량

PDC	1	2	3
0 0 0	39	26	29
0 0 1	51	66	64
0 0 2	66	64	72
0 1 0	44	30	34
0 1 1	70	73	64
0 1 2	71	71	69
1 0 0	35	49	32
1 0 1	61	70	74
1 0 2	65	74	69
1 1 0	32	43	39
1 1 1	76	74	78
1 1 2	75	73	81

프로그램

```
data sspd;
input p d c rep yield @@;
cards;
0 0 0  1  39     0 0 0  2  26      0 0 0  3  29
0 0 1  1  51     0 0 1  2  66      0 0 1  3  64
0 0 2  1  66     0 0 2  2  64      0 0 2  3  72
0 1 0  1  44     0 1 0  2  30      0 1 0  3  34
0 1 1  1  70     0 1 1  2  73      0 1 1  3  64
0 1 2  1  71     0 1 2  2  71      0 1 2  3  69
1 0 0  1  35     1 0 0  2  49      1 0 0  3  32
1 0 1  1  61     1 0 1  2  70      1 0 1  3  74
1 0 2  1  65     1 0 2  2  74      1 0 2  3  69
1 1 0  1  32     1 1 0  2  43      1 1 0  3  39
1 1 1  1  76     1 1 1  2  74      1 1 1  3  78
1 1 2  1  75     1 1 2  2  73      1 1 2  3  81
run;
proc anova;
class p d c rep;
model yield = rep p rep*p
         d p*d p*d*rep
         c p*c d*c p*d*c p*d*c(rep);
  test h=d
       p          e=d*p;
  test h=d
       p*d        e=p*d*rep;
  test h=c
       p*c
       d*c
       p*d*c      e=p*d*c(rep);
 means p d c rep / duncan;
run;
```

결과

SAS 시스템

The ANOVA Procedure

Class Level Information

Class	Levels	Values
p	2	0 1
d	2	0 1
c	3	0 1 2
rep	3	1 2 3

Number of Observations Read	36
Number of Observations Used	36

SAS 시스템

The ANOVA Procedure

Dependent Variable: yield

Source	DF	Sum of Squares	Mean Square	F Value	Pr > F
Model	35	10490.75000	299.73571	.	.
Error	0	0.00000	.		
Corrected Total	35	10490.75000			

R-Square	Coeff Var	Root MSE	yield Mean
1.000000	.	.	58.41667

Source	DF	Anova SS	Mean Square	F Value	Pr > F

rep	2	34.666667	17.333333	.	.
p	1	261.361111	261.361111	.	.
p*rep	2	113.555556	56.777778	.	.
d	1	230.027778	230.027778	.	.
p*d	1	1.361111	1.361111	.	.
p*d*rep	4	133.777778	33.444444	.	.
c	2	9080.166667	4540.083333	.	.
p*c	2	20.722222	10.361111	.	.
d*c	2	57.055556	28.527778	.	.
p*d*c	2	32.722222	16.361111	.	.
p*d*c(rep)	16	525.333333	32.833333	.	.

Tests of Hypotheses Using the Anova MS for p*d as an Error Term

Source	DF	Anova SS	Mean Square	F Value	Pr > F
d	1	230.0277778	230.0277778	169.00	0.0489
p	1	261.3611111	261.3611111	192.02	0.0459

Tests of Hypotheses Using the Anova MS for p*d*rep as an Error Term

Source	DF	Anova SS	Mean Square	F Value	Pr > F
d	1	230.0277778	230.0277778	6.88	0.0586
p*d	1	1.3611111	1.3611111	0.04	0.8500

Tests of Hypotheses Using the Anova MS for p*d*c(rep) as an Error Term

Source	DF	Anova SS	Mean Square	F Value	Pr > F
c	2	9080.166667	4540.083333	138.28	<.0001
p*c	2	20.722222	10.361111	0.32	0.7338
d*c	2	57.055556	28.527778	0.87	0.4383
p*d*c	2	32.722222	16.361111	0.50	0.6167

SAS 시스템

The ANOVA Procedure

Level of		-----------------yield-----------------	
p	N	Mean	Std Dev
0	18	55.7222222	17.1457611
1	18	61.111111	17.5428514

Level of		-----------------yield-----------------	
d	N	Mean	Std Dev
0	18	55.8888889	16.6482251
1	18	60.9444444	18.0667788

Level of		-----------------yield-----------------	
c	N	Mean	Std Dev
0	12	36.0000000	6.88872597
1	12	68.4166667	7.63316131
2	12	70.8333333	4.74501333

Level of		-----------------yield-----------------	
rep	N	Mean	Std Dev
1	12	57.0833333	16.0932416
2	12	59.4166667	17.7480259
3	12	58.7500000	19.4053648

▼ 5.6 분할 집구[SPLIT BLOCK DESIGN]

분할 집구 배치법은 분할구 배치법이나 세세구 배치법과는 달리 요인의 배치에 있어서 주구나 세구의 차별없이 2개 요인을 배치하게 되므로 다른 배치법보다 상호작용의 효과를 측정하는 데 더욱 정밀도가 높다고 할 수 있다. 따라서 이 방법은 주 효과보다 상호작용 시험에 중점을 둘 때 이용되는 배치법이다.

예) 가리 K를 4개 수준($K0$, $K1$, $K2$, $K3$)으로, 고토 M을 2개 수준($M0$, $M1$)으로 3반복 4 × 2 요인 실험을 하여 이들의 상호작용이 수도 수량에 미치는 효과를 조사하였던 바 그 결과는 다음과 같다. 요인의 효과를 검정하라.

1			2			3		
	$M0$	$M1$		$M0$	$M1$		$M0$	$M1$
$K3$	128.9	110.1	$K0$	113.4	124.0	$K1$	132.9	126.4
$K2$	128.1	110.1	$K1$	132.1	135.4	$K0$	119.9	107.7
$K1$	141.1	138.7	$K2$	134.6	137.8	$K3$	127.2	118.3
$K0$	123.2	119.1	$K3$	131.3	118.3	$K2$	131.3	120.7

프로그램

```
data SBD;
input k$ m$ rep yield @@;
cards;
K3 m0 1 128.9    K3 m1 1 110.1
K2 m0 1 128.1    K2 m1 1 110.1
K1 m0 1 141.1    K1 m1 1 138.7
K0 m0 1 123.2    K0 m1 1 119.1

K0 m0 2 113.4    K0 m1 2 124.0
K1 m0 2 132.1    K1 m1 2 135.4
K2 m0 2 134.6    K2 m1 2 137.8
K3 m0 2 131.3    K3 m1 2 118.3

K1 m0 3 132.9    K1 m1 3 126.4
K0 m0 3 119.9    K0 m1 3 107.7
K3 m0 3 127.2    K3 m1 3 118.3
K2 m0 3 131.3    K2 m1 3 120.7
run;
proc anova;
```

```
class k m rep;
model yield = rep k rep(k)
              m rep(m)
              k*m k*m(rep);
   test h=k        e=rep(k);
   test h=m        e=rep(m);
   test h=k*m      e=m*k(rep);
run;
```

결과

SAS 시스템

The ANOVA Procedure
Class Level Information

Class	Levels	Values
k	4	K0 K1 K2 K3
m	2	m0 m1
rep	3	1 2 3

Number of Observations Read	24
Number of Observations Used	24

SAS 시스템

The ANOVA Procedure

Dependent Variable: yield

Source	DF	Sum of Squares	Mean Square	F Value	Pr > F
Model	23	2081.398333	90.495580	.	.
Error	0	0.000000	.		
Corrected Total	23	2081.398333	10490.75000		

R-Square	Coeff Var	Root MSE	yield Mean
1.000000	.	.	125.4417

Source	DF	Anova SS	Mean Square	F Value	Pr > F
rep	2	116.2508333	58.1254167	.	.
k	3	901.7216667	300.5738889	.	.
rep(k)	6	370.8458333	61.8076389	.	.
m	1	249.6150000	249.6150000	.	.
rep(m)	2	169.2525000	84.6262500	.	.
k*m	3	144.6350000	48.2116667	.	.
k*m(rep)	6	129.0775000	21.5129167	.	.

Tests of Hypotheses Using the Anova MS for rep(k) as an Error Term

Source	DF	Anova SS	Mean Square	F Value	Pr > F
k	3	901.7216667	300.5738889	4.86	0.0478

Tests of Hypotheses Using the Anova MS for rep(m) as an Error Term

Source	DF	Anova SS	Mean Square	F Value	Pr > F
m	1	249.6150000	249.6150000	2.95	0.2280

Tests of Hypotheses Using the Anova MS for k*m(rep) as an Error Term

Source	DF	Anova SS	Mean Square	F Value	Pr > F
k*m	3	144.6350000	48.2116667	2.24	0.1840

결과 해석

이상의 결과를 분산분석 표로 작성하면 다음과 같다.

요인	*df*	*SS*	*MS*	*F*
집구	3	116.25	58.13	
가리 *K*	2	901.72	300.57	4.86*
오차 (*a*)	6	370.85	61.81	
고토 (*M*)	1	249.62	249.62	2.95
오차 (*b*)	2	169.25	84.63	
K * *M*	3	144.64	48.21	2.24
오차 (*c*)	9	129.08	21.51	
전체	23	2081.40		

분산분석 결과에 의하면 가리만이 5% 수준의 유의성(P=0.0478)이 인정되어 처리 효과가 있음을 알 수 있고, 나머지 고토나 상호작용에는 아무런 효과가 없음을 알 수 있다.

▼ 5.7 NESTED ANOVA

1) 먼저 큰 표본들을 취하고 이들 표본 내에서 다시 표본을 취하는 경우. (nested 제 2 모형)

예) 임의로 4그루의 사과나무를 택하고 각 사과나무의 위치에 따라 3개의 잎을 딴 후 다시 각 잎에서 2개의 표본을 취하여 칼슘 함량을 측정한 자료이다 결과를 분석하라.

사과나무	잎의 위치	반 복	칼슘 함량
1	1	1	3.28
		2	3.09
	2	1	3.52
		2	3.48
	3	1	2.88
		2	2.80

2	1	1	2.46
		2	2.44
	2	1	1.87
		2	1.92
	3	1	2.19
		2	2.19
3	1	1	2.77
		2	2.66
	2	1	3.74
		2	3.44
	3	1	2.55
		2	2.55
4	1	1	3.78
		2	3.87
	2	1	4.07
		2	4.12
	3	1	3.31
		2	3.31

프로그램

```
data nested1;
input tree lea y ca @@;
cards;
1 1 1 3.28    1 1 2 3.09
1 2 1 3.52    1 2 2 3.48
1 3 1 2.88    1 3 2 2.80
2 1 1 2.46    2 1 2 2.44
2 2 1 1.87    2 2 2 1.92
2 3 1 2.19    2 3 2 2.19
3 1 1 2.77    3 1 2 2.66
3 2 1 3.74    3 2 2 3.44
```

```
3 3 1 2.55    3 3 2 2.55
4 1 1 3.78    4 1 2 3.87
4 2 1 4.07    4 2 2 4.12
4 3 1 3.31    4 3 2 3.31
;
proc anova;
class tree lea y;
model ca = tree tree*lea tree*lea(y);
test h = tree          e = tree*lea;
test h = tree*lea      e = tree*lea(y);
run;
```

결과

SAS 시스템

The ANOVA Procedure

Class Level Information

Class	Levels	Values
tree	4	1 2 3 4
lea	3	1 2 3
y	2	1 2

Number of Observations Read	24
Number of Observations Used	24

SAS 시스템

The ANOVA Procedure

Dependent Variable: ca

Source	DF	Sum of Squares	Mean Square	F Value	Pr > F
Model	23	10.27039583	0.44653895	.	.
Error	0	0.00000000	.		
Corrected Total	23	10.27039583			

R-Square	Coeff Var	Root MSE	ca Mean
1.000000	.	.	3.012083

Source	DF	Anova SS	Mean Square	F Value	Pr > F
tree	3	7.56034583	2.52011528	.	.
tree*lea	8	2.63020000	0.32877500	.	.
tree*lea(y)	12	0.07985000	0.00665417	.	.

Tests of Hypotheses Using the Anova MS for tree*lea as an Error Term

Source	DF	Anova SS	Mean Square	F Value	Pr > F
tree	3	7.56034583	2.52011528	7.67	0.0097

Tests of Hypotheses Using the Anova MS for tree*lea(y) as an Error Term

Source	DF	Anova SS	Mean Square	F Value	Pr > F
tree*lea	8	2.63020000	0.32877500	49.41	<.0001

결과 해석

분산분석표

	df	*SS*	*MS*	*F*
나무 간(Tree)	3	7.56	2.52	7.67**
오차(Tree*lea)	8	2.63	0.33	49.41**
표본오차(Tree*Lea(Y))	12	0.08	0.01	
전 체	23	10.27		

$Pr > F$ 가 0.01보다 작기 때문에 나무 간 그리고 나뭇잎 간에 모두 고도의 유의성이 인정된다. 다시 말하면 나무 간에 또 나무의 잎 간에 칼슘성분이 차이가 있다고 할 수 있다.

2) 한 표본을 고정시키고 다른 표본은 임의로 하여 조사한 경우. (혼합모형)

예) 가금 육종에서 5계통의 sire를 고정시키고 각 sire 당 임의 축출한 2마리의 dam을 교배시켜 그사이에 난 2마리의 병아리를 사육하여 체중을 측정하였다. 체중증가에 대한 sire의 상가적 유전 효과를 알아본다.

SIRE	DAM	체 중
1	1	28
1	1	24
1	2	26
1	2	29
2	1	23
2	1	22
2	2	30
2	2	26
3	1	24
3	1	27
3	2	27
3	2	27
4	1	29
4	1	25
4	2	23
4	2	22
5	1	27
5	1	26
5	2	25
5	2	25

프로그램

```
data nested2;
input sire dam bodyw @@;
cards;
1 1 28     1 1 24
1 2 26     1 2 29
2 1 23     2 1 22
2 2 30     2 2 26
3 1 24     3 1 27
3 2 27     3 2 27
4 1 29     4 1 25
4 2 23     4 2 22
5 1 27     5 1 26
5 2 25     5 2 25
;
proc anova;
class sire dam;
model bodyw = sire dam(sire);
run;
```

결과

SAS 시스템

The ANOVA Procedure
Class Level Information

Class	Levels	Values
sire	5	1 2 3 4 5
dam	2	1 2

Number of Observations Read	20
Number of Observations Used	20

SAS 시스템

The ANOVA Procedure

Dependent Variable: bodyw

Source	DF	Sum of Squares	Mean Square	F Value	Pr > F
Model	9	67.2500000	7.4722222	2.17	0.1222
Error	10	34.5000000	3.4500000		
Corrected Total	19	101.7500000			

R-Square	Coeff Var	Root MSE	bodyw Mean
0.660934	7.213272	1.857418	25.75000

Anova SS	DF	Anova SS	Mean Square	F Value	Pr > F
sire	4	10.00000000	2.50000000	0.72	0.5948
dam(sire)	5	57.25000000	11.45000000	3.32	0.0503

결과 해석

분산분석표

	df	*SS*	*MS*	*F*
Sire	4	10.00	2.50	0.72
Dam(Sire내)	5	57.25	11.45	3.32
개체간	10	34.50	3.45	
전체	19	101.75		

Sire의 효과에 대한 ***Pr*** 〉 ***F***는 0.5948로 유의수준 0.01(1%)보다 크고, 또 0.05(5%)보다 크므로 부계 유전 효과가 없는 것으로 해석되며 Sire 내 Dam에 대한 ***Pr*** 〉 ***F*** 또한 0.0503으로 0.01(1%), 0.05(5%)보다 크므로 모계 유전효과도 없다고 할 수 있다. 즉 Sire의 효과에 있어서 유의성이 인정되지 않고, Sire내 Dam에 대한 효과 도 역시 유의성이 인정되지 않는다.

예제4-13 NESTED

Cage 3개에 암 모기 4마리씩을 사육하여 날개의 길이를 측정하였다. 날개 길이의 차이를 분석하라.

Cage1				Cage2				Cage3			
1	2	3	4	1	2	3	4	1	2	3	4
58.5	77.8	84.0	70.1	69.8	56.0	50.7	63.8	56.6	77.8	69.9	62.1
59.5	80.9	83.6	68.3	69.8	54.5	49.3	65.8	57.5	79.2	69.2	64.5

프로그램

```
DATA NESTED;
input cage mos rep len @@;
cards;
1 1 1 58.5   1 2 1 77.8   1 3 1 84.0   1 4 1 70.1
1 1 2 59.5   1 2 2 80.9   1 3 2 83.6   1 4 2 68.3
2 1 1 69.8   2 2 1 56.0   2 3 1 50.7   2 4 1 63.8
2 1 2 69.8   2 2 2 54.5   2 3 2 49.3   2 4 2 65.8
3 1 1 56.6   3 2 1 77.8   3 3 1 69.9   3 4 1 62.1
3 1 2 57.5   3 2 2 79.2   3 3 2 69.2   3 4 2 64.5
run;

proc anova;
class cage mos rep;
model len = cage cage*mos cage*mos(rep);
     test h = cage           e = cage*mos;
     test h = cage*mos       e = cage*mos(rep);
run;
```

결과

The SAS System

The ANOVA Procedure

Class Level Information

Class	Levels	Values
cage	3	1 2 3
mos	4	1 2 3 4
rep	2	1 2

Number of observations 24

The ANOVA Procedure

Dependent Variable: len

Source	DF	Sum of Squares	Mean Square	F Value	Pr > F
Model	23	2401.973333	104.433623	.	.
Error	0	0.000000	.		
Corrected Total	23	2401.973333			

R-Square	Coeff Var	Root MSE	len Mean
1.000000	.	.	66.63333

Source	DF	Anova SS	Mean Square	F Value	Pr > F
cage	2	665.675833	332.837917	.	.
cage*mos	9	1720.677500	191.186389	.	.
cage*mos(rep)	12	15.620000	1.301667	.	.

Tests of Hypotheses Using the Anova MS for cage*mos as an Error Term

```
Source          DF      Anova SS   Mean Square   F Value   Pr > F
cage             2   665.6758333   332.8379167      1.74   0.2295

Tests of Hypotheses Using the Anova MS for cage*mos(rep) as an Error Term

Source          DF      Anova SS   Mean Square   F Value   Pr > F
cage*mos         9   1720.677500    191.186389    146.88   <.0001
```

▼ 5.8 PROC ANOVA 와 PROC GLM(General Linear Model)의 차이

GLM의 사용방법은 ANOVA와 비슷한데 ANOVA가 일반적인 결과만 제시하는데 비하여 GLM은 복잡하고 다양한 통계분석을 할 수 있다. 그러나 처리 속도가 약간 느려 간단한 결과만을 요구하는 경우에는 ANOVA를 사용하는 것이 좋다.

각 집단의 반복수가 동일한 경우는 ANOVA를 사용하며 반복수가 다른 경우에는 GLM을 사용해야 하는데 GLM에는 몇몇 옵션(TYPE I II III IV, CONTRAST 등)을 더 선택할 수가 있다. TYPE I, III는 집단 간에 표본의 수가 다를 때 사용하며, 상호작용인자가 없는 경우는 TYPE III를 사용하고 상호작용인자가 있는 경우는 TYPE II를 사용한다.

예

```
data a;
input a b c;
1 2 3
3 7 5
.
.
.
```

```
;
proc anova; -> proc glm;
.
.
```

CONTRAST의 이용

이는 PROC GLM에서 사용할 수가 있는데 대비하고자 하는 처리를 임의로 선택하여 자유롭게 가설을 검정할 때 이용된다. 예를 들어 제초제에 대한 효과를 검정코자 무 처리와 3개회사 제품을 비교하였는데 ① 처리와 ②, ③, ④ 처리를 대비하고자 한다면 다음과 같이 CONTRAST를 적용시킨다.

프로그램

```
data cont;
input treat yield @@ ;
cards;
1 15 2 18 3 28 4 34
1 19 2 27 3 20 4 41
1 25 2 28 3 32 4 33
1 11 2 33 3 26 4 35
1 20 2 29 3 29 4 27
;
proc glm;
class treat;
model yield=treat;
contrast '1t vs 2 3 4t' treat -3 1 1 1;
run;
```

결과

SAS

General Linear Models Procedure
Class Level Information

Class	Levels	Values
TREAT	4	1 2 3 4

Number of observations in data set = 20

SAS

General Linear Models Procedure

Dependent Variable: YIELD

Source	DF	Sum of Squares	Mean Square	F Value	Pr > F
Model	3	645.0000000	215.0000000	8.31	0.0015
Error	16	414.0000000	25.8750000		
Corrected Total	19	1059.0000000			

R-Square	C.V.	Root MSE	YIELD Mean
0.609065	19.19527	5.086747	26.5000000

General Linear Models Procedure

Dependent Variable: YIELD

Source	DF	Type I SS	Mean Square	F Value	Pr > F
TREAT	3	645.0000000	215.0000000	8.3	0.0015

Source	DF	Type III SS	Mean Square	F Value	Pr > F
TREAT	3	645.0000000	215.0000000	8.31	0.0015

Contrast	DF	Contrast SS	Mean Square	F Value	Pr > F
1t vs 2 3 4t	1	481.6666667	481.6666667	18.62	0.0005

결과 해석

즉 각 처리 간에 1%(0.01) 수준의 유의차가 있음은 물론 ① 처리와 ②, ③, ④ 처리를 대비시켜도 그사이에 큰 차이가 있다고 판단된다.

만약 다른 형태의 비교가 요구되면 contrast 명령어를 바꾸어 사용함으로써 여러 형태의 비교가 가능하다.

처리 1 2 3 4중 1 2의 평균과 3 4의 평균 간의 비교

contrast '1 2*t* vs 3 4*t*' treat -1 -1 1 1;

처리 1 2 3 4중 1 과 2 의 비교

contrast '1*t* vs 2*t*' treat -1 1 0 0;

처리 1 2 3 4중 1과 2 3의 평균간의 비교

contrast '1*t* vs 2 3*t*' treat -2 1 1 0;

처리 1 2 3 4중 1 과 4의 비교

contrast '1*t* vs 4*t*' treat -1 0 0 1;

예제4-14 GLM

Japonica 계 벼 품종 아끼바레와 동진 그리고 Japonica × Indica의 교잡종인 팔광, 삼강의 이삭 중 2차 지경의 수를 조사하였던바 다음과 같은 결과를 얻었다. 각 품종 간에 유의차를 인정할 수 있겠는가? 품종군 간 또는 품종군 내 유의차를 인정할 수 있는가?

	Japonica		Japonica × Indica	
	아끼바레	동진	팔광	삼강
1	13	17	26	26
2	14	15	31	24
3	12	16	30	24
4	12	16	29	23

프로그램

```
DATA GLM;
 INPUT PUM $ NAME $ YIELD @@;
 CARDS;
 J A 13  J M1 17  JXI T 26  JXI U 26
 J A 14  J M1 15  JXI T 31  JXI U 24
 J A 12  J M1 16  JXI T 30  JXI U 24
 J A 12  J M1 16  JXI T 29  JXI U 23
;
PROC GLM;
 CLASS PUM NAME;
 MODEL YIELD = PUM NAME;
 CONTRAST 'A M1 vs T U' NAME -1.5 -1.5 1 1;
 CONTRAST 'A vs M1 ' NAME 1 -1 0 0;
 CONTRAST 'T vs U' NAME 0 0 -1 1;
RUN;
```

결과

```
The SAS System

The GLM Procedure

Class Level Information
```

Class	Levels	Values
PUM	2	J JXI
NAME	4	A M1 T U

Number of observations 16

The GLM Procedure

Dependent Variable: YIELD

Source	DF	Sum of Squares	Mean Square	F Value	Pr > F
Model	3	666.5000000	222.1666667	113.45	<.0001
Error	12	23.5000000	1.9583333		
Corrected Total	15	690.0000000			

R-Square	Coeff Var	Root MSE	YIELD Mean
0.965942	6.826364	1.399405	20.50000

Source	DF	Type I SS	Mean Square	F Value	Pr > F
PUM	1	600.2500000	600.2500000	306.51	<.0001
NAME	2	66.2500000	33.1250000	16.91	0.0003

Source	DF	Type III SS	Mean Square	F Value	Pr > F
PUM	0	0.00000000	.	.	.
NAME	2	66.25000000	33.12500000	16.91	0.0003

Contrast	DF	Contrast SS	Mean Square	F Value	Pr > F
A vs M1	1	21.12500000	21.12500000	10.79	0.0065
T vs U	1	45.12500000	45.12500000	23.04	0.0004

▼ 5.9 MANOVA(Multivariate ANOVA)

ANOVA와 달리 종속변수 Y가 2개 이상의 벡터로 주어지고 처리 효과 또는 인자 수준에 따라 실험의 결과에 차이가 있는지 알아보고자 할 때 MANOVA를 실행한다.

1) One-Way MANOVA

한 개의 처리 효과에 대한 2개 이상의 변량 모집단 평균 벡터들이 처리에 대한 차이가 인정되는지 여부를 검정하고자 할 때 이 분석을 한다.

예) 다음은 열 명의 어린이에 대하여 여러 가지 방법(a, b, c, d)으로 지도하였을 때의 읽는 속도[speed]와 독해 능력[compre]을 조사한 자료이다.

지도 방법에 따른 읽는 속도와 독해 능력의 평균 벡터 사이에 차이가 있는가?

방법	a		b		c		d	
	speed	compre	speed	compre	speed	compre	speed	compre
	7	9	43	21	24	14	27	17
	37	16	39	17	30	15	20	13
	44	16	21	9	17	8	25	15
	28	14	32	16	34	15	13	11
	42	16	21	9	32	16	32	17
	23	11	14	6	35	17	4	10
	45	25	24	11	19	11	3	7
	32	15	24	12	6	6	36	19
	37	16	26	12	30	14	28	16
	45	19	26	12	19	10	21	15

프로그램

```
data a;
input m$ speed compre @@;
cards;
```

```
a  7 9  b 43 21  c 24 14  d 27 17
a 37 16  b 39 17  c 30 15  d 20 13
a 44 16  b 21  9  c 17  8  d 25 15
a 28 14  b 32 16  c 34 15  d 13 11
a 42 16  b 21  9  c 32 16  d 32 17
a 23 11  b 14  6  c 35 17  d  4 10
a 45 25  b 24 11  c 19 11  d  3  7
a 32 15  b 24 12  c  6  6  d 36 19
a 37 16  b 26 12  c 30 14  d 28 16
a 45 19  b 26 12  c 19 10  d 21 15
;
proc glm;
class m;
model speed compre = m;
manova h = m / printe printh short;
manova h = m / summary;
run;
```

지도 방법의 모평균 벡터가 동일한지 여부를 검정하기 위해 MODEL 문에서 SPEED와 COMPRE를 종속변수로 하여 MODEL을 설정하였다.

MODEL SPEED COMPRE = M

지도 방법에 따른 차이가 있는지를 검정하기 위해서 MANOVA H = M으로 하고 E= effect의 잔차 행렬의 SSP를 SSPE로 사용한다. 그리고 이 행렬이 PRINTE에 의하여 출력된다.

SHORT에 의하여 F-검정의 요약된 결과가 출력된다.

결과

The SAS System

The GLM Procedure

Class Level Information

Class	Levels	Values
m	4	a b c d

Number of observations 40

The GLM Procedure

Dependent Variable: speed

Source	DF	Sum of Squares	Mean Square	F Value	Pr > F
Model	3	914.075000	304.691667	2.81	0.0531
Error	36	3901.300000	108.369444		
Corrected Total	39	4815.375000			

R-Square	Coeff Var	Root MSE	speed Mean
0.189824	39.09883	10.41006	26.62500

Source	DF	Type I SS	Mean Square	F Value	Pr > F
m	3	914.0750000	304.6916667	2.81	0.0531

Source	DF	Type III SS	Mean Square	F Value	Pr > F
m	3	914.0750000	304.6916667	2.81	0.0531

The GLM Procedure

Dependent Variable: compre

Source	DF	Sum of Squares	Mean Square	F Value	Pr > F
Model	3	67.4000000	22.4666667	1.38	0.2651
Error	36	587.0000000	16.3055556		
Corrected Total	39	654.4000000			

R-Square	Coeff Var	Root MSE	compre Mean
0.102995	29.47455	4.038014	13.70000

Source	DF	Type I SS	Mean Square	F Value	Pr > F
m	3	67.40000000	22.46666667	1.38	0.2651

Source	DF	Type III SS	Mean Square	F Value	Pr > F
m	3	67.40000000	22.46666667	1.38	0.2651

The GLM Procedure

Multivariate Analysis of Variance

E = Error SSCP Matrix

	speed	compre
speed	3901.3	1388.4
compre	1388.4	587

Partial Correlation Coefficients from the Error SSCP Matrix / Prob > |r|

DF = 36	speed	compre
speed	1.000000	0.917468 <.0001
compre	0.917468 <.0001	1.000000

The GLM Procedure
Multivariate Analysis of Variance

H = Type III SSCP Matrix for m

	speed	compre
speed	914.075	148.1
compre	148.1	67.4

Characteristic Roots and Vectors of: E Inverse * H, where
H = Type III SSCP Matrix for m
E = Error SSCP Matrix

Characteristic Root	Percent	Characteristic Vector V'EV=1 speed	compre
0.95694630	89.32	-0.04023571	0.09608859
0.11440143	10.68	0.00089824	0.03913958

MANOVA Test Criteria and F Approximations for the Hypothesis of No Overall m Effect

H = Type III SSCP Matrix for m
E = Error SSCP Matrix

S=2 M=0 N=16.5

Statistic	Value	F Value	Num DF	Den DF	Pr > F
Wilks' Lambda	0.45854233	5.56	6	70	<.0001
Pillai's Trace	0.59165706	5.04	6	72	0.0002
Hotelling-Lawley Trace	1.07134773	6.17	6	44.932	<.0001
Roy's Greatest Root	0.95694630	11.48	3	36	<.0001

NOTE: F Statistic for Roy's Greatest Root is an upper bound.
NOTE: F Statistic for Wilks' Lambda is exact.

The GLM Procedure
Multivariate Analysis of Variance

Characteristic Roots and Vectors of: E Inverse * H, where
H = Type III SSCP Matrix for m
E = Error SSCP Matrix

Characteristic Root	Percent	Characteristic Vector V'EV=1 speed	compre
0.95694630	89.32	-0.04023571	0.09608859
0.11440143	10.68	0.00089824	0.03913958

MANOVA Test Criteria and F Approximations for the Hypothesis of No Overall m Effect

H = Type III SSCP Matrix for m
E = Error SSCP Matrix

S=2 M=0 N=16.5

Statistic	Value	F Value	Num DF	Den DF	Pr > F
Wilks' Lambda	0.45854233	5.56	6	70	<.0001
Pillai's Trace	0.59165706	5.04	6	72	0.0002
Hotelling-Lawley Trace	1.07134773	6.17	6	44.932	<.0001
Roy's Greatest Root	0.95694630	11.48	3	36	<.0001

NOTE: F Statistic for Roy's Greatest Root is an upper bound.
NOTE: F Statistic for Wilks' Lambda is exact.

The GLM Procedure
Multivariate Analysis of Variance

Dependent Variable: speed

Source	DF	Type III SS	Mean Square	F Value	Pr > F
m	3	914.075000	304.691667	2.81	0.0531
Error	36	3901.300000	108.369444		

The GLM Procedure
Multivariate Analysis of Variance

Dependent Variable: compre

Source	DF	Type III SS	Mean Square	F Value	Pr > F
m	3	67.4000000	22.4666667	1.38	0.2651
Error	36	587.0000000	16.3055556		

결과 해석

위 결과로 볼 때 다음과 같은 분산분석표를 작성 할 수가 있다.

SOURCE	*df*	*SS*	*MS*	*F*
Reading speed(speed)				
Between group	3	914.075	304.692	2.81
Within group	36	3901.300	108.369	
Total	39	4815.375		
Reading comprehension(compre)				
Between group	3	367.400	22.467	1.38

Within group	36	36587.000	16.306	
Total	39	39654.400		

앞의 분산분석표에서 보면 SPEED에 대한 지도 방법 간에 차이는 Pr 〉 F 값 0.0531로 유의차가 없음을 보여주고 COMPRE 역시 지도 방법 간에 차이는 Pr 〉 F 값 0.2651로 유의차가 없음을 나타낸다.

예제4-15 1원 MANOVA

암수 각각 24마리씩의 거북이 등 껍데기를 관측하여 길이 폭 높이를 측정한 결과는 다음과 같았다. 암 · 수 거북이들의 (길이, 폭, 높이)의 평균 벡터 사이에 차이가 있는가?

Female			Male		
Length ($x1$)	Width ($x2$)	Height ($x3$)	Length ($x1$)	Width ($x2$)	Height ($x3$)
98	81	38	93	74	37
103	84	38	94	78	35
103	86	42	96	80	35
105	86	42	101	84	39
109	88	44	102	85	38
123	92	50	103	81	37
123	95	46	104	83	39
133	99	51	106	83	39
133	102	51	107	82	38
133	102	51	112	89	40
134	100	48	113	88	40
136	102	49	114	86	40
138	98	51	116	90	43
138	99	51	117	90	41
141	105	53	117	91	41
147	108	57	119	93	41
149	107	55	120	89	40

153	107	56	120	93	44
155	115	63	121	95	42
155	117	60	125	93	45
158	115	62	127	96	45
159	118	63	128	95	45
162	124	61	131	95	46
177	132	67	135	106	47

프로그램

```
data a;
input sex $ length width height @@;
cards;
 F  98  81 38  M  93 74  37
 F 103  84 38  M  94 78  35
 F 103  86 42  M  96 80  35
 F 105  86 42  M 101 84  39
 F 109  88 44  M 102 85  38
 F 123  92 50  M 103 81  37
 F 123  95 46  M 104 83  39
 F 133  99 51  M 106 83  39
 F 133 102 51  M 107 82  38
 F 133 102 51  M 112 89  40
 F 134 100 48  M 113 88  40
 F 136 102 49  M 114 86  40
 F 138  98 51  M 116 90  43
 F 138  99 51  M 117 90  41
 F 141 105 53  M 117 91  41
 F 147 108 57  M 119 93  41
 F 149 107 55  M 120 89  40
 F 153 107 56  M 120 93  44
 F 155 115 63  M 121 95  42
 F 155 117 60  M 125 93  45
```

```
 F 158 115 62  M 127 96  45
 F 159 118 63  M 128 95  45
 F 162 124 61  M 131 95  46
 F 177 132 67  M 135 106  47
;
proc glm;
class sex;
model length width height = sex;
manova h = sex / printe printh short;
manova h = sex / summary;
title1 ' one-way manova: analysis of carapace data';
run;
```

결과

```
                 one-way manova: analysis of carapace data

                           The GLM Procedure

                       Class Level Information

                      Class      Levels   Values
                      sex             2   F M

                 Number of Observations Read      48
                 Number of Observations Used      48

                 one-way manova: analysis of carapace data

                           The GLM Procedure

Dependent Variable: length
```

Source	DF	Sum of Squares	Mean Square	F Value	Pr > F
Model	1	6165.33333	6165.33333	20.89	<.0001
Error	46	13576.58333	295.14312		
Corrected Total	47	19741.91667			

R-Square	Coeff Var	Root MSE	length Mean
0.312297	13.77593	17.17973	124.7083

Source	DF	Type I SS	Mean Square	F Value	Pr > F
sex	1	6165.333333	6165.333333	20.89	<.0001

Source	DF	Type III SS	Mean Square	F Value	Pr > F
sex	1	6165.333333	6165.333333	20.89	<.0001

one-way manova: analysis of carapace data

The GLM Procedure

Dependent Variable: width

Source	DF	Sum of Squares	Mean Square	F Value	Pr > F
Model	1	2451.020833	2451.020833	22.10	<.0001
Error	46	5100.791667	110.886775		
Corrected Total	47	7551.812500			

R-Square	Coeff Var	Root MSE	width Mean
0.324561	11.03369	10.53028	95.43750

Source	DF	Type I SS	Mean Square	F Value	Pr > F
sex	1	2451.020833	2451.020833	22.10	<.0001

Source	DF	Type III SS	Mean Square	F Value	Pr > F
sex	1	2451.020833	2451.020833	22.10	<.0001

one-way manova: analysis of carapace data

The GLM Procedure

Dependent Variable: height

Source	DF	Sum of Squares	Mean Square	F Value	Pr > F
Model	1	1541.333333	1541.333333	40.56	<.0001
Error	46	1747.916667	37.998188		
Corrected Total	47	3289.250000			

R-Square	Coeff Var	Root MSE	height Mean
0.468597	13.29222	6.164267	46.37500

Source	DF	Type I SS	Mean Square	F Value	Pr > F
sex	1	1541.333333	1541.333333	40.56	<.0001

Source	DF	Type III SS	Mean Square	F Value	Pr > F
sex	1	1541.333333	1541.333333	40.56	<.0001

one-way manova: analysis of carapace data

The GLM Procedure
Multivariate Analysis of Variance

E = Error SSCP Matrix

	length	width	height
length	13576.583333	8052.7916667	4676.5833333
width	8052.7916667	5100.7916667	2840.4583333
height	4676.5833333	2840.4583333	1747.9166667

Partial Correlation Coefficients from the Error SSCP Matrix / Prob > |r|

DF = 46	length	width	height
length	1.000000	0.967681	0.960004
		<.0001	<.0001
width	0.967681	1.000000	0.951282
	<.0001		<.0001
height	0.960004	0.951282	1.000000
	<.0001	<.0001	

one-way manova: analysis of carapace data

The GLM Procedure
Multivariate Analysis of Variance

H = Type III SSCP Matrix for sex

	length	width	height
length	6165.3333333	3887.3333333	3082.6666667
width	3887.3333333	2451.0208333	1943.6666667
height	3082.6666667	1943.6666667	1541.3333333

Characteristic Roots and Vectors of: E Inverse * H, where
H = Type III SSCP Matrix for sex
E = Error SSCP Matrix

Characteristic Root	Percent	Characteristic Vector V'EV=1 length	width	height
1.57351354	100.00	-0.01637687	-0.00819332	0.07503693
0.00000000	0.00	-0.03215493	0.05631978	-0.00671104
0.00000000	0.00	-0.01606589	-0.01362218	0.04930974

MANOVA Test Criteria and Exact F Statistics for the Hypothesis of No Overall sex Effect

H = Type III SSCP Matrix for sex
E = Error SSCP Matrix

S=1 M=0.5 N=21

Statistic	Value	F Value	Num DF	Den DF	Pr > F
Wilks' Lambda	0.38857382	23.08	3	44	<.0001
Pillai's Trace	0.61142618	23.08	3	44	<.0001
Hotelling-Lawley Trace	1.57351354	23.08	3	44	<.0001
Roy's Greatest Root	1.57351354	23.08	3	44	<.0001

one-way manova: analysis of carapace data

The GLM Procedure
Multivariate Analysis of Variance

Characteristic Roots and Vectors of: E Inverse * H, where
H = Type III SSCP Matrix for sex
E = Error SSCP Matrix

Characteristic		Characteristic Vector V'EV=1		
Root	Percent	length	width	height
1.57351354	100.00	-0.01637687	-0.00819332	0.07503693
0.00000000	0.00	-0.03215493	0.05631978	-0.00671104
0.00000000	0.00	-0.01606589	-0.01362218	0.04930974

MANOVA Test Criteria and Exact F Statistics for the Hypothesis of No Overall sex Effect

H = Type III SSCP Matrix for sex
E = Error SSCP Matrix

S=1 M=0.5 N=21

Statistic	Value	F Value	Num DF	Den DF	Pr > F
Wilks' Lambda	0.38857382	23.08	3	44	<.0001
Pillai's Trace	0.61142618	23.08	3	44	<.0001
Hotelling-Lawley Trace	1.57351354	23.08	3	44	<.0001
Roy's Greatest Root	1.57351354	23.08	3	44	<.0001

one-way manova: analysis of carapace data

The GLM Procedure
Multivariate Analysis of Variance

Dependent Variable: length

Source	DF	Type III SS	Mean Square	F Value	Pr > F
sex	1	6165.33333	6165.33333	20.89	<.0001
Error	46	13576.58333	295.14312		

one-way manova: analysis of carapace data

The GLM Procedure
Multivariate Analysis of Variance

Dependent Variable: width

Source	DF	Type III SS	Mean Square	F Value	Pr > F
sex	1	2451.020833	2451.020833	22.10	<.0001
Error	46	5100.791667	110.886775		

one-way manova: analysis of carapace data

The GLM Procedure
Multivariate Analysis of Variance

```
Dependent Variable: height

Source                  DF      Type III SS    Mean Square    F Value    Pr > F
sex                      1      1541.333333    1541.333333      40.56    <.0001
Error                   46      1747.916667      37.998188

                 one-way manova: analysis of carapace data

                          The GLM Procedure

                       Class Level Information

                       Class        Levels    Values
                       sex               2    F M

                Number of Observations Read         48
                Number of Observations Used         48

                 one-way manova: analysis of carapace data

                          The GLM Procedure

Dependent Variable: length

                                   Sum of
Source                  DF        Squares    Mean Square    F Value    Pr > F
Model                    1     6165.33333     6165.33333      20.89    <.0001
Error                   46    13576.58333      295.14312
Corrected Total         47    19741.91667

        R-Square     Coeff Var      Root MSE    length Mean
        0.312297      13.77593      17.17973       124.7083

Source                  DF       Type I SS    Mean Square    F Value    Pr > F
```

sex	1	6165.333333	6165.333333	20.89	<.0001

Source	DF	Type III SS	Mean Square	F Value	Pr > F
sex	1	6165.333333	6165.333333	20.89	<.0001

one-way manova: analysis of carapace data

The GLM Procedure

Dependent Variable: width

Source	DF	Sum of Squares	Mean Square	F Value	Pr > F
Model	1	2451.020833	2451.020833	22.10	<.0001
Error	46	5100.791667	110.886775		
Corrected Total	47	7551.812500			

R-Square	Coeff Var	Root MSE	width Mean
0.324561	11.03369	10.53028	95.43750

Source	DF	Type I SS	Mean Square	F Value	Pr > F
sex	1	2451.020833	2451.020833	22.10	<.0001

Source	DF	Type III SS	Mean Square	F Value	Pr > F
sex	1	2451.020833	2451.020833	22.10	<.0001

one-way manova: analysis of carapace data

The GLM Procedure

Dependent Variable: height

Source	DF	Sum of Squares	Mean Square	F Value	Pr > F
Model	1	1541.333333	1541.333333	40.56	<.0001

Error	46	1747.916667	37.998188
Corrected Total	47	3289.250000	

R-Square	Coeff Var	Root MSE	height Mean
0.468597	13.29222	6.164267	46.37500

Source	DF	Type I SS	Mean Square	F Value	Pr > F
sex	1	1541.333333	1541.333333	40.56	<.0001

Source	DF	Type III SS	Mean Square	F Value	Pr > F
sex	1	1541.333333	1541.333333	40.56	<.0001

one-way manova: analysis of carapace data

The GLM Procedure
Multivariate Analysis of Variance

E = Error SSCP Matrix

	length	width	height
length	13576.583333	8052.7916667	4676.5833333
width	8052.7916667	5100.7916667	2840.4583333
height	4676.5833333	2840.4583333	1747.9166667

Partial Correlation Coefficients from the Error SSCP Matrix / Prob > |r|

DF = 46	length	width	height
length	1.000000	0.967681	0.960004
		<.0001	<.0001
width	0.967681	1.000000	0.951282
	<.0001		<.0001
height	0.960004	0.951282	1.000000
		<.0001	<.0001

one-way manova: analysis of carapace data

The GLM Procedure
Multivariate Analysis of Variance

H = Type III SSCP Matrix for sex

	length	width	height
length	6165.3333333	3887.3333333	3082.6666667
width	3887.3333333	2451.0208333	1943.6666667
height	3082.6666667	1943.6666667	1541.3333333

Characteristic Roots and Vectors of: E Inverse * H, where
H = Type III SSCP Matrix for sex
E = Error SSCP Matrix

Characteristic Root	Percent	Characteristic Vector V'EV=1 length	width	height
1.57351354	100.00	-0.01637687	-0.00819332	0.07503693
0.00000000	0.00	-0.03215493	0.05631978	-0.00671104
0.00000000	0.00	-0.01606589	-0.01362218	0.04930974

MANOVA Test Criteria and Exact F Statistics for the Hypothesis of No Overall sex Effect
H = Type III SSCP Matrix for sex
E = Error SSCP Matrix

S=1 M=0.5 N=21

Statistic	Value	F Value	Num DF	Den DF	Pr > F
Wilks' Lambda	0.38857382	23.08	3	44	<.0001
Pillai's Trace	0.61142618	23.08	3	44	<.0001
Hotelling-Lawley Trace	1.57351354	23.08	3	44	<.0001

Roy's Greatest Root	1.57351354	23.08	3	44	<.0001

one-way manova: analysis of carapace data

The GLM Procedure
Multivariate Analysis of Variance

Characteristic Roots and Vectors of: E Inverse * H, where
H = Type III SSCP Matrix for sex
E = Error SSCP Matrix

Characteristic Root	Percent	Characteristic Vector V'EV=1 length	width	height
1.57351354	100.00	-0.01637687	-0.00819332	0.07503693
0.00000000	0.00	-0.03215493	0.05631978	-0.00671104
0.00000000	0.00	-0.01606589	-0.01362218	0.04930974

MANOVA Test Criteria and Exact F Statistics for the Hypothesis of No Overall sex Effect
H = Type III SSCP Matrix for sex
E = Error SSCP Matrix

S=1 M=0.5 N=21

Statistic	Value	F Value	Num DF	Den DF	Pr > F
Wilks' Lambda	0.38857382	23.08	3	44	<.0001
Pillai's Trace	0.61142618	23.08	3	44	<.0001
Hotelling-Lawley Trace	1.57351354	23.08	3	44	<.0001
Roy's Greatest Root	1.57351354	23.08	3	44	<.0001

one-way manova: analysis of carapace data

The GLM Procedure
Multivariate Analysis of Variance

Dependent Variable: length

Source	DF	Type III SS	Mean Square	F Value	Pr > F
sex	1	6165.33333	6165.33333	20.89	<.0001
Error	46	13576.58333	295.14312		

one-way manova: analysis of carapace data

The GLM Procedure
Multivariate Analysis of Variance

Dependent Variable: width

Source	DF	Type III SS	Mean Square	F Value	Pr > F
sex	1	2451.020833	2451.020833	22.10	<.0001
Error	46	5100.791667	110.886775		

one-way manova: analysis of carapace data

The GLM Procedure
Multivariate Analysis of Variance

Dependent Variable: height

Source	DF	Type III SS	Mean Square	F Value	Pr > F
sex	1	1541.333333	1541.333333	40.56	<.0001
Error	46	1747.916667	37.998188		

2) Two-Way MANOVA

예) 각 3등급 수준에서 각각 20명의 어린이를 무작위로 선발하여 읽기 지도 방법(Phonics, Sight)을 2가지로 하여 이때 달성된 성과(읽는 속도, 독해 능력)를 주사하였다. 이들 벡터 간에 차이가 있는가?

Method	Phonics						Sight					
Grades	1		2		3		1		2		3	
Variable	1	2	1	2	1	2	1	2	1	2	1	2
	14	31	25	50	49	80	17	40	35	58	34	66
	20	25	29	52	43	79	22	41	36	68	33	78
	16	24	27	63	46	66	19	45	40	56	34	60
	21	23	31	51	46	57	20	54	37	55	39	42
	20	27	27	62	44	55	26	43	37	38	38	43
	14	11	34	56	43	60	18	43	41	49	33	65
	21	25	32	46	50	65	26	23	42	51	35	62
	23	22	34	66	43	70	18	47	33	54	42	43
	14	22	35	75	48	64	25	45	34	60	42	66
	15	37	28	43	52	67	23	36	43	67	38	76

프로그램

```
data a;
input m$ g tet1 tet2 @@;
cards;
a 1  14 31   a 2  25  50   a 3  49  80
a 1  20 25   a 2  29  52   a 3  43  79
a 1  16 24   a 2  27  63   a 3  46  66
a 1  21 23   a 2  31  51   a 3  46  57
a 1  20 27   a 2  27  62   a 3  44  55
a 1  14 11   a 2  34  56   a 3  43  60
a 1  21 25   a 2  32  46   a 3  50  65
a 1  23 22   a 2  34  66   a 3  43  70
a 1  14 22   a 2  35  75   a 3  48  64
a 1  15 37   a 2  28  43   a 3  52  67
b 1  17 40   b 2  35  58   b 3  34  66
b 1  22 41   b 2  36  68   b 3  33  78
b 1  19 45   b 2  40  56   b 3  34  60
b 1  20 54   b 2  37  55   b 3  39  42
```

```
b 1 26 43  b 2 37 38  b 3 38 43
b 1 18 43  b 2 41 49  b 3 33 65
b 1 26 23  b 2 42 51  b 3 35 62
b 1 18 47  b 2 33 54  b 3 42 43
b 1 25 45  b 2 34 60  b 3 42 66
b 1 23 36  b 2 43 67  b 3 38 76
;
proc glm;
class m g;
model tet1 tet2 = m g m*g;
manova h=m g m*g / printe printh;
run;
```

결과

SAS 시스템

The GLM Procedure

Class Level Information

Class	Levels	Values
m	2	a b
g	3	1 2 3

Number of Observations Read	60
Number of Observations Used	60

SAS 시스템

The GLM Procedure

Dependent Variable: tet1

Source	DF	Sum of Squares	Mean Square	F Value	Pr > F
Model	5	5808.533333	1161.706667	97.53	<.0001
Error	54	643.200000	11.911111		
Corrected Total	59	6451.733333			

R-Square	Coeff Var	Root MSE	tet1 Mean
0.900306	10.87578	3.451248	31.73333

Source	DF	Type I SS	Mean Square	F Value	Pr > F
m	1	4.266667	4.266667	0.36	0.5520
g	2	4994.133333	2497.066667	209.64	<.0001
m*g	2	810.133333	405.066667	34.01	<.0001

Source	DF	Type III SS	Mean Square	F Value	Pr > F
m	1	4.266667	4.266667	0.36	0.5520
g	2	4994.133333	2497.066667	209.64	<.0001
m*g	2	810.133333	405.066667	34.01	<.0001

SAS 시스템

The GLM Procedure

Dependent Variable: tet2

Source	DF	Sum of Squares	Mean Square	F Value	Pr > F
Model	5	11451.60000	2290.32000	25.90	<.0001
Error	54	4776.00000	88.44444		
Corrected Total	59	16227.60000			

R-Square	Coeff Var	Root MSE	tet2 Mean
0.705687	18.51278	9.404491	50.80000

Source	DF	Type I SS	Mean Square	F Value	Pr > F
m	1	166.666667	166.666667	1.88	0.1755
g	2	9811.200000	4905.600000	55.47	<.0001
m*g	2	1473.733333	736.866667	8.33	0.0007

Source	DF	Type III SS	Mean Square	F Value	Pr > F
m	1	166.666667	166.666667	1.88	0.1755
g	2	9811.200000	4905.600000	55.47	<.0001
m*g	2	1473.733333	736.866667	8.33	0.0007

SAS 시스템

The GLM Procedure
Multivariate Analysis of Variance

E = Error SSCP Matrix

	tet1	tet2
tet1	643.2	-177
tet2	-177	4776

Partial Correlation Coefficients from the Error SSCP Matrix / Prob > |r|

DF = 54	tet1	tet2
tet1	1.000000	-0.100988
		0.4632
tet2	-0.100988	1.000000
	0.4632	

SAS 시스템

The GLM Procedure
Multivariate Analysis of Variance

H = Type III SSCP Matrix for m

	tet1	tet2
tet1	4.2666666667	26.666666667
tet2	26.666666667	166.66666667

Characteristic Roots and Vectors of: E Inverse * H, where
H = Type III SSCP Matrix for m
E = Error SSCP Matrix

Characteristic Root	Percent	Characteristic Vector V'EV=1 tet1	tet2
0.04506277	100.00	0.01882437	0.01343123
0.00000000	0.00	0.03487677	-0.00558028

MANOVA Test Criteria and Exact F Statistics for the Hypothesis of No Overall m Effect
H = Type III SSCP Matrix for m
E = Error SSCP Matrix

S=1 M=0 N=25.5

Statistic	Value	F Value	Num DF	Den DF	Pr > F
Wilks' Lambda	0.95688032	1.19	2	53	0.3110
Pillai's Trace	0.04311968	1.19	2	53	0.3110
Hotelling-Lawley Trace	0.04506277	1.19	2	53	0.3110
Roy's Greatest Root	0.04506277	1.19	2	53	0.3110

H = Type III SSCP Matrix for g

	tet1	tet2
tet1	4994.1333333	6953.6
tet2	6953.6	9811.2

Characteristic Roots and Vectors of: E Inverse * H, where
H = Type III SSCP Matrix for g
E = Error SSCP Matrix

Characteristic Root	Percent	Characteristic Vector V'EV=1 tet1	tet2
10.7096864	99.82	0.03566244	0.00763420
0.0198345	0.18	-0.01728977	0.01237968

SAS 시스템

The GLM Procedure
Multivariate Analysis of Variance

MANOVA Test Criteria and F Approximations for the Hypothesis of No Overall g Effect
H = Type III SSCP Matrix for g
E = Error SSCP Matrix

S=2 M=-0.5 N=25.5

Statistic	Value	F Value	Num DF	Den DF	Pr > F
Wilks' Lambda	0.08373847	65.08	4	106	<.0001
Pillai's Trace	0.93404939	23.66	4	108	<.0001
Hotelling-Lawley Trace	10.72952091	141.32	4	62.575	<.0001
Roy's Greatest Root	10.70968637	289.16	2	54	<.0001

NOTE: F Statistic for Roy's Greatest Root is an upper bound.
NOTE: F Statistic for Wilks' Lambda is exact.

H = Type III SSCP Matrix for m*g

	tet1	tet2
tet1	810.13333333	546.53333333
tet2	546.53333333	1473.7333333

Characteristic Roots and Vectors of: E Inverse * H, where
H = Type III SSCP Matrix for m*g
E = Error SSCP Matrix

Characteristic Root	Percent	Characteristic Vector V'EV=1 tet1	tet2
1.44399891	87.63	0.03792308	0.00560944
0.20389441	12.37	-0.01151457	0.01341908

MANOVA Test Criteria and F Approximations for the Hypothesis of No Overall m*g Effect
H = Type III SSCP Matrix for m*g
E – Error SSCP Matrix

S=2 M=-0.5 N=25.5

Statistic	Value	F Value	Num DF	Den DF	Pr > F
Wilks' Lambda	0.33986825	18.96	4	106	<.0001
Pillai's Trace	0.76019689	16.56	4	108	<.0001
Hotelling-Lawley Trace	1.64789332	21.70	4	62.575	<.0001
Roy's Greatest Root	1.44399891	38.99	2	54	<.0001

NOTE: F Statistic for Roy's Greatest Root is an upper bound.
NOTE: F Statistic for Wilks' Lambda is exact.

결과 해석

결과에 의해 분산분석표를 작성하면 다음과 같다.

SOURCE	*df*	*SS*	*MS*	*F*
		Reading speed(TET1)		
처리1	1	4.267	4.267	0.36
처리2	2	4994.133	2497.067	209.64
상호작용	2	810.133	405.067	34.01
Error	54	643.200	11.911	
Total	59	6451.733		
		Reading comprehension(TET2)		
처리1	1	166.667	166.667	1.88
처리2	2	9811.000	4905.600	55.47
상호작용	2	1473.733	736.867	8.33
Error	54	4776.000	88.444	
Total	59	16227.600		

예제4-16 MANOVA

여러 종류의 쥐들의 체중 감소에 미치는 영향을 알아보기 위해 암수 각각 12마리씩의 쥐를 선택하여 A, B, C 세 종류의 약을 투여한 후 1주일 후 와 2주일 후의 쥐들의 체중을 측정하여 약의 종류에 따라 체중의 평균이 동일한지, 성별에 따라 체중의 평균들이 동일한지, 또는 약과 성별 사이의 교호 작용이 있는지 여부를 알아보고자 한다.

		DRUG		
		A	*B*	*C*
SEX	Male	5, 6	7, 6	21, 15
		5, 4	7, 7	14, 11
		9, 9	9, 12	17, 12
		7, 6	6, 8	12, 10
	Female	7, 10	10, 13	16, 12
		6, 6	8, 7	14, 9
		9, 7	7, 6	14, 8
		8, 10	6, 7	10, 5

프로그램

```
data rat;
  input sex $ drug $ w1 w2 @@;
  cards;
  M A 5 6   M B  7  6   M C  21 15    F A 7 10   F B  10 13  F C  16 12
  M A 5 4   M B  7  7   M C  14 11    F A 6  6   F B   8  7  F C  14  9
  M A 9 9   M B  9 12   M C  17 12    F A 9  7   F B   7  6  F C  14  8
  M A 7 6   M B  6  8   M C  12 10    F A 8 10   F B   6  7  F C  10  5
  ;
  proc glm;
  class sex drug;
  model w1 w2 = sex drug sex*drug;
  manova h=sex drug sex*drug / printe printh;
  title1 'two-way manova: analysis of rat-drug data ';
  run;
```

결과

two-way manova: analysis of rat-drug data

The GLM Procedure

Class Level Information

Class	Levels	Values
sex	2	F M
drug	3	A B C

Number of Observations Read	24
Number of Observations Used	24

two-way manova: analysis of rat-drug data

The GLM Procedure

Dependent Variable: w1

Source	DF	Sum of Squares	Mean Square	F Value	Pr > F
Model	5	316.0000000	63.2000000	12.04	<.0001
Error	18	94.5000000	5.2500000		
Corrected Total	23	410.5000000			

R-Square	Coeff Var	Root MSE	w1 Mean
0.769793	23.50039	2.291288	9.750000

Source	DF	Type I SS	Mean Square	F Value	Pr > F
sex	1	0.6666667	0.6666667	0.13	0.7257
drug	2	301.0000000	150.5000000	28.67	<.0001
sex*drug	2	14.3333333	7.1666667	1.37	0.2806

Source	DF	Type III SS	Mean Square	F Value	Pr > F
sex	1	0.6666667	0.6666667	0.13	0.7257
drug	2	301.0000000	150.5000000	28.67	<.0001
sex*drug	2	14.3333333	7.1666667	1.37	0.2806

two-way manova: analysis of rat-drug data

The GLM Procedure

Dependent Variable: w2

Source	DF	Sum of Squares	Mean Square	F Value	Pr > F
Model	5	69.8333333	13.9666667	2.17	0.1036
Error	18	116.0000000	6.4444444		
Corrected Total	23	185.8333333			

R-Square	Coeff Var	Root MSE	w2 Mean
0.375785	29.57582	2.538591	8.583333

Source	DF	Type I SS	Mean Square	F Value	Pr > F
sex	1	1.50000000	1.50000000	0.23	0.6353
drug	2	37.33333333	18.66666667	2.90	0.0812
sex*drug	2	31.00000000	15.50000000	2.41	0.1186

Source	DF	Type III SS	Mean Square	F Value	Pr > F
sex	1	1.50000000	1.50000000	0.23	0.6353
drug	2	37.33333333	18.66666667	2.90	0.0812
sex*drug	2	31.00000000	15.50000000	2.41	0.1186

two-way manova: analysis of rat-drug data

The GLM Procedure
Multivariate Analysis of Variance

E = Error SSCP Matrix

	w1	w2
w1	94.5	80
w2	80	116

Partial Correlation Coefficients from the Error SSCP Matrix / Prob > |r|

DF = 18	w1	w2
w1	1.000000	0.764091
		0.0001
w2	0.764091	1.000000
	0.0001	

two-way manova: analysis of rat-drug data

The GLM Procedure
Multivariate Analysis of Variance

H = Type III SSCP Matrix for sex

	w1	w2
w1	0.6666666667	1
w2	1	1.5

Characteristic Roots and Vectors of: E Inverse * H, where
H = Type III SSCP Matrix for sex
E = Error SSCP Matrix

Characteristic Root	Percent	Characteristic Vector V'EV=1 w1	w2
0.01295119	100.00	-0.00629078	0.09711386
0.00000000	0.00	-0.15933572	0.10622381

MANOVA Test Criteria and Exact F Statistics for the Hypothesis of No Overall sex Effect
H = Type III SSCP Matrix for sex
E = Error SSCP Matrix

S=1 M=0 N=7.5

Statistic	Value	F Value	Num DF	Den DF	Pr > F
Wilks' Lambda	0.98721440	0.11	2	17	0.8964
Pillai's Trace	0.01278560	0.11	2	17	0.8964
Hotelling-Lawley Trace	0.01295119	0.11	2	17	0.8964
Roy's Greatest Root	0.01295119	0.11	2	17	0.8964

```
                H = Type III SSCP Matrix for drug

                              w1             w2
                w1           301            102
                w2           102   37.333333333

   Characteristic Roots and Vectors of: E Inverse * H, where
                H = Type III SSCP Matrix for drug
                      E = Error SSCP Matrix

    Characteristic           Characteristic Vector  V'EV=1

          Root    Percent            w1             w2
    4.81166368      99.22    0.15464592    -0.08401075
    0.03796367       0.78   -0.03888550     0.11686228

          two-way manova: analysis of rat-drug data

                      The GLM Procedure
              Multivariate Analysis of Variance

 MANOVA Test Criteria and F Approximations for the Hypothesis of No
 Overall drug Effect
                H = Type III SSCP Matrix for drug
                      E = Error SSCP Matrix

                    S=2    M=-0.5    N=7.5

Statistic                       Value  F Value  Num DF   Den DF   Pr > F
Wilks' Lambda              0.16577436    12.38       4       34   <.0001
Pillai's Trace             0.86450738     6.85       4       36   0.0003
Hotelling-Lawley Trace     4.84962736    20.28       4   19.407   <.0001
Roy's Greatest Root        4.81166368    43.30       2       18   <.0001
```

NOTE: F Statistic for Roy's Greatest Root is an upper bound.
NOTE: F Statistic for Wilks' Lambda is exact.

H = Type III SSCP Matrix for sex*drug

	w1	w2
w1	14.333333333	20.5
w2	20.5	31

Characteristic Roots and Vectors of: E Inverse * H, where
H = Type III SSCP Matrix for sex*drug
E = Error SSCP Matrix

Characteristic Root	Percent	Characteristic Vector V'EV=1 w1	w2
0.26792606	93.15	-0.00837480	0.09849526
0.01970364	6.85	-0.15923978	0.10494419

MANOVA Test Criteria and F Approximations for the Hypothesis of No Overall sex*drug Effect
H = Type III SSCP Matrix for sex*drug
E = Error SSCP Matrix

S=2 M=-0.5 N=7.5

Statistic	Value	F Value	Num DF	Den DF	Pr > F
Wilks' Lambda	0.77344975	1.17	4	34	0.3434
Pillai's Trace	0.23063338	1.17	4	36	0.3389
Hotelling-Lawley Trace	0.28762969	1.20	4	19.407	0.3415
Roy's Greatest Root	0.26792606	2.41	2	18	0.1181

NOTE: F Statistic for Roy's Greatest Root is an upper bound.
NOTE: F Statistic for Wilks' Lambda is exact.

제6절 회귀분석[Regression Analysis]

하나 또는 둘 이상의 독립변수(혹은 설명변수)에 따라 변하는 종속 변숫값을 묘사하거나 추정하는 분석이다. 이 분석은 인과관계에 있는 독립변수와 종속 변수 관계를 함수식으로 나타내고, 이 함수식의 결과가 타당한지를 판정하여 이용하는 것이다. 독립변수나 종속변수가 동일하게 연속형 자료일 때만 사용이 가능하다. 특히 회귀분석의 특징은 추정할 수 있다는 점이다.

PROC REG의 일반적 형태

```
PROC REG DATA = SAS DATASET;
MODEL Y=X1 X2 X3 ..../NOINT        : 절편 항이 없는 모형을 설정
                      P             : 예측값을 계산
                      R             : 잔차와 표준 잔차를 계산
                      DW            : 더빈왓슨 통계량 계산
                      INFLUENCE     : 영향력분석을 수행
                      PARTIAL       : 편회귀 플롯
                      VIP           : 분산확대인자
                      COLLINOINT    : 다중 공선성 분석
                      METHOD=FORWARD | BACKWARD | STEPWISE | RSQURE
                      SOLUTION      : 결과에 대한 해
RUN;
```

▼ 6.1 단순 회귀분석[Simple Regression]

독립변수가 하나이며, 이 독립변수가 원인이 되어 종속 변수가 결정되는 관계를 1차 함수식(직선)으로 나타내는 분석방법이다.

예) 독립변수(X)가 광고비이고, 종속변수(Y)가 매상고라 할 때 광고비에 따라 매상고가 어떤 반응을 보이는가를 분석하려면 다음과 같이 처리한다.

프로그램

```
DATA kim;
  INPUT y x;
  CARDS;
1000  5
1300 20
1900 40
1400 15
1800 45
1600 25
2000 50
1700 35
1200 10
RUN;
PROC REG;
 MODEL y=X;
RUN;
```

결과

SAS 시스템

The REG Procedure
Model: MODEL1
Dependent Variable: y

Number of Observations Read	9
Number of Observations Used	9

Analysis of Variance

Source	DF	Sum of Squares	Mean Square	F Value	Pr > F
Model	1	862709	862709	101.47	<.0001
Error	7	59514	8501.93050		
Corrected Total	8	922222			

Root MSE	92.20591	R-Square	0.9355
Dependent Mean	1544.44444	Adj R-Sq	0.9262
Coeff Var	5.97017		

Parameter Estimates

Variable	DF	Parameter Estimate	Standard Error	t Value	Pr > |t|
Intercept	1	986.75676	63.32215	15.58	<.0001
x	1	20.48649	2.03373	10.07	<.0001

결과 해석

함수식 $Y = A + BX$ 때, A는 986.8이며 B는 20.5이므로 구한 함수식은 $Y = 986.8 + 20.5X$이다. R-square는 0.9355로 변수 X가 Y를 93.6%를 설명하고 있고 이때 Y에 대한 신뢰도는 0.0001로서 99.9%의 신뢰도를 가지고 있으며, 절편 및 X의 계수도 0.0001로서 99.9%의 신뢰도를 가지고 있다.

실험에서 Spectrophotometer에 의한 분석을 함에 있어 우리는 항상 표준 직선을 만들어야만 하는데 이를 그래프용지에 그려 추정하는 독자들이 있으나 원칙은 직선 회귀식을 계산하여 수식을 만든 후, 그 수식에 따라 계산하여 필요한 값을 찾아내야 한다.

Spectrophotometer는 정밀한 측정 기계이니 만큼 그래프용지에 그리는 등의 추정을 하여 정밀하게 계산되지 못한 경우가 종종 있는 것을 저자는 많이 보았다.

요즈음 직선회귀는 계산기에서도 계산할 수 있을 뿐 아니라 엑셀에서도 계산되므로 한층 계산하기가 쉽다. 또한 요즈음 Spectrophotometer는 Computer와 연결되어 자동으로 함수식(표준 직선 또는 표준 곡선)을 계산하여 준다.

예제4-17 단순 회귀분석

강우량과 초장과의 관계를 15년 동안 조사하여 다음 자료를 구하였다. 회귀방정식을 구하여라.

강우량과 초장

반복	강우량	초장
1	6	10
2	1	6
3	1	5
4	19	26
5	7	8
6	8	12
7	6	10
8	9	14
9	9	16
10	12	20
11	12	20
12	15	26
13	11	17
14	10	18
15	9	17

프로그램

```
data kim;
input water leng;
cards;
6  10
```

```
1  6
1  5
19 26
7  8
8  12
6  10
9  14
9  16
12 20
12 20
15 26
11 17
10 18
9  17
run;
proc reg;
model leng=water;
run;
```

결과

```
                    SAS 시스템

               The REG Procedure
                Model: MODEL1
           Dependent Variable: leng

     Number of Observations Read        15
     Number of Observations Used        15

              Analysis of Variance
```

Source	DF	Sum of Squares	Mean Square	F Value	Pr > F
Model	1	547.56129	547.56129	135.75	<.0001
Error	13	52.43871	4.03375		
Corrected Total	14	600.00000			

Root MSE	2.00842	R-Square	0.9126
Dependent Mean	15.00000	Adj R-Sq	0.9059
Coeff Var	13.38946		

Parameter Estimates

Variable	DF	Parameter Estimate	Standard Error	t Value	Pr > |t|
Intercept	1	3.03871	1.15017	2.64	0.0203
water	1	1.32903	0.11407	11.65	<.0001

1) 2차식 이상으로 표현되는 곡선 회귀

1차 회귀 직선에서는 독립변수가 하나이며, 이 독립변수가 원인이 되어 종속변수가 결정되는 관계를 1차 함수식으로 나타내는 분석방법이지만 자연의 현상은 항상 직선적으로만 표현되는 것은 아니다. 다음은 종속변수가 2차식 이상의 회귀식으로 표현되는 자료를 분석하기로 하자.

예) 단위 면적당 퇴비(단위 100kg) 시용량 증가에 따른 보리의 수량(단위 kg)을 나타낸 것이다. 이에 대한 회귀 방정식을 구하여라.

퇴비 시용량과 보리의 수량

반복	퇴비시용량	보리수량
1	2	159
2	4	220

3	6	260
4	8	290
5	10	300
6	12	310
7	14	315
8	16	297
9	18	270
10	20	265

프로그램

```
data kim;
input x y;
xx= x*x;  ← 제곱 항을 만들어 주어 2차식으로 계산 한다.
cards;
2  159
4  220
6  260
8  290
10 300
12 310
14 315
16 297
18 270
20 265
run;

proc reg;
model y = x xx;  ← 함수식을 2차 항을 포함한다는 의미
run;
```

결과

SAS 시스템

The REG Procedure
Model: MODEL1
Dependent Variable: y

Number of Observations Read	10
Number of Observations Used	10

Analysis of Variance

Source	DF	Sum of Squares	Mean Square	F Value	Pr > F
Model	2	20075	10038	139.10	<.0001
Error	7	505.13939	72.16277		
Corrected Total	9	20580			

Root MSE	8.49487	R-Square	0.9755
Dependent Mean	268.60000	Adj R-Sq	0.9684
Coeff Var	3.16265		

Parameter Estimates

Variable	DF	Parameter Estimate	Standard Error	t Value	Pr > |t|
Intercept	1	108.80000	9.99125	10.89	<.0001
x	1	31.60303	2.08638	15.15	<.0001
xx	1	-1.21970	0.09242	-13.20	<.0001

결과 해석

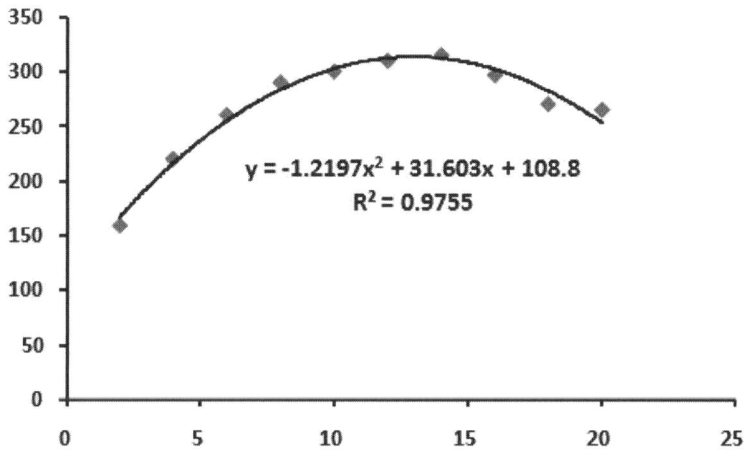

(본 그래프는 Excel을 이용하여 그린 것입니다.)

함수식 $Y = A + BX + CX^2$일때, A는 108.8이며 B는 31.603이고 C는 -1.21970이므로 구한 함수식은 Y=108.8 + 31.603X -1.21970X^2이다. R-square는 0.9755로 변수 X가 Y를 97.6%를 설명하고 있고 이 때 Y에 대한 신뢰도는 0.0001로서 99.9%의 신뢰도를 가지고 있으며, 절편 및 X의 계수도 0.0001로서 99.9%의 신뢰도를 가지고 있을 뿐 아니라 X^2의 계수 또한 0.0001로서 99.9%의 신뢰도를 가지고 있다. 또한 이 수식을 미분하여 풀어보면 2차식의 꼭짓점을 구할 수가 있다. X^2계수가 음수이므로 이 수식의 그래프는 모자 모양이고 보리 수량이 최고점에 이르는 때를 계산할 수 있다. 계산 방법은 Y=108.8 + 31.603X -1.21970X^2을 미분하여, 31,603 - 2 × 1.219X = 0으로 되며 이 수식을 풀어보면 X = 12.963이 된다. 이 값은 보리 수량이 가장 많을 때의 퇴비 시용량이 되고 이를 함수식에 다시 대입하여 Y값을 얻으면 그때의 보리 수량이 계산된다.

참고

2차식 이상으로 표현되는 자료 또한 분석하기가 쉽다. 프로그램에서 X 항목을 제곱해서 변수를 하나 추가하였는데 3차식으로 분석할 때는 X 항목을 제곱하고, 또 X항목을 3

제곱하여 변수 두 개를 추가하여 분석하면 된다. 또한 3차식을 미분하면 꼭짓점 두 개가 계산되는데 이는 변곡점이 2개이므로 그러하다. 계속 4차식, 5차식…… 등은 계속적으로 4제곱, 5제곱 항을 추가하여 분석하면 계산할 수 있다. 이때, 변곡점도 4차식은 3개 5차식은 4개로 계속 증가 한다.

예제4-18 2차회귀식

다음은 수확시기별 Lima 콩의 수확량의 변이를 조사한 결과이다. 수확시기에 따른 Lima 콩의 수확량의 회귀식을 구하고 이의 적합도를 검정하라.

	수확시기	수량
1	1	27
2	4	39
3	7	46
4	10	49
5	13	45
6	19	24

프로그램

```
data reg2;
input x y;
xx = x * x;
cards;
 1 27
 4 39
 7 46
10 49
13 45
19 24
run;

proc reg;
```

```
model y = x xx;
run;
```

결과

SAS 시스템

The REG Procedure
Model: MODEL1
Dependent Variable: y

Number of Observations Read	6
Number of Observations Used	6

Analysis of Variance

Source	DF	Sum of Squares	Mean Square	F Value	Pr > F
Model	2	550.69524	275.34762	1294.54	<.0001
Error	3	0.63810	0.21270		
Corrected Total	5	551.33333			

Root MSE	0.46119	R-Square	0.9988
Dependent Mean	38.33333	Adj R-Sq	0.9981
Coeff Var	1.20311		

Parameter Estimates

Variable	DF	Parameter Estimate	Standard Error	t Value	Pr > |t|
Intercept	1	21.67407	0.49551	43.74	<.0001
x	1	5.49947	0.11626	47.30	<.0001
xx	1	-0.28307	0.00559	-50.63	<.0001

예1) 콕시듐 원충을 glass bead를 이용하여 분쇄하였을 때 분쇄 시간에 따라 일차 탈낭이 되어 나온 sporocyst 수를 관찰한 자료이다.

2차 회귀식으로 분석하여 함수식을 구한 뒤, 이 함수식을 미분하여 풀면 가장 많이 (sporocyst 수) 탈낭되는 시간을 알 수 있다. 이를 다시 함수식에 대입하여 풀면 그때 탈낭되는 sporocyst 수를 추정할 수 있게 된다.

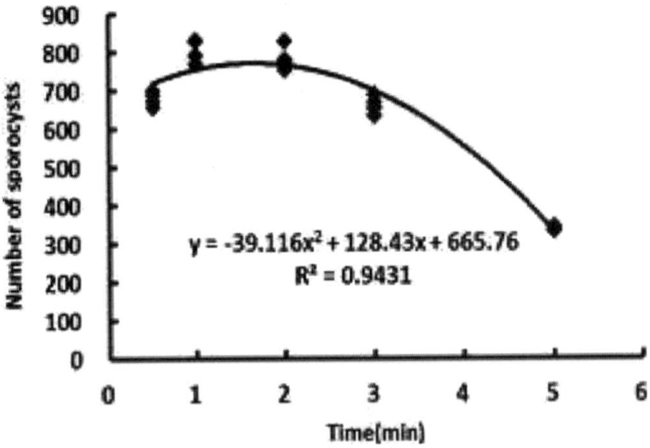

예2) 콕시듐 원충은 4℃에 보관하게 되면 감염력이 점점 떨어지게 되는데 몇몇 보관 일에 따라 감염 실험을 하여 수집된 자료이다.

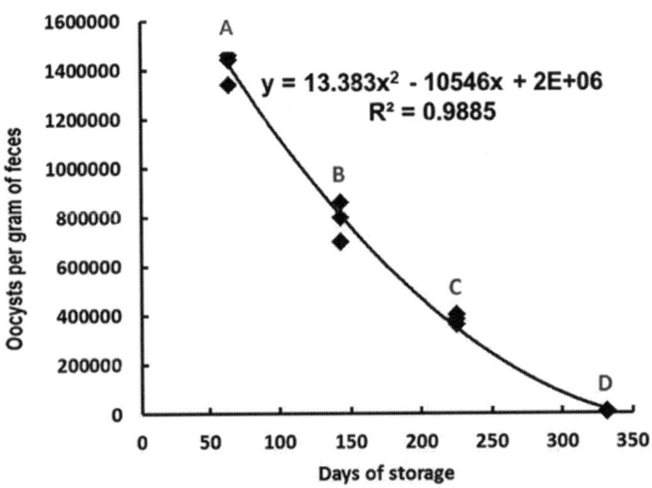

여기에서 우리는 감염력이 완전히 없어지는 점(Day)을 추정하고 싶다.

이는 2차 회귀식으로 분석하여 함수식을 구한 뒤, Y값을 0으로 하여 풀면 값이 2개(2차식이므로) 나온다. 이 값 중에서 작은 값이 추정된 Y값이 0이 되는 점이다. 이러한 방법으로 감염력이 0이 되는 보관 기간을 추정할 수 있다.

2) 기타 지수식 및 대수식으로 표현되는 성장 곡선 및 기타 곡선 회귀

또 다른 형태는 지수식으로 표현되는 회귀식이다.

예) 닭의 부화 중 6일째부터 16일까지 배[embryo]의 건물 무게를 측정하였다. 어떠한 관계식으로 건물 중이 변하는가?

부화 중 배(embryo)의 무게

날짜	무게
6	0.029
7	0.052
8	0.079
9	0.125
10	0.018
11	0.261
12	0.452
13	0.738
14	1.130
15	1.882
16	2.812

프로그램

```
data kim;
input x y;
yy = log10(y);
cards;
 6  0.029
 7  0.052
 8  0.079
 9  0.125
10  0.018
11  0.261
12  0.452
13  0.738
14  1.130
15  1.882
16  2.812
run;
proc reg;
model yy = x;
run;
```

결과

SAS 시스템

The REG Procedure
Model: MODEL1
Dependent Variable: yy

Number of Observations Read	11
Number of Observations Used	11

Analysis of Variance

Source	DF	Sum of Squares	Mean Square	F Value	Pr > F
Model	1	4.63344	4.63344	44.43	<.0001
Error	9	0.93858	0.10429		
Corrected Total	10	5.57202			

Root MSE	0.32293	R-Square	0.8316
Dependent Mean	-0.62320	Adj R-Sq	0.8128
Coeff Var	-51.81846		

Parameter Estimates

Variable	DF	Parameter Estimate	Standard Error	t Value	Pr > |t|
Intercept	1	-2.88081	0.35241	-8.17	<.0001
x	1	0.20524	0.03079	6.67	<.0001

Excel에서는 계산 못함.

결과 해석

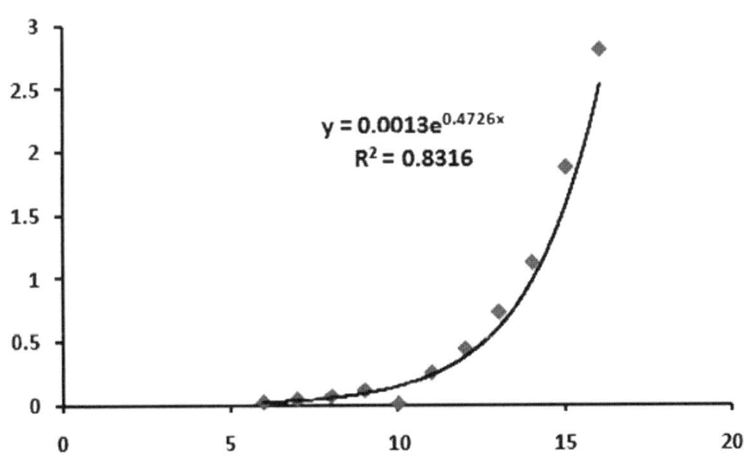

(그래프는 Excel을 이용하여 그린 것입니다.)

함수식 $\text{Log}(10)Y = A + BX$일 때, A는 -2.88이며 B는 0.205이므로 구한 함수식은 $\log(10)Y = -2.88 + 0.205X$이다. R-square는 0.8316으로 변수 X가 Y를 83.16%를 설명하고 있고 이때 Y에 대한 신뢰도는 0.0001로서 99.9%의 신뢰도를 가지고 있으며, 절편 및 X의 계수도 0.0001로서 99.9%의 신뢰도를 가지고 있다. 그러나 Y가 log로 되어 있으므로 이를 다시 풀어주어야 한다.

참고

함수식 '$\log(10)Y = -2.88 + 0.205X$'를 다시 풀어야 하는데 수학을 공부한지가 오래되어 어려움이 있을 것으로 생각된다. 그러나 Microsoft Excel을 이용하여 실측치를 입력하여 분산형 차트를 그리고 추세선을 추가하여 함수식을 표현하면 간단하게 풀어진 함수식을 구할 수 있다. Microsoft Excel의 Version이 다양하여 자세히 설명이 안 되지만 매뉴얼을 보고 따라 하면 가능할 것으로 생각된다. Excel을 이용하여 계산한 것과 SAS를 이용하여 계산한 것이 동일하나 각 항에 따른 유의성이 Excel에서는 계산할 수 없다.

예제4-19 지수 회귀식

다음은 식별로 양배추의 잎의 길이를 측정한 결과이다. 지수 회귀식으로 나타내고 이의 적합도를 검정하라.

	시기	엽장
1	0	4.5
2	1	5.5
3	2	6.5
4	3	8.0
5	4	10.0
6	5	12.0
7	6	15.5
8	7	17.5

프로그램

```
data kim;
input x y;
yy = log10(y);
cards;
0  4.5
1  5.5
2  6.5
3  8.0
4 10.0
5 12.0
6 15.5
7 17.5
run;
proc reg;
model yy = x;
run;
```

결과

```
                    SAS 시스템

               The REG Procedure
                 Model: MODEL1
           Dependent Variable: yy

    Number of Observations Read        8
    Number of Observations Used        8

              Analysis of Variance
```

Source	DF	Sum of Squares	Mean Square	F Value	Pr > F
Model	1	0.31498	0.31498	2347.62	<.0001
Error	6	0.00080501	0.00013417		
Corrected Total	7	0.31578			

Root MSE	0.01158	R-Square	0.9975
Dependent Mean	0.95277	Adj R-Sq	0.9970
Coeff Var	1.21573		

Parameter Estimates

Variable	DF	Parameter Estimate	Standard Error	t Value	Pr > |t|
Intercept	1	0.64967	0.00748	86.89	<.0001
x	1	0.08660	0.00179	48.45	<.0001

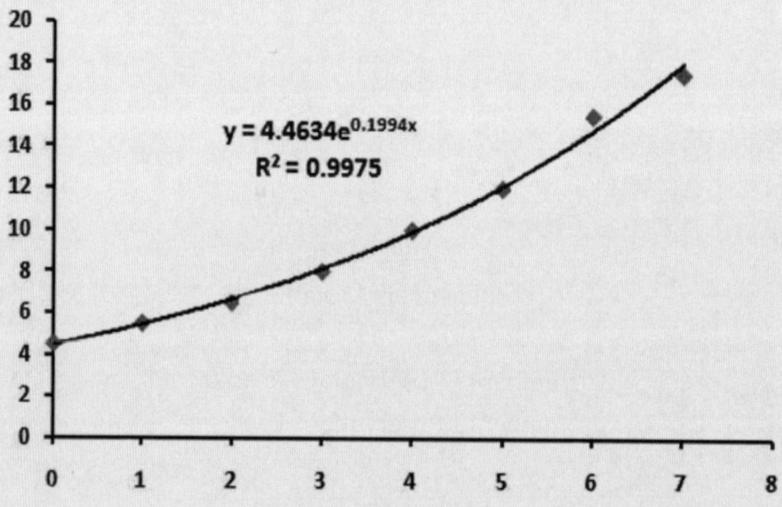

(그래프는 Excel을 이용하여 그린 것입니다.)

회귀 분석은 주로 연속형 자료를 한눈에 알아보기 쉽게 풀어주는 방법으로 조사하지 못한 구간에 대해 예측을 한다든지 조사 범위에 있다 해도 조사하지 못한 점을 추정해주는 이점이 있다.

참고

우리는 성장 과정을 측정한 실험 결과라고 해서 무조건 성장곡선에 적용을 하려한다. 그러나 우리는 성장의 전 단계를 조사하였다고 한다면 모를까 어느 한 부분을 조사하여 성장곡선에 맞추려고 하는 오류를 범하기도 한다. 우리가 조사한 구간이 전체 성장 단계 중 아주 일부분이라면 직선식이 더 적합할 수 있다. 그리고 조금 더 많은 기간 동안 조사하였다면 2차식이 더 적합할 수도 있는 것이다. 혹자는 그저 성장 과정을 조사한 자료니까 성장 곡선에 적용하여 고집하여 설명하는 데 많은 어려움이 있기도 하였다.

▼ 6.2 다중 회귀분석

자연 상태의 모든 일은 하나의 결과에 대하여 많은 요인이 작용하여 이루어진다. 이러한 요인들이 하나의 결과에 대하여 얼마만큼 기여할 수 있는가를 분석할 수 있는 방법이다. 한 가지 결과를 위하여 여러 요인들이 작용하는 데는 +요인도 있고 -요인도 있다. 그러나 그러한 요인들이 동일하게 작용하는 것은 아니고 각자들 간에 기여하는 정도가 다르다. 물론 우리는 이러한 요인들까지도 완전하게 파악하지 못하고 여러 실험을 통하여 찾고 있는 것이다. 그러나 이러한 요인들을 찾아가는데도 다중 회귀는 필요하다. 이러한 많은 요인 중 우리는 전부 조사하여 분석하면 좋겠지만 우리는 전부 조사할 수가 없고 경제적으로 손해이므로 요인들 중에서 기여도가 높은 것들만을 선택하게 된다. 이러한 방법에는 여러 가지가 있지만 Stepwise 방법을 사용하는 것이 일반적이다. 그 외에 MaxR, Forward, Backward 등의 방법도 있다.

인과관계에서 원인에 해당하는 독립변수가 2개 이상일 때, 이 독립변수들과 종속변수와의 관계를 함수식으로 나타내기 위한 분석방법이다.

예) 나이, 체중, 산소소모량, 달리기 능력, 쉴 때 맥박, 달릴 때 맥박 및 최고 맥박 간의 자료에서 산소소모량에 미치는 다른 변수와의 관계를 조사하려면 다음과 같이 처리한다.

프로그램

```
DATA fitness;
  INPUT age weight oxy runtime rstpulse runpulse maxpulse;
  CARDS;
44 89.47  44.609 11.37 62 178 182
40 75.07  45.313 10.07 62 185 185
44 85.84  54.297  8.65 45 156 168
42 68.15  59.571  8.17 40 166 172
38 89.02  49.874  9.22 55 178 180
47 77.45  44.811 11.63 58 176 176
40 75.98  45.681 11.95 70 176 180
43 81.19  49.091 10.85 64 162 170
44 81.42  39.442 13.08 63 174 176
38 81.87  60.055  8.63 48 170 186
44 73.03  50.541 10.13 45 168 168
45 87.66  37.388 14.03 56 186 192
45 66.45  44.754 11.12 51 176 176
47 79.15  47.273 10.60 47 162 164
54 83.12  51.855 10.33 50 166 170
49 81.42  49.156  8.95 44 180 185
51 69.63  40.836 10.95 57 168 172
51 77.91  46.672 10.00 48 162 168
48 91.63  46.774 10.25 48 162 164
49 73.37  50.388 10.08 67 168 168
57 73.37  39.407 12.63 58 174 176
```

```
54 79.38  46.080 11.17 62 156 165
52 76.32  45.441   9.63 48 164 166
50 70.87  54.625   8.92 48 146 155
51 67.25  45.118 11.08 48 172 172
54 91.63  39.203 12.88 44 168 172
51 73.71  45.790 10.47 59 186 188
57 59.08  50.545   9.93 49 148 155
49 76.32  48.673   9.40 56 186 188
48 61.24  47.920 11.50 52 170 176
52 82.78  47.467 10.50 53 170 172
;
PROC REG DATA=fitness ;
  MODEL oxy=runtime age weight runpulse maxpulse rstpulse/
      ① ② ③
      P  R  DW;
RUN;
```

결과

SAS 시스템

The REG Procedure
Model: MODEL1
Dependent Variable: oxy

Number of Observations Read	31
Number of Observations Used	31

Analysis of Variance

Source	DF	Sum of Squares	Mean Square	F Value	Pr > F
Model	6	722.54361	120.42393	22.43	<.0001
Error	24	128.83794	5.36825		
Corrected Total	30	851.38154			

Root MSE	2.31695	R-Square	0.8487
Dependent Mean	47.37581	Adj R-Sq	0.8108
Coeff Var	4.89057		

Parameter Estimates

Variable	DF	Parameter Estimate	Standard Error	t Value	Pr > |t|
Intercept	1	102.93448	12.40326	8.30	<.0001
runtime	1	-2.62865	0.38456	-6.84	<.0001
age	1	-0.22697	0.09984	-2.27	0.0322
weight	1	-0.07418	0.05459	-1.36	0.1869
runpulse	1	-0.36963	0.11985	-3.08	0.0051
maxpulse	1	0.30322	0.13650	2.22	0.0360
rstpulse	1	-0.02153	0.06605	-0.33	0.7473

SAS 시스템

The REG Procedure
Model: MODEL1
Dependent Variable: oxy

③Durbin-Watson D	1.711
Number of Observations	31
1st Order Autocorrelation	0.130

SAS 시스템

The REG Procedure
Model: MODEL1
Dependent Variable: oxy

Output Statistics

```
                      ①                          ②
       Dependent  Predicted     Std Error                Std Error   Student                         Cook's
Obs     Variable      Value  Mean Predict     Residual    Residual  Residual      -2-1 0 1 2             D

  1      44.6090    44.4799        0.8734       0.1291       2.146    0.0602   |       |       |    0.000
  2      45.3130    48.1954        1.0672      -2.8824       2.057    -1.402   |     **|       |    0.076
  3      54.2970    56.1519        1.1443      -1.8549       2.015    -0.921   |      *|       |    0.039
  4      59.5710    56.8041        1.2075       2.7669       1.977     1.399   |       |**     |    0.104
  5      49.8740    51.0710        1.1743      -1.1970       1.997    -0.599   |      *|       |    0.018
  6      44.8110    43.0132        0.6705       1.7978       2.218     0.811   |       |*      |    0.009
  7      45.6810    44.8244        1.1907       0.8566       1.988     0.431   |       |       |    0.010
  8      49.0910    48.9203        1.0635       0.1707       2.058    0.0829   |       |       |    0.000
  9      39.4420    40.2197        1.0438      -0.7777       2.069    -0.376   |       |       |    0.005
 10      60.0550    58.0793        1.6245       1.9757       1.652     1.196   |       |**     |    0.198
 11      50.5410    48.7762        1.0925       1.7648       2.043     0.864   |       |*      |    0.030
 12      37.3880    37.5993        1.5015      -0.2113       1.765    -0.120   |       |       |    0.001
 13      44.7540    45.7745        1.0219      -1.0205       2.079    -0.491   |       |       |    0.008
 14      47.2730    47.3677        0.8839      -0.0947       2.142   -0.0442   |       |       |    0.000
 15      51.8550    46.4703        0.8320       5.3847       2.162     2.490   |       |****   |    0.131
 16      49.1560    50.8615        1.1855      -1.7055       1.991    -0.857   |      *|       |    0.037
 17      40.8360    46.2386        0.6639      -5.4026       2.220    -2.434   |   ****|       |    0.076
 18      46.6720    49.3203        0.6103      -2.6483       2.235    -1.185   |     **|       |    0.015
 19      46.7740    47.1135        1.1692      -0.3395       2.000    -0.170   |       |       |    0.001
 20      50.3880    47.2738        1.2236       3.1142       1.968     1.583   |       |***    |    0.138
 21      39.4070    39.1567        1.0656       0.2503       2.057     0.122   |       |       |    0.001
 22      46.0800    46.4614        1.2187      -0.3814       1.971    -0.194   |       |       |    0.002
 23      45.4410    48.8382        0.7598      -3.3972       2.189    -1.552   |    ***|       |    0.041
 24      54.6250    54.8806        1.1055      -0.2556       2.036    -0.126   |       |       |    0.001
 25      45.1180    44.7887        0.9153       0.3293       2.128     0.155   |       |       |    0.001
 26      39.2030    39.1324        1.4192       0.0706       1.831    0.0386   |       |       |    0.000
 27      45.7900    45.3528        1.1495       0.4372       2.012     0.217   |       |       |    0.002
 28      50.5450    50.7506        1.3230      -0.2056       1.902    -0.108   |       |       |    0.001
 29      48.6730    48.4904        1.1986       0.1826       1.983    0.0921   |       |       |    0.000
 30      47.9200    46.6774        1.1923       1.2426       1.987     0.626   |       |*      |    0.020
 31      47.4670    45.5659        0.7433       1.9011       2.194     0.866   |       |*      |    0.012
```

Sum of Residuals	0
Sum of Squared Residuals	128.83794
Predicted Residual SS (PRESS)	192.78822

결과 해석

함수식 oxy = intercept + *A**runtime + *B**age + *C** weight + *D**runpulse + *E**maxpulse + *F**rstpulse에서 intercept는 102.9이며 *A*는 -2.6, *B*는 -0.23, *C*는 -0.07, *D*는 -0.37, *E*는 0.3 *F*는 -0.02이므로 구한 함수식은 oxy = 102.9 - 2.6runtime - 0.23age -0.07weight - 0.37runpulse + 0.3maxpulse - 0.02rstpulse이다. 이때 변수들이 oxy를 설명하고 있는 정도는 R-square 0.8487로서 84.9%를 설명하고 있고, oxy에 대한 신뢰도는 0.0001로서 99.9%의 신뢰도를 가지고 있으며, 절편 및 다른 독립변수들의 계수도 좋은 신뢰도를 가지고 있으나 respulse의 경우는 0.7443으로 신뢰성을 거의 갖지 못하고 있다.

1) 다중 회귀분석에 의한 잔차분석

회귀분석에서 자기 상관 존재 여부를 판단하는 것 중 Durbin-Watson 검정은 error term이 상호 독립적인지 검정하는 것으로 2에 가까우면 독립적이라 하고, 0에 가까우면 양의 자기 상관, 4에 가까우면 음의 자기 상관이 있다는 뜻이다.

앞 절의 2.다중 회귀분석의 프로그램에서 *D W*값이 1.7111이다. 이것은 더빈왓슨 검정표를 31개 표본에 대한 것으로 신뢰수준에 따라 그 구간이 설정되어 분석결과에 의해 나온 1.7111이 구간 내에 존재 여부에 따라 기각 여부를 판단할 수 있다.

2) 다중 회귀분석에 의한 다중 공선성 분석

독립변수들은 상호 독립적이어야 한다는 기본가정이 있으므로 회귀분석을 하기 전에 독립성 여부를 판정하기 위하여 먼저 상관분석을 하거나 상호 관련이 깊은 것들이 어떤 변수인가를 알기 위해 options에 tol, collin을 이용하여 다중 공선성 관계를 추정한다. 그 방법은 stepwise, backward 또는 forward를 이용하여 변수를 제거하거나 인자분석 또는 주성분 분석으로 통합지표를 만들어 다중 공선성 관계를 해결하는 경우도 있다.

프로그램 (tol, collin)

```
PROC REG DATA=fitness ;
   MODEL oxy=runtime age weight runpulse maxpulse rstpulse/tol collin;
 RUN;
```

결과

SAS 시스템

The REG Procedure
Model: MODEL1
Dependent Variable: oxy

Number of Observations Read 31

Number of Observations Used 31

Analysis of Variance

Source	DF	Sum of Squares	Mean Square	F Value	Pr > F
Model	6	722.54361	120.42393	22.43	<.0001
Error	24	128.83794	5.36825		
Corrected Total	30	851.38154			

Root MSE	2.31695	R-Square	0.8487
Dependent Mean	47.37581	Adj R-Sq	0.8108
Coeff Var	4.89057		

Parameter Estimates

Variable	DF	Parameter Estimate	Standard Error	t Value	Pr > |t|	Tolerance
Intercept	1	102.93448	12.40326	8.30	<.0001	.
runtime	1	-2.62865	0.38456	-6.84	<.0001	0.62859
age	1	-0.22697	0.09984	-2.27	0.0322	0.66101
weight	1	-0.07418	0.05459	-1.36	0.1869	0.86555
runpulse	1	-0.36963	0.11985	-3.08	0.0051	0.11852
maxpulse	1	0.30322	0.13650	2.22	0.0360	0.11437
rstpulse	1	-0.02153	0.06605	-0.33	0.7473	0.70642

Collinearity Diagnostics

Number	Eigenvalue	Condition Index
1	6.94991	1.00000
2	0.01868	19.29087
3	0.01503	21.50072

4	0.00911	27.62115
5	0.00607	33.82918
6	0.00102	82.63757
7	0.00017947	196.78560

Collinearity Diagnostics

	Proportion of Variation						
Number	Intercept	runtime	age	weight	runpulse	maxpulse	rstpulse
1	0.00002326	0.00021086	0.00015451	0.00019651	0.00000862	0.00000634	0.00027850
2	0.00218	0.02522	0.14632	0.01042	0.00000244	0.00000743	0.39064
3	0.00061541	0.12858	0.15013	0.23571	0.00119	0.00125	0.02809
4	0.00638	0.60897	0.03186	0.18313	0.00149	0.00123	0.19030
5	0.00133	0.12501	0.11284	0.44442	0.01506	0.00833	0.36475
6	0.79966	0.09746	0.49660	0.10330	0.06948	0.00561	0.02026
7	0.18981	0.01455	0.06210	0.02283	0.91277	0.98357	0.00568

결과

tolerance의 값이 0.1에 가까운 변수는 runpulse, maxpulse이고 collin에서도 runpulse, maxpulse가 1에 가까워 상호 간에 다중 공선성을 나타나고 있다. 따라서 이들 변수 중 한 변수만 이용하던지, 주성분 분석이나 인자분석을 통하여 이들 변수를 하나의 지표로 통합하는 방법이 있다.

3) 변수선택방법

프로그램

```
PROC REG DATA=fitness ;
  MODEL oxy=runtime age weight runpulse maxpulse rstpulse/
    method=stepwise;
  RUN;
```

method = stepwise에 의해 확률 값을 고려하여 R2 값이 큰 것부터 차례로 변수를 자동으로 선택해 준다. method에는 stepwise, backword, forward가 있다. 특히 'method'는 selection으로 최근 SAS Version에서 변경되었으나 아직 까지는 둘 다 사용할 수 있다.

SAS 시스템

The REG Procedure
Model: MODEL1
Dependent Variable: oxy

Number of Observations Read	31
Number of Observations Used	31

Stepwise Selection: Step 1

Variable runtime Entered: R-Square = 0.7434 and C(p) = 13.6988

Analysis of Variance

Source	DF	Sum of Squares	Mean Square	F Value	Pr > F
Model	1	632.90010	632.90010	84.01	<.0001
Error	29	218.48144	7.53384		
Corrected Total	30	851.38154			

Variable	Parameter Estimate	Standard Error	Type II SS	F Value	Pr > F
Intercept	82.42177	3.85530	3443.36654	457.05	<.0001
runtime	-3.31056	0.36119	632.90010	84.01	<.0001

Bounds on condition number: 1, 1

Stepwise Selection: Step 2

Variable age Entered: R-Square = 0.7642 and C(p) = 12.3894

Analysis of Variance

Source	DF	Sum of Squares	Mean Square	F Value	Pr > F
Model	2	650.66573	325.33287	45.38	<.0001
Error	28	200.71581	7.16842		
Corrected Total	30	851.38154			

Variable	Parameter Estimate	Standard Error	Type II SS	F Value	Pr > F
Intercept	88.46229	5.37264	1943.41071	271.11	<.0001
runtime	-3.20395	0.35877	571.67751	79.75	<.0001
age	-0.15037	0.09551	17.76563	2.48	0.1267

Bounds on condition number: 1.0369, 4.1478

Stepwise Selection: Step 3

SAS 시스템

The REG Procedure
Model: MODEL1
Dependent Variable: oxy

Stepwise Selection: Step 3

Variable runpulse Entered: R-Square = 0.8111 and C(p) = 6.9596

Analysis of Variance

Source	DF	Sum of Squares	Mean Square	F Value	Pr > F
Model	3	690.55086	230.18362	38.64	<.0001
Error	27	160.83069	5.95669		
Corrected Total	30	851.38154			

Variable	Parameter Estimate	Standard Error	Type II SS	F Value	Pr > F
Intercept	111.71806	10.23509	709.69014	119.14	<.0001
runtime	-2.82538	0.35828	370.43529	62.19	<.0001
age	-0.25640	0.09623	42.28867	7.10	0.0129
runpulse	-0.13091	0.05059	39.88512	6.70	0.0154

Bounds on condition number: 1.3548, 11.597

Stepwise Selection: Step 4

Variable maxpulse Entered: R-Square = 0.8368 and C(p) = 4.8800

Analysis of Variance

Source	DF	Sum of Squares	Mean Square	F Value	Pr > F
Model	4	712.45153	178.11288	33.33	<.0001
Error	26	138.93002	5.34346		
Corrected Total	30	851.38154			

Variable	Parameter Estimate	Standard Error	Type II SS	F Value	Pr > F
Intercept	98.14789	11.78569	370.57373	69.35	<.0001
runtime	-2.76758	0.34054	352.93570	66.05	<.0001
age	-0.19773	0.09564	22.84231	4.27	0.0488
runpulse	-0.34811	0.11750	46.90089	8.78	0.0064
maxpulse	0.27051	0.13362	21.90067	4.10	0.0533

Bounds on condition number: 8.4182, 76.851

All variables left in the model are significant at the 0.1500 level.
No other variable met the 0.1500 significance level for entry into the model.

SAS 시스템

The REG Procedure
Model: MODEL1
Dependent Variable: oxy

Summary of Stepwise Selection

Step	Variable Entered	Variable Removed	Number Vars In	Partial R-Square	Model R-Square	C(p)	F Value	Pr > F
1	runtime		1	0.7434	0.7434	13.6988	84.01	<.0001
2	age		2	0.0209	0.7642	12.3894	2.48	0.1267
3	runpulse		3	0.0468	0.8111	6.9596	6.70	0.0154
4	maxpulse		4	0.0257	0.8368	4.8800	4.10	0.0533

결과 해석

6개의 독립변수개 중 차례차례 통계적으로 유의한 변수를 하나씩 첨가해 가면서 분석한 경우이다. 따라서

step1의 경우 oxy = 82.4-3.3*runtime으로 R-square는 74.3이고, 계수의 신뢰도는 99.9%로 유의성이 높다.

step2의 경우는 oxy = 88.5-3.2*runtime-0.2*age으로 R-square는 76.4이고, 계수의 신뢰도는 99.9%로 유의성이 높으나 age에 대한 신뢰성은 88%로 낮은 편이다.

step3의 경우는 oxy = 111.7-2.8*runtime-0.3*age-0.1*runpulse로 R-square는 81.1%이고, 계수의 신뢰도는 99.5%로 유의성이 높다.

step4의 경우는 oxy = 98.1 - 2.8*runtime-0.2*age-0.3*runpulse+0.3*maxpulse으로 R-square는 83.7이고, 계수의 신뢰도는 99.5%로 유의성이 높다.

예) 돈육의 penal test를 통하여 맛을 측정하였다. 맛은 성분에서 기인된 것으로 추측되었다. 일반성분 중에서 moisture, Crude ash, Crude fat, Crude protein 그리고 Collagen과 맛과 상호 인과 관계를 알고자 다중회귀를 실시하였다.

	Intercept	Functional formula	R-Square	Probability
Flavor	2.83590	0.12540 **Crude fat** + 0.54827 **Collagen**	0.0209	0.0055
Juiciness	2.88591	0.14652 **Crude fat** + 0.36375 **Collagen**	0.0203	0.0064
Tenderness	11.76729	-0.11236 **moisture** + 0.33564 **Collagen**	0.0219	0.0043
Overall like	2.56425	0.17630 **Crude fat** + 0.78593 **Collagen**	0.0434	<.0001
Sweetness	1.58442	0.35260 **Crude ash** +0.04596 **Crude fat**	0.0112	0.0620
Saltiness	—	—	—	—
Sourness	2.58298	-0.70804 **Collagen**	0.0393	<.0001
Bitters	0.64956	-0.53216 **Crude ash** + 0.07303 **Crude protein**	0.0200	0.0069
Savory taste	1.94430	0.05520 **Crude fat** + 0.34747 **Collagen**	0.0194	0.0080

결과에서 지방과 콜라겐이 중요 요인으로 나타났으면 돈육에서는 선호되지 않는 맛인 신맛과 쓴맛에서는 음의 관계가 있거나 선택되지 않았음을 알 수 있다. 뿐만 아니라 향미, 다즙성 그리고 연도에서 콜라겐이 선택되어진(양의 관계) 결과로 지방과 콜라겐은 맛을 추정할 수 있는 중요한 요인으로 분석되었다. 이와 같이 다중회귀를 이용하여 요인을 찾을 수가 있는데 혹자들은 맛에 대한 자료를 범주형 자료로 생각하여 Logistic 회귀분석으로 처리하는 경우가 있는데 이는 결과 설명에 대한 부분을 생각하지 못한 결과이다. 즉 최종 함수식을 도출하여 설명하고자 할 때, 맛에 대한 설명을 범주형으로만 설명해야 하는 불편함이 발생한다. 맛에 대한 자료를 연속형으로 보고 다중회귀를 하게 되면 최종 함수를 이용한 결과를 연속형으로 설명할 수 있다.

Flavor = 2.83590 + 0.12540 Crude fat + 0.54827 Collagen함수에서 지방과 콜라겐 함량과 향미와 관계는 양의 관계로 지방 또는 콜라겐 함량이 증가하게 되면 향미도 좋아진다는 뜻이다. 더욱이 계수는 지방보다 콜라겐이 크므로 콜라겐이 주요 요인이라고 할 수 있다.

▼ 6.4 PROBIT 분석

약제시험에 있어서 치사율, 생존율을 조사하거나 종자의 발아율 또는 약제효과 비교 실험에서 주로 PROBIT 분석을 사용할 수 있다.

예) 애 멸구에 대한 살충제 A의 효과를 알기 위하여 농도를 달리하여 처리한 후 생존율을 조사한 결과 다음 성적을 얻었다. 50%의 살충력을 갖는 살충제의 양을 추정하고 이에 대한 95% 실뢰 구간을 계산하라.

살충제 농도(mg)	50	40	30	20	10	0
전체 곤충 수	60	60	60	60	60	60
사망 곤충 수	56	53	45	37	13	2

프로그램

```
data probit;
input dose total dinsec;
cards;
50 60 56
40 60 53
30 60 45
20 60 37
10 60 13
0  60 2
;
proc probit log10;
var dose total dinsec;
run;
```

결과

SAS 시스템

The Probit Procedure

Iteration History for Parameter Estimates

Iter	Ridge	Loglikelihood	Intercept	Log10(dose)
0	0	-207.94415	0	0
1	0	-143.897	-3.204057968	2.5816905447
2	0	-141.67657	-3.89931838	3.1545689613
3	0	-141.66601	-3.949450422	3.196423631
4	0	-141.66601	-3.949724165	3.1966536859
5	0	-141.66601	-3.949724165	3.1966536859

Model Information

Data Set	WORK.PROBIT
Events Variable	dinsec
Trials Variable	total
Number of Observations	5
Number of Events	204
Number of Trials	300
Name of Distribution	Normal
Log Likelihood	-141.6660147

Number of Observations Read	6
Number of Observations Used	5
Number of Events	204
Number of Trials	300

Parameter Information

Parameter	Effect
Intercept	Intercept
Log10(dose)	Log10(dose)

Last Evaluation of the Negative of the Gradient

Intercept	Log10(dose)
-1.8111E-7	-3.032222E-7

Last Evaluation of the Negative of the Hessian

	Intercept	Log10(dose)
Intercept	138.57958273	189.88524479
Log10(dose)	189.88524479	267.93843053

Algorithm converged.

Goodness-of-Fit Tests

Statistic	Value	DF	Value/DF	Pr > ChiSq
Pearson Chi-Square	0.6397	3	0.2132	0.8873
L.R. Chi-Square	0.6331	3	0.2110	0.8888

NOTE: Since the Pearson Chi-Square is small (p > 0.1000), fiducial limits will be calculated using a z value of 1.96.

SAS 시스템

The Probit Procedure

Response-Covariate Profile

Response Levels	2
Number of Covariate Values	5

Type III Analysis of Effects

Effect	DF	Wald Chi-Square	Pr > ChiSq
Log10(dose)	1	79.2235	<.0001

Analysis of Maximum Likelihood Parameter Estimates

Parameter	DF	Estimate	Standard Error	95% Confidence Limits		Chi-Square	Pr > ChiSq
Intercept	1	-3.9497	0.4994	-4.9285	-2.9709	62.55	<.0001
Log10(dose)	1	3.1967	0.3591	2.4927	3.9006	79.22	<.0001

Estimated Covariance Matrix

	Intercept	Log10(dose)
Intercept	0.249387	-0.176738
Log10(dose)	-0.176738	0.128984

Probit Model in Terms of Tolerance Distribution

MU	SIGMA
1.23558088	0.31282713

Estimated Covariance Matrix
for Tolerance Parameters

	MU	SIGMA
MU	0.000935	-0.000532
SIGMA	-0.000532	0.001235

SAS 시스템

The Probit Procedure

Probit Analysis on Log10(dose)

Probability	Log10(dose)	95% Fiducial Limits	
0.01	0.50784	0.25729	0.67049
0.02	0.59311	0.36591	0.74111
0.03	0.64722	0.43474	0.78601
0.04	0.68792	0.48646	0.81983
0.05	0.72103	0.52850	0.84739
0.06	0.74921	0.56424	0.87088
0.07	0.77391	0.59556	0.89150
0.08	0.79604	0.62357	0.90998
0.09	0.81616	0.64902	0.92682
0.10	0.83468	0.67243	0.94234
0.15	0.91136	0.76911	1.00683
0.20	0.97230	0.84557	1.05847
0.25	1.02458	0.91079	1.10314
0.30	1.07153	0.96897	1.14366
0.35	1.11504	1.02242	1.18165
0.40	1.15633	1.07262	1.21824
0.45	1.19627	1.12054	1.25428
0.50	1.23558	1.16690	1.29054
0.55	1.27489	1.21226	1.32781
0.60	1.31483	1.25710	1.36692
0.65	1.35612	1.30191	1.40889
0.70	1.39963	1.34730	1.45495
0.75	1.44658	1.39423	1.50671

0.80	1.49886	1.44429	1.56655
0.85	1.55981	1.50036	1.63857
0.90	1.63648	1.56852	1.73159
0.91	1.65501	1.58470	1.75434
0.92	1.67513	1.60218	1.77915
0.93	1.69725	1.62129	1.80653
0.94	1.72196	1.64253	1.83723
0.95	1.75014	1.66663	1.87236
0.96	1.78324	1.69481	1.91377
0.97	1.82394	1.72927	1.96486
0.98	1.87805	1.77484	2.03301
0.99	1.96333	1.84627	2.14083

SAS 시스템

The Probit Procedure

Probit Analysis on dose

Probability	dose	95% Fiducial Limits	
0.01	3.21985	1.80839	4.68258
0.02	3.91843	2.32225	5.50950
0.03	4.43831	2.72107	6.10952
0.04	4.87437	3.06523	6.60440
0.05	5.26049	3.37674	7.03702
0.06	5.61314	3.66642	7.42805
0.07	5.94174	3.94054	7.78925
0.08	6.25225	4.20309	8.12798
0.09	6.54872	4.45680	8.44926
0.10	6.83403	4.70364	8.75661
0.15	8.15373	5.87640	10.15859

0.20	9.38208	7.00763	11.44115
0.25	10.58235	8.14319	12.68066
0.30	11.79055	9.31040	13.92059
0.35	13.03293	10.52988	15.19332
0.40	14.33267	11.81998	16.52863
0.45	15.71342	13.19884	17.95874
0.50	17.20208	14.68581	19.52275
0.55	18.83177	16.30271	21.27188
0.60	20.64594	18.07592	23.27682
0.65	22.70490	20.04041	25.63863
0.70	25.09733	22.24845	28.50704
0.75	27.96273	24.78724	32.11537
0.80	31.54008	27.81541	36.85962
0.85	36.29154	31.64893	43.50846
0.90	43.29971	37.02707	53.89988
0.91	45.18616	38.43244	56.79860
0.92	47.32879	40.01076	60.13805
0.93	49.80218	41.81123	64.05217
0.94	52.71767	43.90681	68.74307
0.95	56.25171	46.41222	74.53488
0.96	60.70759	49.52286	81.99265
0.97	66.67210	53.61277	92.22804
0.98	75.51779	59.54492	107.89744
0.99	91.90214	70.18962	138.30154

결과 해석

Output 중에서 Probit Analysis on DOSE를 보면 이 해충에 대한 살충제 A의 50% 치사량(LD50)은 17.20mg으로 추정되고 이의 95% 신뢰구간은 14.69mg - 19.52mg이다.

예제4-20 Probit

같은 수의 박테리아를 107℃에서 20분-50분 동안 살균하여 생존수를 검사하였다. 이 박테리아의 50%가 살균되는 시간을 추정하여라.

시간(분)	생존수
20	233
30	85
40	29
50	3
control	280

프로그램

```
data probit;
input time total dinsec;
cards;
20  280  233
30  280   85
40  280   29
50  280    3
run;

proc probit log10;
var time total dinsec;
run;
```

결과

SAS 시스템

The Probit Procedure
Iteration History for Parameter Estimates

Iter	Ridge	Loglikelihood	Intercept	Log10(time)
0	0	-776.32484	0	0
1	0	-440.8034	7.4699780338	-5.224368555
2	0	-411.38014	10.249759844	-7.201997575
3	0	-410.14175	10.942396977	-7.698902502
4	0	-410.13795	10.982877489	-7.728042178
5	0	-410.13795	10.983009671	-7.728137463
6	0	-410.13795	10.983009671	-7.728137463

Model Information

Data Set	WORK.PROBIT
Events Variable	dinsec
Trials Variable	total
Number of Observations	4
Number of Events	350
Number of Trials	1120
Name of Distribution	Normal
Log Likelihood	-410.1379461

Number of Observations Read	4
Number of Observations Used	4
Number of Events	350
Number of Trials	1120

Parameter Information

Parameter	Effect
Intercept	Intercept
Log10(time)	Log10(time)

Last Evaluation of the Negative of the Gradient

Intercept	Log10(time)
3.2329114E-8	5.4111057E-8

Last Evaluation of the Negative of the Hessian

	Intercept	Log10(time)
Intercept	409.04478829	598.67433766
Log10(time)	598.67433766	882.84169309

Algorithm converged.

Goodness-of-Fit Tests

Statistic	Value	DF	Value/DF	Pr > ChiSq
Pearson Chi-Square	3.6039	2	1.8020	0.1650
L.R. Chi-Square	3.5434	2	1.7717	0.1700

SAS 시스템

The Probit Procedure

NOTE: Since the Pearson Chi-Square is small (p > 0.1000), fiducial limits will be calculated using a z value of 1.96.

Response-Covariate Profile

Response Levels	2
Number of Covariate Values	4

Type III Analysis of Effects

Effect	DF	Wald Chi-Square	Pr > ChiSq
Log10(time)	1	395.8050	<.0001

Analysis of Maximum Likelihood Parameter Estimates

Parameter	DF	Estimate	Standard Error	95% Confidence Limits		Chi-Square	Pr > ChiSq
Intercept	1	10.9830	0.5707	9.8645	12.1015	370.39	<.0001
Log10(time)	1	-7.7281	0.3884	-8.4895	-6.9668	395.80	<.0001

Estimated Covariance Matrix

	Intercept	Log10(time)
Intercept	0.325672	-0.220845
Log10(time)	-0.220845	0.150893

Probit Model in Terms of Tolerance Distribution

MU	SIGMA
1.42117162	0.12939728

Estimated Covariance Matrix
for Tolerance Parameters

	MU	SIGMA
MU	0.000045	-0.000014
SIGMA	-0.000014	0.000042

SAS 시스템

The Probit Procedure

Probit Analysis on Log10(time)

Probability	Log10(time)	95% Fiducial Limits	
0.01	1.72219	1.69608	1.75338
0.02	1.68692	1.66357	1.71465
0.03	1.66454	1.64288	1.69014
0.04	1.64771	1.62728	1.67174
0.05	1.63401	1.61456	1.65681
0.06	1.62236	1.60371	1.64412
0.07	1.61213	1.59417	1.63301
0.08	1.60298	1.58561	1.62309
0.09	1.59466	1.57781	1.61408
0.10	1.58700	1.57062	1.60580
0.15	1.55528	1.54063	1.57174
0.20	1.53008	1.51650	1.54496
0.25	1.50845	1.49552	1.52226
0.30	1.48903	1.47642	1.50213
0.35	1.47103	1.45848	1.48373
0.40	1.45395	1.44122	1.46650
0.45	1.43743	1.42431	1.45004
0.50	1.42117	1.40747	1.43404
0.55	1.40491	1.39045	1.41822
0.60	1.38839	1.37300	1.40231
0.65	1.37131	1.35482	1.38600
0.70	1.35332	1.33553	1.36894
0.75	1.33389	1.31459	1.35066
0.80	1.31227	1.29115	1.33042

0.85	1.28706	1.26372	1.30694
0.90	1.25534	1.22905	1.27755
0.91	1.24768	1.22066	1.27047
0.92	1.23936	1.21154	1.26278
0.93	1.23021	1.20150	1.25434
0.94	1.21999	1.19029	1.24492
0.95	1.20833	1.17748	1.23418
0.96	1.19464	1.16243	1.22158
0.97	1.17780	1.14390	1.20610
0.98	1.15542	1.11926	1.18555
0.99	1.12015	1.08037	1.15320

SAS 시스템

The Probit Procedure

Probit Analysis on time

Probability	time	95% Fiducial Limits	
0.00	52.74663	49.66867	56.67295
0.02	48.63189	46.08589	51.83843
0.03	46.18928	43.94199	48.99385
0.04	44.43300	42.39143	46.96151
0.05	43.05377	41.16780	45.37380
0.06	41.91361	40.15190	44.06726
0.07	40.93879	39.27989	42.95476
0.08	40.08520	38.51351	41.98434
0.09	39.32436	37.82799	41.12247

0.10	38.63678	37.20639	40.34626
0.15	35.91561	34.72369	37.30250
0.20	33.89028	32.84698	35.07180
0.25	32.24399	31.29828	33.28559
0.30	30.83384	29.95190	31.77822
0.35	29.58224	28.73963	30.45978
0.40	28.44160	27.61990	29.27501
0.45	27.37990	26.56492	28.18658
0.50	26.37373	25.55448	27.16719
0.55	25.40454	24.57247	26.19533
0.60	24.45621	23.60466	25.25263
0.65	23.51323	22.63693	24.32194
0.70	22.55878	21.65347	23.38526
0.75	21.57220	20.63424	22.42117
0.80	20.52429	19.55030	21.40015
0.85	19.36689	18.35334	20.27424
0.90	18.00289	16.94545	18.94740
0.91	17.68812	16.62122	18.64095
0.92	17.35239	16.27577	18.31393
0.93	16.99058	15.90393	17.96129
0.94	16.59542	15.49838	17.57580
0.95	16.15593	15.04812	17.14662
0.96	15.65444	14.53540	16.65622
0.97	15.05920	13.92846	16.07309
0.98	14.30283	13.16000	15.33020
0.99	13.18708	12.03280	14.22979

제7절 인자분석[FACTOR ANALYSIS]

인자분석은 자료를 압축 요약하는 다변량 통계분석 방법 중의 하나이며, 여러 개의 변수들 속에 들어있는 정보를 최대한 사용하면서 더 적은 수의 인자들로 압축 요약하는 방법을 추구하는 것이다.

주성분 분석과 인자분석은 자료를 단순화하여 분석한다는 의미에서는 공통적이지만 다음과 같은 차이를 보이고 있다.

첫째 : 주성분 분석은 전체변이를 몇 개의 주성분을 통해 설명하려고 하는 분산중심의 기법이고, 인자분석은 변수들 간의 상관관계 내지 공분산을 중심으로 하는 기법이다.

둘째 : 주성분 분석은 단순히 변수들의 선형직교변환에 근거한 수학적 모형인데 비해, 인자분석은 특수변량이라는 특수한 성격을 가지는 일종의 유사오차를 고려한 통계적 분석모형이다.

셋째 : 주성분의 분산은 대응되는 공분산 행렬(혹은 상관행렬)의 고유 값이 되나, 인자분석에서 각 인자의 분산은 각각 1임을 가정한다.
주성분 분석과 인자분석의 차이는 초기 값을 구하는 것이 주성분 분석이고, 반복하여 얻은 자료는 인자분석이다.

예) 다음 자료는 12개 지역에서 5개 변수를 이용하여 인자분석을 하는 것으로 변수는 POP 지역인구, SCHOOL 중위 학년 수, EMPLOY 총 고용자 수, SERVICE 서비스 종사자 수, HOUSE 주택가격이다. 이 데이터를 이용하여 인자분석을 한다.

프로그램

```
DATA kim;
 INPUT  POP SCHOOL EMPLOY SERVICE HOUSE;
 CARDS;
 5700 12.8  2500  270 25000
 3400  8.8  1000   10  9000
 4000 12.8  1600  140 25000
 1200 11.4   400   10 16000
 9900 12.5  3400  180 18000
 9600  9.6  3300   80 12000
 1000 10.9   600   10 10000
 3800 13.6  1700  140 25000
 8200  8.3  2600   60 12000
 9100 11.5  3300   60 14000
 9600 13.7  3600  390 25000
 9400 11.4  4000  100 13000
RUN;
PROC FACTOR DATA=kim OUT=outstat OUTSTAT=stat NFACT=3 SCREE
          METHOD=PRINIT ROTATE=VARIMAX;
PROC PRINT DATA=outstat;
PROC PRINT DATA=stat;
RUN;
PROC SCORE DATA=kim SCORE=stat OUT=outscor;
PROC PRINT DATA=stat;
PROC PRINT DATA=outscor;
RUN;
```

(SCREE: eigenvalue를 그래프로 나타냄.)

(NFACT=3: factor값을 3개로 함축하라는 의미.)

이때 METHOD = PRINIT 하면 인자분석이 되고, METHOD = PRIN 하면 주성분 분석이 된다. 그러나 만일 지정하지 않으면 PRIN으로 되어 주성분 분석이 되므로, 인자분석을 위해서는 지정해야만 한다.

그러나 두 분석 방법은 컴퓨터를 이용하는 데는 크게 다르지 않고 SAS의 경우

METHOD=PRINCIPAL과 METHOD=PRINT 명령문을 사용하면 주성분 분석을 실시하게 된다.

결과

SAS 시스템

The FACTOR Procedure

Input Data Type	Raw Data
Number of Records Read	12
Number of Records Used	12
N for Significance Tests	12

SAS 시스템

The FACTOR Procedure
Initial Factor Method: Iterated Principal Factor Analysis

Prior Communality Estimates: ONE

Preliminary Eigenvalues: Total = 5 Average = 1

	Eigenvalue	Difference	Proportion	Cumulative
1	2.87331359	1.07665350	0.5747	0.5747
2	1.79666009	1.58182321	0.3593	0.9340
3	0.21483689	0.11490283	0.0430	0.9770
4	0.09993405	0.08467868	0.0200	0.9969
5	0.01525537		0.0031	1.0000

3 factors will be retained by the NFACTOR criterion.
WARNING: Too many factors for a unique solution.

SAS 시스템

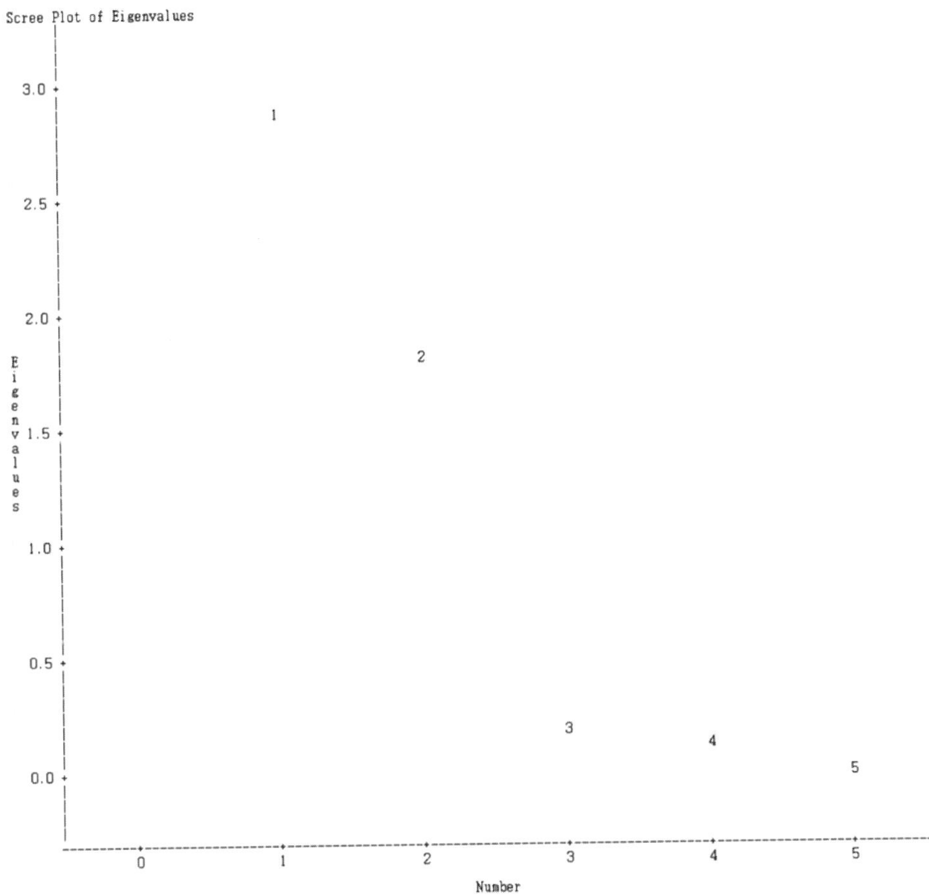

The FACTOR Procedure

Initial Factor Method: Iterated Principal Factor Analysis

Iteration	Change	Communalities				
1	0.0583	0.98859	0.98704	0.99251	0.97498	0.94169
2	0.0337	0.98288	0.98011	0.98997	0.96101	0.90803
3	0.0191	0.97980	0.97663	0.98962	0.95310	0.88896
4	0.0107	0.97791	0.97508	0.99019	0.94851	0.87829
5	0.0059	0.97656	0.97460	0.99114	0.94575	0.87236

6	0.0033	0.97544	0.97469	0.99221	0.94400	0.86908
7	0.0018	0.97443	0.97509	0.99332	0.94281	0.86727
8	0.0011	0.97347	0.97565	0.99440	0.94194	0.86628
9	0.0011	0.97254	0.97629	0.99546	0.94125	0.86574
10	0.0010	0.97164	0.97696	0.99648	0.94067	0.86546
11	0.0010	0.97076	0.97764	0.99747	0.94015	0.86532

Convergence criterion satisfied.

Eigenvalues of the Reduced Correlation Matrix:

Total = 4.75120254 Average = 0.95024051

	Eigenvalue	Difference	Proportion	Cumulative
1	2.81859200	1.06058284	0.5932	0.5932
2	1.75800916	1.58328641	0.3700	0.9633
3	0.17472275	0.16835686	0.0368	1.0000
4	0.00636589	0.01285315	0.0013	1.0014
5	-.00648727		-0.0014	1.0000

Factor Pattern

	Factor1	Factor2	Factor3
POP	0.59602	0.78438	0.01658
SCHOOL	0.75827	-0.56772	0.28347
EMPLOY	0.69223	0.71129	0.11114
SERVICE	0.91924	-0.13016	-0.27964
HOUSE	0.75113	-0.54551	-0.05953

Variance Explained by Each Factor

Factor1	Factor2	Factor3
2.8185920	1.7580092	0.1747228

Final Communality Estimates: Total = 4.751324

POP	SCHOOL	EMPLOY	SERVICE	HOUSE
0.97075926	0.97763539	0.99746815	0.94014592	0.86531520

SAS 시스템

The FACTOR Procedure
Rotation Method: Varimax

Orthogonal Transformation Matrix

	1	2	3
1	0.78831	0.58885	0.17838
2	-0.60013	0.79982	0.01181
3	0.13572	0.11636	-0.98389

Rotated Factor Pattern

	Factor1	Factor2	Factor3
POP	0.00137	0.98026	0.09927
SCHOOL	0.97693	0.02543	-0.15035
EMPLOY	0.13391	0.98946	0.02253
SERVICE	0.76481	0.40466	0.43757
HOUSE	0.91141	-0.00093	0.18612

Variance Explained by Each Factor

Factor1	Factor2	Factor3
2.3879223	2.1043285	0.2590731

Final Communality Estimates: Total = 4.751324

POP	SCHOOL	EMPLOY	SERVICE	HOUSE
0.97075926	0.97763539	0.99746815	0.94014592	0.86531520

SAS 시스템

The FACTOR Procedure
Rotation Method: Varimax

Scoring Coefficients Estimated by Regression

Squared Multiple Correlations of the Variables with Each Factor

Factor1	Factor2	Factor3
0.98298562	0.99746185	0.81743171

Standardized Scoring Coefficients

	Factor1	Factor2	Factor3
POP	0.00405692	0.0484095	0.42261207
SCHOOL	0.75022603	-0.0803256	-1.1303997
EMPLOY	-0.1104596	0.99408031	-0.9288863
SERVICE	0.21639579	-0.0779545	1.33496044
HOUSE	0.10901195	0.00673024	0.22737697

SAS 시스템

OBS	POP	SCHOOL	EMPLOY	SERVICE	HOUSE	Factor1	Factor2	Factor3
1	5700	12.8	2500	270	25000	0.97276	-0.02794	0.96761
2	3400	8.8	1000	10	9000	-1.33966	-0.92235	0.74711
3	4000	12.8	1600	140	25000	0.80607	-0.68449	-0.07774
4	1200	11.4	400	10	16000	-0.07720	-1.54335	-0.46928
5	9900	12.5	3400	180	18000	0.48234	0.81911	-0.29550
6	9600	9.6	3300	80	12000	-1.01792	0.92668	0.20158
7	1000	10.9	600	10	10000	-0.40792	-1.36985	-0.54141
8	3800	13.6	1700	140	25000	1.13288	-0.64318	-0.68333

9	8200	8.3	2600	60	12000	-1.54085	0.41836	1.14368
10	9100	11.5	3300	60	14000	-0.22406	0.84989	-1.22293
11	9600	13.7	3600	390	25000	1.48335	0.78607	1.44795
12	9400	11.4	4000	100	13000	-0.26980	1.39105	-1.21774

SAS 시스템

OBS	_TYPE_	_NAME_	POP	SCHOOL	EMPLOY	SERVICE	HOUSE
1	MEAN		6241.67	11.4417	2333.33	120.833	17000.00
2	STD		3439.99	1.7865	1241.21	114.928	6367.53
3	N		12.00	12.0000	12.00	12.000	12.00
4	CORR	POP	1.00	0.0098	0.97	0.439	0.0
5	CORR	SCHOOL	0.01	1.0000	0.15	0.691	0.86
6	CORR	EMPLOY	0.97	0.1543	1.00	0.515	0.12
7	CORR	SERVICE	0.44	0.6914	0.51	1.000	0.78
8	CORR	HOUSE	0.02	0.8631	0.12	0.778	0.78
9	COMMUNAL		0.97	0.9776	1.00	0.940	0.87
10	PRIORS		0.97	0.9776	1.00	0.94	0.87
11	EIGENVAL		2.82	1.7580	0.17	0.00	-0.01
12	UNROTATE	Factor1	0.60	0.7583	0.69	0.919	0.75
13	UNROTATE	Factor2	0.78	-0.5677	0.71	-0.130	-0.55
14	UNROTATE	Factor3	0.02	0.2835	0.11	-0.280	-0.06
15	TRANSFOR	Factor1	0.79	-0.6001	0.14	.	.
16	TRANSFOR	Factor2	0.59	0.7998	0.12	.	.
17	TRANSFOR	Factor3	0.18	0.0118	-0.98	.	.
18	PATTERN	Factor1	0.00	0.9769	0.13	0.765	0.91
19	PATTERN	Factor2	0.98	0.0254	0.99	0.405	-0.00
20	PATTERN	Factor3	0.10	-0.1503	0.02	0.438	0.19
21	SCORE	Factor1	0.00	0.7502	-0.11	0.216	0.11
22	SCORE	Factor2	0.05	-0.0803	0.99	-0.078	0.01
23	SCORE	Factor3	0.42	-1.1304	-0.93	1.335	0.23

OBS	_TYPE_	_NAME_	POP	SCHOOL	EMPLOY	SERVICE	HOUSE
1	MEAN		6241.67	11.4417	2333.33	120.833	17000.00
2	STD		3439.99	1.7865	1241.21	114.928	6367.53
3	N		12.00	12.0000	12.00	12.000	12.00
4	CORR	POP	1.00	0.0098	0.97	0.439	0.02
5	CORR	SCHOOL	0.01	1.0000	0.15	0.691	0.86
6	CORR	EMPLOY	0.97	0.1543	1.00	0.515	0.12
7	CORR	SERVICE	0.44	0.6914	0.51	1.000	0.78
8	CORR	HOUSE	0.02	0.8631	0.12	0.778	1.00
9	COMMUNAL		0.97	0.9776	1.00	0.940	0.87
10	PRIORS		0.97	0.9776	1.00	0.940	0.87
11	EIGENVAL		2.82	1.7580	0.17	0.006	0.01
12	UNROTATE	Factor1	0.60	0.7583	0.69	0.919	0.75
13	UNROTATE	Factor2	0.78	-0.5677	0.71	-0.130	-0.55
14	UNROTATE	Factor3	0.02	0.2835	0.11	-0.280	-0.06
15	TRANSFOR	Factor1	0.79	-0.6001	0.14	.	.
16	TRANSFOR	Factor2	0.59	0.7998	0.12	.	.
17	TRANSFOR	Factor3	0.18	0.0118	-0.98	.	.
18	PATTERN	Factor1	0.00	0.9769	0.13	0.765	0.91
19	PATTERN	Factor2	0.98	0.0254	0.99	0.405	-0.00
20	PATTERN	Factor3	0.10	-0.1503	0.02	0.438	0.19
21	SCORE	Factor1	0.00	0.7502	-0.11	0.216	0.11
22	SCORE	Factor2	0.05	-0.0803	0.99	-0.078	0.01
23	SCORE	Factor3	0.42	-1.1304	-0.93	1.335	0.23

SAS 시스템

OBS	_TYPE_	_NAME_	POP	SCHOOL	EMPLOY	SERVICE	HOUSE
1	MEAN		6241.67	11.4417	2333.33	120.833	17000.00
2	STD		3439.99	1.7865	1241.21	114.928	6367.53
3	N		12.00	12.0000	12.00	12.000	12.00
4	CORR	POP	1.00	0.0098	0.97	0.439	0.02
5	CORR	SCHOOL	0.01	1.0000	0.15	0.691	0.86
6	CORR	EMPLOY	0.97	0.1543	1.00	0.515	0.12
7	CORR	SERVICE	0.44	0.6914	0.51	1.000	0.78
8	CORR	HOUSE	0.02	0.8631	0.12	0.778	1.00
9	COMMUNAL		0.97	0.9776	1.00	0.940	0.87
10	PRIORS		0.97	0.9776	1.00	0.940	0.87
11	EIGENVAL		2.82	1.7580	0.17	0.006	-0.01
12	UNROTATE	Factor1	0.60	0.7583	0.69	0.919	0.75
13	UNROTATE	Factor2	0.78	-0.5677	0.71	-0.130	-0.55
14	UNROTATE	Factor3	0.02	0.2835	0.11	-0.280	-0.06
15	TRANSFOR	Factor1	0.79	-0.6001	0.14	.	.
16	TRANSFOR	Factor2	0.59	0.7998	0.12	.	.
17	TRANSFOR	Factor3	0.18	0.0118	-0.98	.	.
18	PATTERN	Factor1	0.00	0.9769	0.13	0.765	0.91
19	PATTERN	Factor2	0.98	0.0254	0.99	0.405	-0.00
20	PATTERN	Factor3	0.10	-0.1503	0.02	0.438	0.19
21	SCORE	Factor1	0.00	0.7502	-0.11	0.216	0.11
22	SCORE	Factor2	0.05	-0.0803	0.99	-0.078	0.01
23	SCORE	Factor3	0.42	-1.1304	-0.93	1.335	0.23

SAS 시스템

OBS	POP	SCHOOL	EMPLOY	SERVICE	HOUSE
1	5700	12.8	2500	270	25000
2	3400	8.8	1000	10	9000
3	4000	12.8	1600	140	25000
4	1200	11.4	400	10	16000
5	9900	12.5	3400	180	18000
6	9600	9.6	3300	80	12000
7	1000	10.9	600	10	10000
8	3800	13.6	1700	140	25000
9	8200	8.3	2600	60	12000
10	9100	11.5	3300	60	14000
11	9600	13.7	3600	390	25000
12	9400	11.4	4000	100	13000

↓ 원자료

Factor1	Factor2	Factor3
0.97276	-0.02794	0.96761
-1.33966	-0.92235	0.74711
0.80607	-0.68449	-0.07774
-0.07720	-1.54335	-0.46928
0.48234	0.81911	-0.29550
-1.01792	0.92668	0.20158
-0.40792	-1.36985	-0.54141
1.13288	-0.64318	-0.68333
-1.54085	0.41836	1.14368
-0.22406	0.84989	-1.22293
1.48335	0.78607	1.44795
-0.26980	1.39105	-1.21774

↓ 각 표본에 대한 스코어

결과 해석

ROTATE한 FACTOR1의 경우 SCHOOL SERVICE HOUSE로 도시에서 문화적인 요인으로 설명 가능하므로 이 변수들을 문화적 요인으로 보고, FACTOR2의 경우 POP EMPLOY이므로 인구와 고용의 관계를 가지는 요인이라고 설명할 수 있으며 경제적인 변수로 노동력에 대한 요인으로 볼 수 있다.

따라서 5개 변수를 2개의 요인으로 구분하면 문화적인 것과 노동력에 대한 것으로 분류되어 이 두 요인에 의한 분석을 할 수 있다.

예제4-21 FACTOR

다음은 어느 대학교 여학생들을 임의로 4명 추출하여 의류구매에 대해서 구매 속성인 편안함, 디자인, 수명, 색상 및 세탁의 용이성에 대하여 설문 조사를 한 결과이다. 자료는 순서형 자료로서 7등급으로 나누어 전혀 중요하지 않게 생각하면 1, 중간은 4, 중요하게 생각하면 7로 하는 자료이다. 이들 자료를 이용하여 인자분석을 하여 보자.

	편안함	디자인	수명	색상	세탁용이성
1	1	5	5	5	3
2	4	3	2	2	4
3	5	1	1	1	5
4	3	4	3	3	5
5	3	1	1	1	4
6	5	1	2	2	1
7	3	4	5	5	4
8	4	3	3	3	5
9	2	5	1	4	4
10	5	3	5	3	4
11	6	2	7	3	4
12	4	3	4	2	6
13	6	1	5	2	2
14	6	2	6	2	1
15	2	5	2	6	6
16	3	2	2	2	4
17	3	6	2	5	4
18	4	1	4	1	5
19	6	3	6	3	3
20	3	2	3	2	7

프로그램

```
data kim;
input x1 x2 x3 x4 x5;
cards;
1 5 5 5 3
4 3 2 2 4
5 1 1 1 5
3 4 3 3 5
3 1 1 1 4
5 1 2 2 1
3 4 5 5 4
4 3 3 3 5
2 5 1 4 4
5 3 5 3 4
6 2 7 3 4
4 3 4 2 6
6 1 5 2 2
6 2 6 2 1
2 5 2 6 6
3 2 2 2 4
3 6 2 5 4
4 1 4 1 5
6 3 6 3 3
3 2 3 2 7
run;
proc factor data kim out=outstat outstat=stat simple corr scree
  Nfact=2   Mineigen=1   rotate=varimax  flag=.4
  reorder plot score;
var x1-x5;
proc print data=outstat;
proc print data=stat;
run;
```

결과

SAS 시스템

The FACTOR Procedure

Input Data Type	Raw Data
Number of Records Read	20
Number of Records Used	20
N for Significance Tests	20

Means and Standard Deviations from 20 Observations

Variable	Mean	Std Dev
x1	3.9000000	1.4832397
x2	2.8500000	1.5652476
x3	3.4500000	1.8488973
x4	2.8500000	1.4608937
x5	4.0500000	1.5381123

Correlations

	x1	x2	x3	x4	x5
x1	100 *	-62 *	50 *	-52 *	-44 *
x2	-62 *	100 *	-7	89 *	20
x3	50 *	-7	100 *	10	-30
x4	-52 *	89 *	10	100 *	7
x5	-44 *	20	-30	7	100 *

Printed values are multiplied by 100 and rounded to the nearest integer.
Values greater than 0.4 are flagged by an '*'.

SAS 시스템

The FACTOR Procedure
Initial Factor Method: Principal Components
Prior Communality Estimates: ONE

Eigenvalues of the Correlation Matrix: Total = 5 Average = 1

	Eigenvalue	Difference	Proportion	Cumulative
1	2.54299567	1.11507129	0.5086	0.5086
2	1.42792438	0.73100663	0.2856	0.7942
3	0.69691775	0.45818539	0.1394	0.9336
4	0.23873236	0.14530252	0.0477	0.9813
5	0.09342984		0.0187	1.0000

2 factors will be retained by the NFACTOR criterion.

SAS 시스템

The FACTOR Procedure
Initial Factor Method: Principal Components

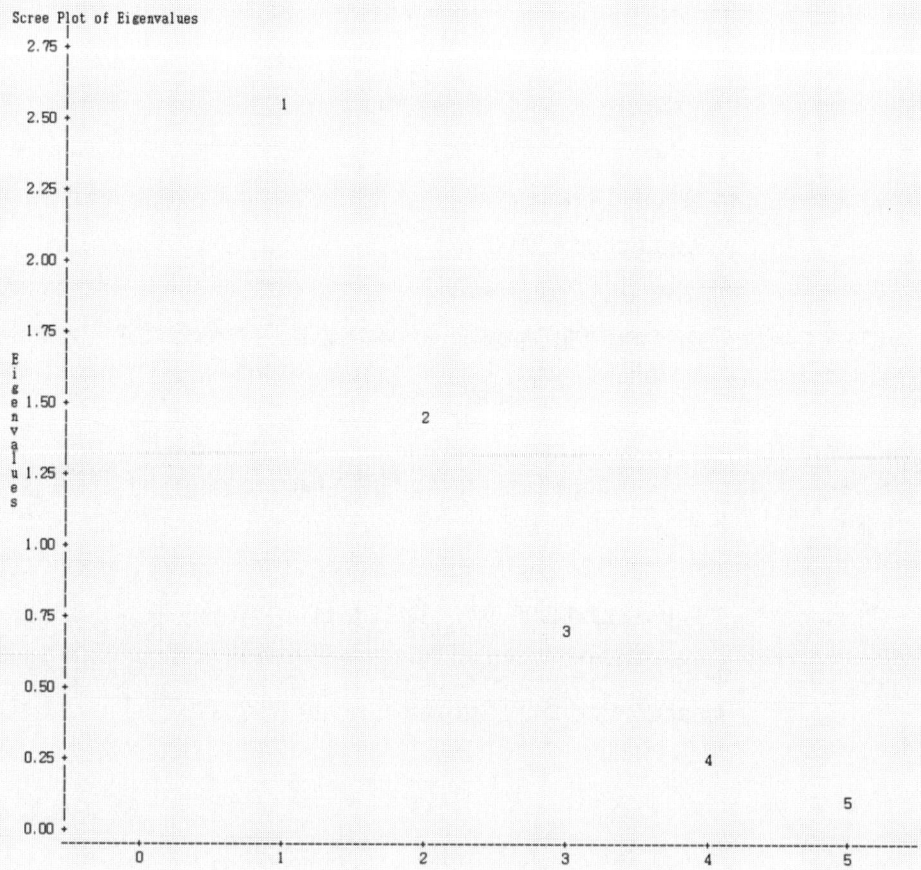

The FACTOR Procedure

Initial Factor Method: Principal Components

Factor Pattern

	Factor1	Factor2
x2	89 *	37
x4	80 *	55 *

x1	-87 *	27
x3	-36	78 *
x5	47 *	-56 *

Printed values are multiplied by 100 and rounded to the nearest integer. Values greater than 0.4 are flagged by an '*'.

Variance Explained by Each Factor

Factor1	Factor2
2.5429957	1.4279244

Final Communality Estimates: Total = 3.970920

x1	x2	x3	x4	x5
0.83308629	0.92803814	0.73559497	0.94414529	0.53005536

SAS 시스템

The FACTOR Procedure

Initial Factor Method: Principal Components

Plot of Factor Pattern for Factor1 and Factor2

Plot of Factor Pattern for Factor1 and Factor2

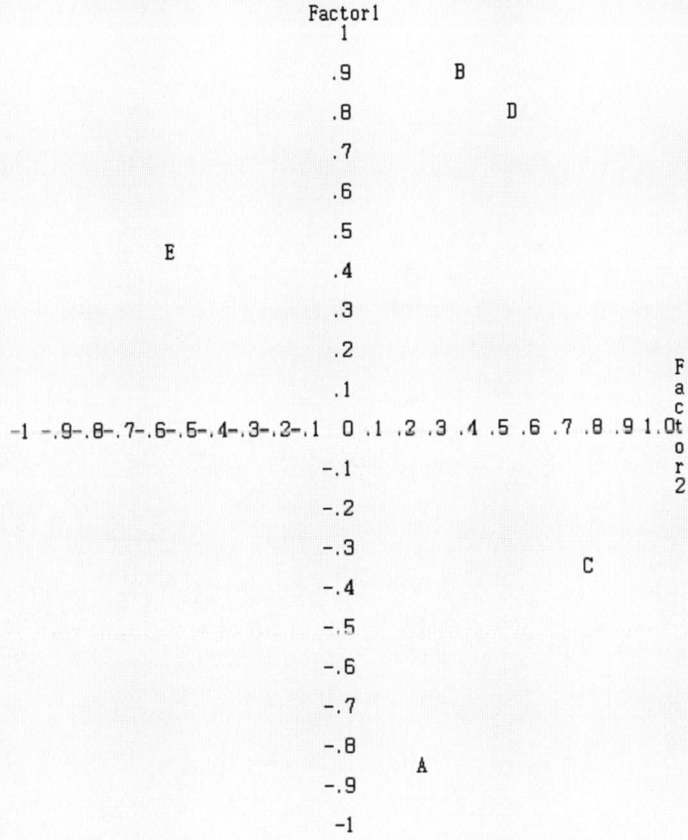

x1=A x2=B x3=C x4=D x5=E

SAS 시스템

The FACTOR Procedure

Rotation Method: Varimax

Orthogonal Transformation Matrix

	1	2
1	0.85525	-0.51822
2	0.51822	0.85525

Rotated Factor Pattern

	Factor1	Factor2
x4	97 *	5
x2	95 *	-14
x3	10	85 *
x1	-61 *	68 *
x5	11	-72 *

Printed values are multiplied by 100 and rounded to the nearest integer. Values greater than 0.4 are flagged by an '*'.

Variance Explained by Each Factor

Factor1	Factor2
2.2435450	1.7273751

Final Communality Estimates: Total = 3.970920

x1	x2	x3	x4	x5
0.83308629	0.92803814	0.73559497	0.94414529	0.53005536

SAS 시스템

The FACTOR Procedure
Rotation Method: Varimax

Scoring Coefficients Estimated by Regression
Squared Multiple Correlations of the Variables with Each Factor

Factor1	Factor2
1.0000000	1.0000000

Standardized Scoring Coefficients

	Factor1	Factor2
x4	0.46890	0.16563
x2	0.43438	0.04333
x3	0.16232	0.53974
x1	-0.19732	0.33700
x5	-0.04317	-0.42854

SAS 시스템

The FACTOR Procedure

Rotation Method: Varimax

Plot of Factor Pattern for Factor1 and Factor2

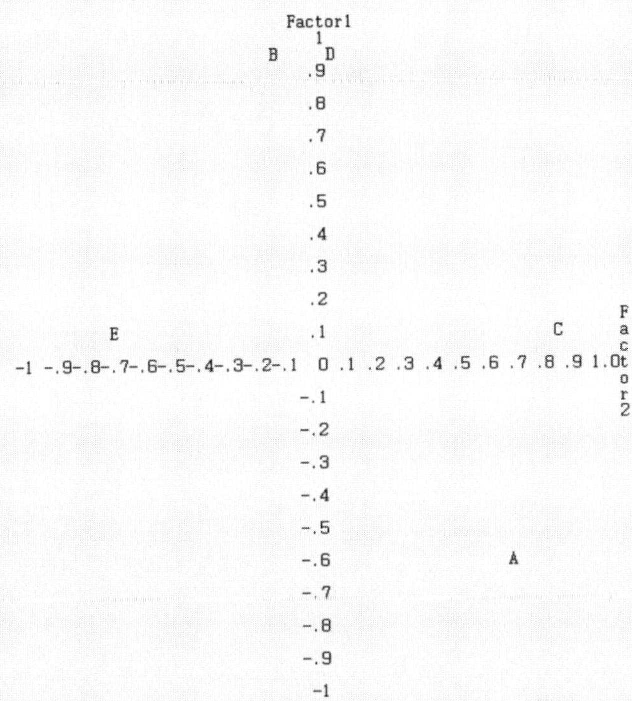

x1=A x2=B x3=C x4=D x5=E

SAS 시스템

OBS	x1	x2	x3	x4	x5	Factor1	Factor2
1	1	5	5	5	3	1.83808	0.38940
2	4	3	2	2	4	-0.37040	-0.47886
3	5	1	1	1	5	-1.49529	-0.99093
4	3	4	3	3	5	0.42085	-0.55170
5	3	1	1	1	4	-1.20116	-1.16673
6	5	1	2	2	1	-0.97426	0.52884
7	3	4	5	5	4	1.26644	0.53752
8	4	3	3	3	5	0.01030	-0.35217
9	2	5	1	4	4	1.00484	-0.94309
10	5	3	5	3	4	0.08092	0.73750
11	6	2	7	3	4	-0.15404	1.52088
12	4	3	4	2	6	-0.25095	-0.45224
13	6	1	5	2	2	-0.87198	1.35321
14	6	2	6	2	1	-0.47860	1.95143
15	2	5	2	6	6	1.67844	-0.98165
16	3	2	2	2	4	-0.51488	-0.73375
17	3	6	2	5	4	1.55809	-0.28290
18	4	1	4	1	5	-1.09888	-0.34236
19	6	3	6	3	3	0.06375	1.53525
20	3	2	3	2	7	-0.51129	-1.27767

SAS 시스템

OBS	_TYPE_	_NAME_	x1	x2	x3	x4	x5
1	MEAN		3.9000	2.8500	3.4500	2.8500	4.0500
2	STD		1.4832	1.5652	1.8489	1.4609	1.5381
3	N		20.0000	20.0000	20.0000	20.0000	20.0000
4	CORR	x1	1.0000	-0.6189	0.4971	-0.5174	-0.4360
5	CORR	x2	-0.6189	1.0000	-0.0664	0.8873	0.2000
6	CORR	x3	0.4971	-0.0664	1.0000	0.1042	-0.3044
7	CORR	x4	-0.5174	0.8873	0.1042	1.0000	0.0738
8	CORR	x5	-0.4360	0.2000	-0.3044	0.0738	1.0000
9	COMMUNAL		0.8331	0.9280	0.7356	0.9441	0.5301
10	PRIORS		1.0000	1.0000	1.0000	1.0000	1.0000
11	EIGENVAL		2.5430	1.4279	0.6969	0.2387	0.0934
12	UNROTATE	Factor1	-0.8733	0.8876	-0.3583	0.8015	0.4709
13	UNROTATE	Factor2	0.2656	0.3743	0.7793	0.5492	-0.5553
14	TRANSFOR	Factor1	0.8552	0.5182	.	.	.
15	TRANSFOR	Factor2	-0.5182	0.8552	.	.	.
16	PATTERN	Factor1	-0.6092	0.9531	0.0974	0.9701	0.1149
17	PATTERN	Factor2	0.6796	-0.1398	0.8521	0.0544	-0.7189
18	SCORE	Factor1	-0.1973	0.4344	0.1623	0.4689	-0.0432
19	SCORE	Factor2	0.3370	0.0433	0.5397	0.1656	-0.4285

제8절 주성분 분석[Principal Componant Analysis]

우리가 연구대상으로 하고 있는 모든 현상을 보면 매우 복잡하여 다수의 변수를 관찰대상으로 할 수밖에 없는데, 분석의 지표로 사용되는 변수들은 대체로 상호관련성을 가지게 되므로 이들 다수의 지표를 일괄해서 몇 개의 지표로 정리 통합할 수 있는 방법들이 강구 되어왔다.

주성분 분석법이란 n개의 지표에 대해 수집한 데이터를 서로 상관관계에 있는 p개의 변량이 갖는 정보로 요약하는 기법이다. 즉, 각 요인 상호 간에 관련이 있는 다수의 변수가 지닌 정보를 상호 무상관인 몇 개의 통합 특수 값으로 data를 통합시킴으로써 변수로 주어진 어떤 요인 군 내부의 구조적인 성질을 명확히 규명하기 위한 하나의 기법이다.

요약하면 다변량 변수 간의 상호관계로부터 공통변량을 구하고, 관측 값의 중복성을 점검하여 몇 개의 변수집단, 즉 주성분을 찾아내는 것이라 할 수 있다. 주성분 분석에서 얻는 정보는 표본상관 행렬, 평균 및 표준편차, 고유 벡터, 고윳값(고윳값, 차이, 비율, 누적 비율), 원 자료와 주성분점수 등을 알 수 있고, 주성분 점수를 이용하여 회귀분석, 판별분석, 군집분석 등에 이용한다.

예) 다음 자료는 12개 지역에서 5개 변수를 이용하여 주성분 분석을 하는 것으로 변수는 지역인구[POP], 중위 학년 수[SCHOOL], 총 고용자 수[EMPLOY], 서비스 종사자 수[SERVICE], 주택가격[HOUSE]이다.

프로그램

```
DATA kim;
 INPUT  POP SCHOOL EMPLOY SERVICE HOUSE;
 CARDS;
 5700    12.8    2500    270    25000
 3400     8.8    1000     10     9000
 4000    12.8    1600    140    25000
 1200    11.4     400     10    16000
 9900    12.5    3400    180    18000
 9600     9.6    3300     80    12000
 1000    10.9     600     10    10000
 3800    13.6    1700    140    25000
 8200     8.3    2600     60    12000
 9100    11.5    3300     60    14000
```

```
9600    13.7    3600    390    25000
9400    11.4    4000    100    13000

RUN;
PROC PRINCOMP DATA=kim OUT=outstat OUTSTAT=stat N=2;
PROC PRINT DATA=outstat;
PROC PRINT DATA=stat;
RUN;

PROC SCORE DATA=kim SCORE=stat OUT=outscor;
PROC PRINT DATA=stat;
PROC PRINT DATA=outscor;
RUN;
```

2개의 주성분으로 통합하라는 의미

결과

SAS 시스템

The PRINCOMP Procedure

Observations	12
Variables	5

Simple Statistics

	POP	SCHOOL	EMPLOY	SERVICE	HOUSE
Mean	6241.666667	11.44166667	2333.333333	120.8333333	17000.00000
StD	3439.994274	1.78654483	1241.211529	114.9275134	6367.53128

Correlation Matrix

	POP	SCHOOL	EMPLOY	SERVICE	HOUSE
POP	1.0000	0.0098	0.9724	0.4389	0.0224
SCHOOL	0.0098	1.0000	0.1543	0.6914	0.8631
EMPLOY	0.9724	0.1543	1.0000	0.5147	0.1219
SERVICE	0.4389	0.6914	0.5147	1.0000	0.7777
HOUSE	0.0224	0.8631	0.1219	0.7777	1.0000

Eigenvalues of the Correlation Matrix

	Eigenvalue	Difference	Proportion	Cumulative
1	2.87331359	1.07665350	0.5747	0.5747
2	1.79666009		0.3593	0.9340

Eigenvectors

	Prin1	Prin2
POP	0.342730	0.601629
SCHOOL	0.452507	-.406414
EMPLOY	0.396695	0.541665
SERVICE	0.550057	-.077817
HOUSE	0.466738	-.416429

SAS 시스템

OBS	POP	SCHOOL	EMPLOY	SERVICE	HOUSE	Prin1	Prin2
1	5700	12.8	2500	270	25000	1.64367	-0.95519
2	3400	8.8	1000	10	9000	-2.49521	0.12032
3	4000	12.8	1600	140	25000	0.56446	-1.55725
4	1200	11.4	400	10	16000	-1.73452	-1.57553
5	9900	12.5	3400	180	18000	1.32993	0.75909
6	9600	9.6	3300	80	12000	-0.38486	1.78280
7	1000	10.9	600	10	10000	-2.25697	-1.01710
8	3800	13.6	1700	140	25000	0.77913	-1.73058
9	8200	8.3	2600	60	12000	-1.17306	1.54174
10	9100	11.5	3300	60	14000	0.09745	1.14587
11	9600	13.7	3600	390	25000	3.18609	-0.07906
12	9400	11.4	4000	100	13000	0.44388	1.56488

SAS 시스템

OBS	_TYPE_	_NAME_	POP	SCHOOL	EMPLOY	SERVICE	HOUSE
1	MEAN		6241.67	11.4417	2333.33	120.833	17000.00
2	STD		3439.99	1.7865	1241.21	114.928	6367.53
3	N		12.00	12.0000	12.00	12.000	12.00
4	CORR	POP	1.00	0.0098	0.97	0.439	0.02
5	CORR	SCHOOL	0.01	1.0000	0.15	0.691	0.86
6	CORR	EMPLOY	0.97	0.1543	1.00	0.515	0.12
7	CORR	SERVICE	0.44	0.6914	0.51	1.000	0.78
8	CORR	HOUSE	0.02	0.8631	0.12	0.778	1.00
9	EIGENVAL		2.87	1.7967	.	.	.
10	SCORE	Prin1	0.34	0.4525	0.40	0.550	0.47
11	SCORE	Prin2	0.60	-0.4064	0.54	-0.078	-0.42

SAS 시스템

OBS	_TYPE_	_NAME_	POP	SCHOOL	EMPLOY	SERVICE	HOUSE
1	MEAN		6241.67	11.4417	2333.33	120.833	17000.00
2	STD		3439.99	1.7865	1241.21	114.928	6367.53
3	N		12.00	12.0000	12.00	12.000	12.00
4	CORR	POP	1.00	0.0098	0.97	0.439	0.02
5	CORR	SCHOOL	0.01	1.0000	0.15	0.691	0.86
6	CORR	EMPLOY	0.97	0.1543	1.00	0.515	0.12
7	CORR	SERVICE	0.44	0.6914	0.51	1.000	0.78
8	CORR	HOUSE	0.02	0.8631	0.12	0.778	1.00
9	EIGENVAL		2.87	1.7967	.	.	.
10	SCORE	Prin1	0.34	0.4525	0.40	0.550	0.47
11	SCORE	Prin2	0.60	-0.4064	0.54	-0.078	-0.42

SAS 시스템

OBS	POP	SCHOOL	EMPLOY	SERVICE	HOUSE	Prin1	Prin2
1	5700	12.8	2500	270	25000	1.64367	-0.95519
2	3400	8.8	1000	10	9000	-2.49521	0.12032
3	4000	12.8	1600	140	25000	0.56446	-1.55725
4	1200	11.4	400	10	16000	-1.73452	-1.57553
5	9900	12.5	3400	180	18000	1.32993	0.75909
6	9600	9.6	3300	80	12000	-0.38486	1.78280
7	1000	10.9	600	10	10000	-2.25697	-1.01710
8	3800	13.6	1700	140	25000	0.77913	-1.73058
9	8200	8.3	2600	60	12000	-1.17306	1.54174
10	9100	11.5	3300	60	14000	0.09745	1.14587
11	9600	13.7	3600	390	25000	3.18609	-0.07906
12	9400	11.4	4000	100	13000	0.44388	1.56488

결과 해석

주성분 분석 결과 중 FACTOR PATTERN의 eigenvalue 고유치가 1 이상인 것을 택하면 2개의 FACTOR를 선정할 수 있다. 이 두 요인이 전체 5개 변수를 대표할 수 있으며, Cumulative를 보아 93.4%의 충분한 설명력을 가지고 있다.

ROTATE한 FACTOR1의 경우 SCHOOL SERVICE HOUSE이고, FACTOR2의 경우 POP EMPLOY이므로 2개의 주성분으로 변수를 압축 설명할 수 있다. 여기서 산출된 두 주성분의 스코어를 이용하여 판별분석, 회귀분석 등을 할 수 있는데, 판별분석은 다음 장에서 실시한다.

예제4-22 PCA

다음은 주성분 분석을 통해서 회귀분석을 할 때 다중 공선성의 문제를 살펴보기 위한 것이다.

프로그램

```
data kim;
  input x1-x4 y @@;
  cards;
130 30  60 35  785 145  75 52   5  743
155 40  47 55  876 155 110 44   5  725
200 115 34 10  838 235  20 26 105 1159
260 30  33 35  959 270  90 22  10  931
275 45  22 55 1092 280  40 20  55 1043
305 85   6 15 1027 330  45 12  55 1139
340 40  12 50 1094
run;
proc reg;
  model y=x1-x4/vif tol;
run;
proc princomp data=kim out=nocollin prefix=c;
  var x1-x4;
run;
proc reg data=nocollin;
  model y=c1-c4/vif tol;
run;
```

결과

SAS 시스템

The REG Procedure
Model: MODEL1

Dependent Variable: y

Number of Observations Read	13
Number of Observations Used	13

Analysis of Variance

Source	DF	Sum of Squares	Mean Square	F Value	Pr > F
Model	4	269425	67356	124.45	<.0001
Error	8	4329.69875	541.21234		
Corrected Total	12	273755			

Root MSE	23.26397	R-Square	0.9842
Dependent Mean	954.69231	Adj R-Sq	0.9763
Coeff Var	2.43680		

Parameter Estimates

Variable	DF	Parameter Estimate	Standard Error	t Value	Pr > |t|	Tolerance	Variance Inflation
Intercept	1	878.19856	248.96417	3.53	0.0078	.	0
x1	1	0.54081	0.54372	0.99	0.3490	0.02882	34.70065
x2	1	-0.38957	0.62229	-0.63	0.5487	0.11355	8.80635
x3	1	-4.08124	2.44461	-1.67	0.1336	0.02694	37.12363
x4	1	2.48662	0.58392	4.26	0.0028	0.15746	6.35078

SAS 시스템

The PRINCOMP Procedure

Observations	13
Variables	4

Simple Statistics

	x1	x2	x3	x4
Mean	236.9230769	58.84615385	30.00000000	37.69230769
StD	72.7592623	32.02563076	16.73817991	28.98385935

Correlation Matrix

	x1	x2	x3	x4
x1	1.0000	-.1957	-.9583	0.2848
x2	-.1957	1.0000	0.0295	-.8111
x3	-.9583	0.0295	1.0000	-.2456
x4	0.2848	-.8111	-.2456	1.0000

Eigenvalues of the Correlation Matrix

	Eigenvalue	Difference	Proportion	Cumulative
1	2.27799386	0.76633743	0.5695	0.5695
2	1.51165643	1.31367838	0.3779	0.9474
3	0.19797805	0.18560638	0.0495	0.9969
4	0.01237167		0.0031	1.0000

Eigenvectors

	c1	c2	c3	c4
x1	0.565905	0.403506	-.311041	0.648219
x2	-.407190	0.599466	0.627992	0.283660
x3	-.527143	-.484400	-.183666	0.673605
x4	0.485869	-.493133	0.689308	0.213554

SAS 시스템

The REG Procedure

Model: MODEL1

Dependent Variable: y

Number of Observations Read	13
Number of Observations Used	13

Analysis of Variance

Source	DF	Sum of Squares	Mean Square	F Value	Pr > F
Model	4	269425	67356	124.45	<.0001
Error	8	4329.69875	541.21234		
Corrected Total	12				

Root MSE	23.26397	R-Square	0.9842
Dependent Mean	954.69231	Adj R-Sq	0.9763
Coeff Var	2.43680		

Parameter Estimates

Variable	DF	Parameter Estimate	Standard Error	t Value	Pr > |t|	Tolerance	Variance Inflation
Intercept	1	954.69231	6.45226	147.96	<.0001	.	0
c1	1	98.37568	4.44956	22.11	<.0001	1.00000	1.00000
c2	1	5.94800	5.46219	1.09	0.3079	1.00000	1.00000
c3	1	42.15228	15.09332	2.79	0.0235	1.00000	1.00000
c4	1	-8.65693	60.37805	-0.14	0.8895	1.00000	1.00000

제9절 군집분석[Cluster Analysis]

다 변량 자료를 이용하여 군집의 개수, 내용, 구조 등이 사전에 정의되어 있지 않은 상황에서 변수들의 유사성에 의해 몇 개의 군집으로 집단화함으로써 동일 집단 내에 속해 있는 공통된 특성들을 파악하는 방법이다.

프로그램

```
DATA kim;
 INPUT  POP SCHOOL EMPLOY SERVICE HOUSE;
 CARDS;
 5700  12.8  2500   270  25000
 3400   8.8  1000    10   9000
 4000  12.8  1600   140  25000
 1200  11.4   400    10  16000
 9900  12.5  3400   180  18000
 9600   9.6  3300    80  12000
 1000  10.9   600    10  10000
 3800  13.6  1700   140  25000
 8200   8.3  2600    60  12000
 9100  11.5  3300    60  14000
 9600  13.7  3600   390  25000
 9400  11.4  4000   100  13000
RUN;

proc cluster data=kim s std method=average ccc rsq outtree=treex;
run;

proc tree data=treex list;
```

```
run;

proc fastclus data=kim maxclusters=3 maxiter=10;
run;
```

결과

SAS 시스템

The CLUSTER Procedure
Average Linkage Cluster Analysis

Variable	Mean	Standard Deviation	Skewness	Kurtosis	Bimodality
POP	6241.7	3440.0	-0.3591	-1.6235	0.4685
SCHOOL	11.4417	1.7865	-0.5372	-0.7312	0.3902
EMPLOY	2333.3	1241.2	-0.3279	-1.3813	0.4176
SERVICE	120.8	114.9	1.3245	1.6026	0.4887
HOUSE	17000.0	6367.5	0.3600	-1.6878	0.4816

Eigenvalues of the Correlation Matrix

	Eigenvalue	Difference	Proportion	Cumulative
1	2.87331359	1.07665350	0.5747	0.5747
2	1.79666009	1.58182321	0.3593	0.9340
3	0.21483689	0.11490283	0.0430	0.9770
4	0.09993405	0.08467868	0.0200	0.9969
5	0.01525537		0.0031	1.0000

The data have been standardized to mean 0 and variance 1

Root-Mean-Square Total-Sample Standard Deviation 1

Root-Mean-Square Distance Between Observations 3.162278

Cluster History

Number of Clusters	-Clusters	Joined-	Freq	Semipartial R-Square	R-Square	Approximate Expected R-Square	Cubic Clustering Criterion	Norm RMS Distance	Tie
11	OB3	OB8	2	0.0019	.998	.	.	0.145	
10	OB10	OB12	2	0.0043	.994	.	.	0.2179	
9	OB4	OB7	2	0.0091	.985	.	.	0.3155	
8	OB6	OB9	2	0.0095	.975	.	.	0.323	
7	OB5	CL10	3	0.0203	.955	.	.	0.4239	
6	OB1	CL11	3	0.0251	.930	.	.	0.461	
5	OB2	CL9	3	0.0331	.897	.	.	0.5462	
4	CL7	CL8	5	0.0694	.827	.	.	0.6242	
3	CL6	OB11	4	0.1004	.727	.	.	0.8863	
2	CL3	CL4	9	0.3331	.394	.533	-1.4	1.0552	
1	CL2	CL5	12	0.3938	.000	.000	0.00	1.1767	

SAS 시스템

The TREE Procedure
Average Linkage Cluster Analysis

Name of Observation or Cluster	Height	Parent	Children
CL1	1.176676		CL2
			CL5
CL2	1.055201	CL1	CL3
			CL4
CL3	0.886338	CL2	CL6
			OB11

CL6	0.460976	CL3	OB1
			CL11
OB1	0	CL6	
CL11	0.14504	CL6	OB3
			OB8
OB3	0	CL11	
	0	CL11	
	0	CL3	
CL4	0.624169	CL2	CL7
			CL8
CL7	0.423896	CL4	OB5
			CL10
OB5	0.423896	CL4	OB5
			CL10
OB5	0	CL7	
CL10	0.217852	CL7	OB10
			OB12
OB10	0	CL10	
OB12	0	CL10	
CL8	0.323027	CL4	OB6
			OB9
OB6	0	CL8	
OB9	0	CL8	
CL5	0.546174	CL1	OB2
			CL9
OB2	0	CL5	
CL9	0.315526	CL5	OB4
			OB7
OB4	0	CL9	
OB7	0	CL9	

SAS 시스템

The FASTCLUS Procedure

Replace=FULL Radius=0 Maxclusters=3 Maxiter=10 Converge=0.02

Initial Seeds

Cluster	POP	SCHOOL	EMPLOY	SERVICE	HOUSE
1	3800.00000	13.60000	1700.00000	140.00000	25000.00000
2	1000.00000	10.90000	600.00000	10.00000	10000.00000
3	9400.00000	11.40000	4000.00000	100.00000	13000.0000

Minimum Distance Between Initial Seeds = 9546.104

Iteration History

Iteration	Criterion	Relative Change in Cluster Seeds 1	2	3
1	1400.9	0.2180	0.1969	0.1113
2	1184.6	0	0	0

Convergence criterion is satisfied.

Criterion Based on Final Seeds = 1184.6

Cluster Summary

Cluster	Frequency	RMS Std Deviation	Maximum Distance from Seed to Observation	Radius Exceeded	Nearest Cluster	Distance Between Cluster Centroids
1	4	1272.8	4027.1		3	11764.6
2	3	1800.0	4392.4		3	8121.9
3	5	1172.4	4253.1		2	8121.9

Statistics for Variables

Variable	Total STD	Within STD	R-Square	RSQ/(1-RSQ)
POP	3440	1730	0.793145	3.834300
SCHOOL	1.78654	1.32775	0.548090	1.212832
EMPLOY	1241	645.03804	0.779032	3.525547
SERVICE	114.92751	76.89820	0.633702	1.730020
HOUSE	6368	2437	0.880120	7.341646
OVER-ALL	3284	1368	0.858088	6.046632

Pseudo F Statistic = 27.21

Approximate Expected Over-All R-Squared = .

Cubic Clustering Criterion = .

WARNING: The two values above are invalid for correlated variables.

SAS 시스템

The FASTCLUS Procedure

Replace=FULL Radius=0 Maxclusters=3 Maxiter=10 Converge=0.02

Cluster Means

Cluster	POP	SCHOOL	EMPLOY	SERVICE	HOUSE
1	5775.00000	13.22500	2350.00000	235.00000	25000.00000
2	1866.66667	10.36667	666.66667	10.00000	11666.66667
3	9240.00000	10.66000	3320.00000	96.00000	13800.00000

Cluster Standard Deviations

Cluster	POP	SCHOOL	EMPLOY	SERVICE	HOUSE
1	2688.710967	0.492443	925.562892	120.138809	0.000000
2	1331.665624	1.379613	305.505046	0.000000	3785.938897
3	650.384502	1.683152	496.990946	49.799598	2489.979920

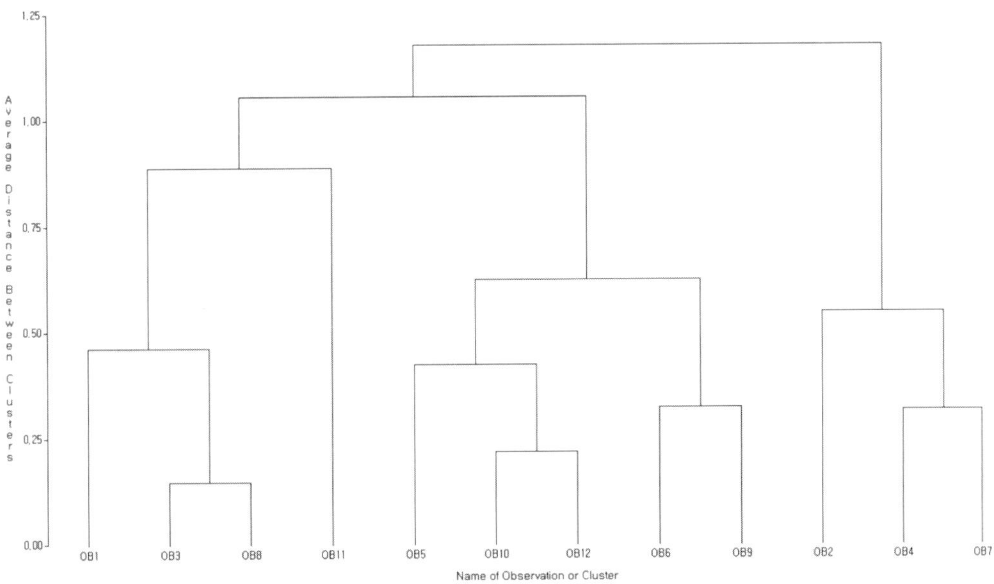

결과 해석

출력된 결과를 보면 우선 변수별로 기본통계량과 공분산 행렬의 고윳값이 나와 있다.

최장 연결법에 의한 각 단계별 군집과정[Average Linkage Cluster Analysis]을 보면 군집의 수[NCL]가 6인 경우를 보면 객체 1과 군집 11이 병합되어 크기가 3인 새로운 군집을 형성하고 있다. 여기서 RSQ는 다중 상관계수의 제곱을 말하는데 이는 군집 간의 평병합을 수정된 전체 평방합으로 나눈 값으로 군집의 분리정도에 관한 하나의 지표이다. 그리고 SPRSQ는 군집의 수가 하나 줄어듦으로써 즉 군집 간의 병합으로 인한 R2의 감모분을 나타내는데 NCL이 6인 경우에는 0.9298 - 0.9549 = -0.0251이다. 다음 ERSQ는 자료가 균일 분포를 따른다는 귀무 가설하에서 R2의 기댓값을 나타낸다.

군집과정을 dendro-gram으로 본 것이나, 최장 연결법에 의한 군집이나 같은 결과를 나타내고 있다.

이를 통해서 알 수 있는 것은 SAMPLE의 1, 3, 8, 11은 *A*그룹이고 5, 10, 12, 6, 9는 *B*그룹이며 2, 4, 7은 *C*그룹임을 알 수 있다.

예제4-23 군집분석

3개의 토양분석자료 sand, silt 및 clay의 구성 비율을 측정하고 sample 수는 12개로 하는 자료를 이용하여 군집 분석을 하여보자.

	SAND	SILT	CLAY
1	27.3	25.3	47.4
2	40.3	20.4	39.4
3	12.7	30.3	39.4
4	12.7	27.9	57.0
5	16.1	24.2	64.2
6	10.4	27.8	59.7
7	19.0	33.5	61.8
8	15.5	34.4	47.5
9	21.4	27.8	50.2
10	19.4	25.1	55.5
11	39.4	25.5	35.6
12	32.3	32.7	35.0

프로그램

```
data kim;
input id sand silt clay;
drop id;
cards;
1  27.3  25.3  47.4
2  40.3  20.4  39.4
3  12.7  30.3  39.4
4  12.7  27.9  57.0
5  16.1  24.2  64.2
6  10.4  27.8  59.7
7  19.0  33.5  61.8
8  15.5  34.4  47.5
9  21.4  27.8  50.2
10  19.4  25.1  55.5
11  39.4  25.5  35.6
12  32.3  32.7  35.0
run;

proc cluster data=kim s std method=average ccc rsq outtree=treex;
run;

proc tree data=treex list;
run;

proc fastclus data=kim maxclusters=2 maxiter=10;
run;
```

결과

SAS 시스템

The CLUSTER Procedure
Average Linkage Cluster Analysis

Variable	Mean	Standard Deviation	Skewness	Kurtosis	Bimodality
sand	22.2083	10.3222	0.8145	-0.6340	0.4893
silt	27.9083	4.1858	0.0654	-0.5311	0.2868
clay	49.3917	10.3569	-0.0679	-1.4741	0.3925

Eigenvalues of the Correlation Matrix

	Eigenvalue	Difference	Proportion	Cumulative
1	1.80343673	0.81144019	0.6011	0.6011
2	0.99199654	0.78742980	0.3307	0.9318
3	0.20456674		0.0682	1.0000

The data have been standardized to mean 0 and variance 1

Root-Mean-Square Total-Sample Standard Deviation 1

Root-Mean-Square Distance Between Observations 2.44949

Cluster History

Number of Clusters	-Clusters	Joined-	Freq	Semipartial R-Square	R-Square	Approximate Expected R-Square	Cubic Clustering Criterion	Norm RMS Distance	Tie
11	OB4	OB6	2	0.0018	.998	.	.	0.1403	
10	OB9	OB10	2	0.0108	.987	.	.	0.3453	
9	OB1	CL10	3	0.0161	.971	.	.	0.4038	
8	CL11	OB5	3	0.0257	.945	.	.	0.4661	
7	OB2	OB11	2	0.024	.921	.	.	0.5207	
6	OB3	OB8	2	0.0249	.896	.	.	0.5236	
5	CL9	CL8	6	0.0768	.819	.	.	0.6177	
4	CL6	OB7	3	0.0695	.750	.	.	0.8012	

3	CL5	CL4	9	0.1646	.585	.	.	0.8638
2	CL7	OB12	3	0.1216	.463	.548	-.87	1.0349
1	CL3	CL2	12	0.4634	.000	.000	0.00	1.2804

SAS 시스템

The TREE Procedure
Average Linkage Cluster Analysis

Name of Observation or Cluster	Height	Parent	Children
CL1	1.280413		CL3
			CL2
CL3	0.863784	CL1	CL5
			CL4
CL5	0.61772	CL3	CL9
			CL8
CL9	0.403754	CL5	OB1
			CL10
OB1	0	CL9	
CL10	0.345324	CL9	OB9
			OB10
OB9	0	CL10	
OB10	0	CL10	
CL8	0.466061	CL5	CL11
			OB5
CL11	0.140346	CL8	OB4
			OB6
OB4	0	CL11	
OB6	0	CL11	
OB5	0	CL8	
CL4	0.801163	CL3	CL6

			OB7
CL6	0.523558	CL4	OB3
			OB8
OB3	0	CL6	
OB8	0	CL6	
OB7	0	CL4	
CL2	1.034861	CL1	CL7
			OB12
CL7	0.520695	CL2	OB2
			OB11
OB2	0	CL7	
OB11	0	CL7	
OB12	0	CL2	

SAS 시스템

The FASTCLUS Procedure

Replace=FULL Radius=0 Maxclusters=2 Maxiter=10 Converge=0.02

Initial Seeds

Cluster	sand	silt	clay
1	10.40000000	27.80000000	59.70000000
2	39.40000000	25.50000000	35.60000000

Minimum Distance Between Initial Seeds = 37.77698

Iteration History

Relative Change
in Cluster Seeds

Iteration	Criterion	1	2
1	6.6205	0.2040	0.1571
2	5.1698	0	0

Convergence criterion is satisfied.

Criterion Based on Final Seeds = 5.1698

Cluster Summary

Cluster	Frequency	RMS Std Deviation	Maximum Distance from Seed to Observation	Radius Exceeded	Nearest Cluster	Distance Between Cluster Centroids
1	8	5.6630	15.4158		2	24.3607
2	4	5.6636	11.0401		1	24.3607

Statistics forVariables

Variable	Total STD	Within STD	R-Square	RSQ/(1-RSQ)
sand	10.32221	4.65776	0.814896	4.402363
silt	4.18579	4.12677	0.116364	0.131687
clay	10.35686	7.58221	0.512760	1.052377
OVER-ALL	8.78129	5.66318	0.621896	1.644776

Pseudo F Statistic = 16.45

Approximate Expected Over-All R-Squared = 0.47658

Cubic Clustering Criterion = 1.934

WARNING: The two values above are invalid for correlated variables.

SAS 시스템

The FASTCLUS Procedure

Replace=FULL Radius=0 Maxclusters=2 Maxiter=10 Converge=0.02

Cluster Means

Cluster	sand	silt	clay
1	15.90000000	28.87500000	54.41250000
2	34.82500000	25.97500000	39.35000000

Cluster Standard Deviations

Cluster	sand	silt	clay
1	3.836665219	3.651125071	8.255809643
2	6.161912582	5.065816815	5.709349058

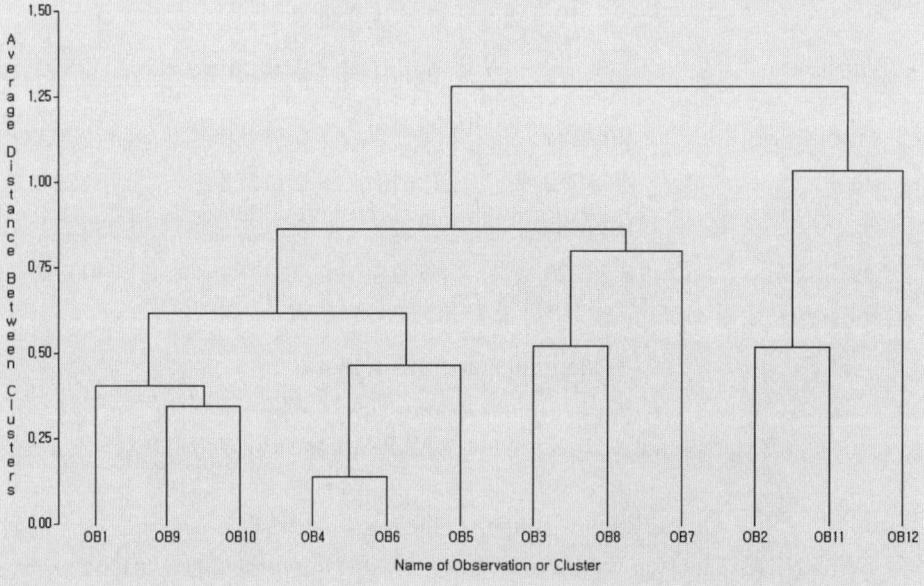

제10절 판별분석[Discriminant Analysis]

표본 군을 미리 어떤 기준에 의해 몇 개의 유형으로 나눈 다음 어느 표본으로부터 측정된 양적인 변수를 가지고 각 유형을 분류하기 위한 가장 효율적인 척도, 즉 판별함수를 도출하여 이 판별 스코어에 의해 그 표본이 어느 유형에 속하는가를 판별하는 방법이다.

그런데 판별분석에서 문제가 되는 것은 분석대상이 되는 표본 군을 사전에 미리 분류하여 놓고 분석을 실시하게 되는 것이므로 표본 군을 사전에 적절한 방법으로 분류하는 것이 중요한 일이다. 따라서 유형별로 표본을 분류하는 작업을 Cluster 분석에 의해 행하여 이를 가지고 판별분석을 행한다면, Cluster 분석의 미흡한 점을 보완할 수 있을 뿐 아니라 보다 합리적인 유형 구분을 할 수 있게 한다.

판별함수의 값은 평균이 0이고 집단 내 표준편차는 1이 된다. 따라서 판별함수의 값은 곧 그 표본의 원점으로부터 거리를 표준편차 단위로 측정한 것이라고 할 수 있다.

판별함수의 거리는 유크리트Euclid 거리, 마할라로비스Mahallanobis 거리 등이 있는데, MAH(Mahallanobis)의 거리는 집단내의 거리의 분산이 최소가 되고, 집단 간의 거리의 분산이 최대가 되도록 계산된 거리이다.

예) 인도에 Brahmin, Astisan, Korwa라고 불리는 세 계층이 있는데, 각 계층을 신체적 조건으로부터 판별할 수 있는 방법을 구하기 위하여 다음의 4가지 독립변수를 선정하였다.

즉 키($x1$), 앉은키($x2$), 코의 깊이($x3$), 코의 높이($x4$)에 대한 자료를 각 계층에 속하는 사람을 여섯 명씩 무작위로 추출하여 얻어서 이를 3개 유형으로 표본을 분류하여 놓ㄱ 각 유형별로 판별한수를 도출하고, 어떤 미지의 자료를 기지고 그 지료가 어느 유형에 속하는가를 판별하여 보면 다음과 같다.

프로그램

```
data kim;
input k1 x1 x2 x3 x4;
cards;
1 167 87 27.1 46.2
1 150 86 24.6 50.5
1 178 88 24.6 52.7
1 162 87 26.5 53.3
1 164 86 27.0 53.4
1 166 83 28.3 53.1
2 163 82 25.8 52.6
2 161 81 26.7 43.9
2 173 84 22.9 47.2
2 159 82 22.0 47.8
2 153 81 22.6 45.1
2 167 77 24.3 50.1
3 161 81 23.2 42.0
3 165 78 23.3 45.6
3 159 82 20.3 48.3
3 158 81 20.2 48.6
3 160 83 22.9 48.7
3 149 82 18.1 45.9
run;

proc discrim simple wcov wcorr pcov pcorr anova
manova listerr
pool=test outstat=irisstat mah;
class k1;
run;

proc print data=irisstat;
title2 'OUTPUT DISCRIMINANT STATISTICS';
run;
```

결과

SAS 시스템

The DISCRIM Procedure

Total Sample Size	18	DF Total	17
Variables	4	DF Within Classes	15
Classes	3	DF Between Classes	2

Number of Observations Read	18
Number of Observations Used	18

Class Level Information

k1	Variable Name	Frequency	Weight	Proportion	Prior Probability
1	_1	6	6.0000	0.333333	0.333333
2	_2	6	6.0000	0.333333	0.333333
3	_3	6	6.0000	0.333333	0.333333

SAS 시스템

The DISCRIM Procedure
Within-Class Covariance Matrices

k1 = 1,   DF = 5

Variable	x1	x2	x3	x4
x1	81.50000000	4.50000000	1.17000000	2.88000000
x2	4.50000000	2.96666667	-1.69000000	-1.18666667
x3	1.17000000	-1.69000000	2.18700000	0.06000000
x4	2.88000000	-1.18666667	0.06000000	7.98666667

k1 = 2,   DF = 5

Variable	x1	x2	x3	x4
x1	47.06666667	2.06666667	1.38000000	7.59333333
x2	2.06666667	5.36666667	-0.95000000	-1.23666667
x3	1.38000000	-0.95000000	3.55500000	0.64900000
x4	7.59333333	-1.23666667	0.64900000	10.23766667

k1 = 3,   DF = 5

Variable	x1	x2	x3	x4
x1	28.26666667	-5.13333333	10.11333333	-1.65333333
x2	-5.13333333	2.96666667	-1.40666667	1.65666667
x3	10.11333333	-1.40666667	4.52266667	-1.80466667
x4	-1.65333333	1.65666667	-1.80466667	6.78166667

SAS 시스템

The DISCRIM Procedure

Pooled Within-Class Covariance Matrix,   DF = 15

Variable	x1	x2	x3	x4
x1	52.27777778	0.47777778	4.22111111	2.94000000
x2	0.47777778	3.76666667	-1.34888889	-0.25555556
x3	4.22111111	-1.34888889	3.4215555	-0.36522222
x4	2.94000000	-0.25555556	-0.36522222	8.33533333

SAS 시스템

The DISCRIM Procedure

Within-Class Correlation Coefficients / Pr > |r|

k1 = 1

Variable	x1	x2	x3	x4
x1	1.00000	0.28940	0.08764	0.11288
		0.5780	0.8689	0.8314
x2	0.28940	1.00000	-0.66348	-0.24379
	0.5780		0.1508	0.6416
x3	0.08764	-0.66348	1.00000	0.01436
	0.8689	0.1508		0.9785
x4	0.11288	-0.24379	0.01436	1.00000
	0.8314	0.6416	0.9785	

k1 = 2

Variable	x1	x2	x3	x4
x1	1.00000	0.13004	0.10668	0.34592
		0.8060	0.8406	0.5018
x2	0.13004	1.00000	-0.21750	-0.16684
	0.8060		0.6789	0.7521
x3	0.1066	-0.21750	1.00000	0.10758
	0.8406	0.6789		0.8393
x4	0.34592	-0.16684	0.10758	1.00000
	0.5018	0.7521	0.8393	

k1 = 3

Variable	x1	x2	x3	x4
x1	1.00000	-0.56057	0.89446	-0.11941
	0.2472	0.0161	0.8217	
x2	-0.56057	1.00000	-0.38403	0.36935
	0.2472		0.4523	0.4712
x3	0.89446	-0.38403	1.00000	-0.32586
	0.0161	0.4523		0.5285
x4	-0.11941	0.36935	-0.32586	1.00000
	0.8217	0.4712	0.5285	

SAS 시스템

The DISCRIM Procedure

Pooled Within-Class Correlation Coefficients / Pr > |r|

Variable	x1	x2	x3	x4
x1	1.00000	0.03405	0.31561	0.14084
		0.9004	0.2337	0.6029
x2	0.03405	1.00000	-0.37574	-0.04561
	0.9004		0.1515	0.8668
x3	0.3156	-0.37574	1.00000	-0.06839
	0.2337	0.1515		0.8013
x4	0.14084	-0.04561	-0.06839	1.00000
	0.6029	0.8668	0.8013	

SAS 시스템

The DISCRIM Procedure

Simple Statistics

Total-Sample

Variable	N	Sum	Mean	Variance	Standard Deviation
x1	18	2915	161.94444	52.40850	7.2394
x2	18	1491	82.83333	9.20588	3.0341
x3	18	430.40000	23.91111	7.47046	2.7332
x4	18	875.00000	48.61111	12.15869	3.4869

---

k1 = 1

Variable	N	Sum	Mean	Variance	Standard Deviation
x1	6	987.00000	164.50000	81.50000	9.0277
x2	6	517.00000	86.16667	2.96667	1.7224
x3	6	158.10000	26.35000	2.18700	1.4789
x4	6	309.20000	51.53333	7.98667	2.8261

---

k1 = 2

Variable	N	Sum	Mean	Variance	Standard Deviation
x1	6	976.00000	162.66667	47.06667	6.8605
x2	6	487.00000	81.16667	5.36667	2.3166
x3	6	144.30000	24.05000	3.55500	1.8855
x4	6	286.70000	47.78333	10.23767	3.1996

---

k1 = 3

Variable	N	Sum	Mean	Variance	Standard Deviation
x1	6	952.00000	158.66667	28.26667	5.3166
x2	6	487.00000	81.16667	2.96667	1.7224
x3	6	128.00000	21.33333	4.52267	2.1267
x4	6	279.10000	46.51667	6.78167	2.6042

Within Covariance Matrix Information

k1	Covariance Matrix Rank	Natural Log of the Determinant of the Covariance Matrix
1	4	7.31273
2	4	8.85981
3	4	4.94909
Pooled	4	8.29886

SAS 시스템

The DISCRIM Procedure

Test of Homogeneity of Within Covariance Matrices

Notation: K = Number of Groups

P = Number of Variables

N = Total Number of Observations - Number of Groups

N(i) = Number of Observations in the i'th Group - 1

```
                                   N(i)/2
                   __
                   ||  |Within SS Matrix(i)|
      V   =   -----------------------------------
                                   N/2
                     |Pooled SS Matrix|


                 _                 _
                |                   |   2P^2 + 3P - 1
RHO  = 1.0 -    |  SUM   1   -  1   |  ---------------
                |       ----    -   |   6(P+1)(K-1)
                |_      N(i)    N  _|


DF   = .5(K-1)P(P+1)
                                      _                    _
                                     |    PN/2              |
                                     |  N            V      |
Under null bypothosis: -2 RHO ln     | -------------------- |
                                     |   __        PN(i)/2  |
                                     |_  ||   N(i)         _|
```

is distributed approximately as Chi-Square(DF).

Chi-Square	DF	Pr > ChiSq
11.660415	20	0.9273

Since the Chi-Square value is not significant at the 0.1 level, a pooled covariance matrix will be used in the discriminant function.
Reference: Morrison, D.F. (1976) Multivariate Statistical Methods p252.

SAS 시스템

The DISCRIM Procedure

Pairwise Squared Distances Between Groups

$$D^2(i|j) = (\bar{X}_i - \bar{X}_j)' \, COV^{-1} \, (\bar{X}_i - \bar{X}_j)$$

Squared Distance to k1

From k1	1	2	3
1	0	16.15439	28.78315
2	16.15439	0	2.87233
3	28.78315	2.87233	0

F Statistics, NDF=4, DDF=12 for Squared Distance to k1

From k1	1	2	3
1	0	9.69263	17.26989
2	9.69263	0	1.72340
3	17.26989	1.72340	0

Prob > Mahalanobis Distance for Squared Distance to k1

From k1	1	2	3
1	1.0000	0.0010	<.0001
2	0.0010	1.0000	0.2094
3	<.0001	0.2094	1.0000

Pairwise Generalized Squared Distances Between Groups

$$D^2(i|j) = (\bar{X}_i - \bar{X}_j)' \, COV^{-1} \, (\bar{X}_i - \bar{X}_j)$$

Generalized Squared Distance to k1

From k1	1	2	3
1	0	16.15439	28.78315
2	16.15439	0	2.87233
3	28.78315	2.87233	0

SAS 시스템

The DISCRIM Procedure

Univariate Test Statistics

F Statistics,   Num DF=2,   Den DF=15

Variable	Total Standard Deviation	Pooled Standard Deviation	Between Standard Deviation	R-Square	R-Square / (1-RSq)	F Value	Pr > F
x1	7.2394	7.2303	2.9830	0.1198	0.1362	1.02	0.3839
x2	3.0341	1.9408	2.8868	0.6390	1.7699	13.27	0.0005
x3	2.7332	1.8497	2.5112	0.5959	1.4745	11.06	0.0011
x4	3.4869	2.8871	2.6088	0.3951	0.6532	4.90	0.0230

Average R-Square

Unweighted	0.4374512
Weighted by Variance	0.2636373

Multivariate Statistics and F Approximations

S=2   M=0.5   N=5

Statistic	Value	F Value	Num DF	Den DF	Pr > F
Wilks' Lambda	0.11654766	5.79	8	24	0.0004

Pillai's Trace	1.02395431	3.41	8	26	0.0082
Hotelling-Lawley Trace	6.37464875	9.19	8	15	0.0001
Roy's Greatest Root	6.17956507	20.08	4	13	<.0001

NOTE: F Statistic for Roy's Greatest Root is an upper bound.
NOTE: F Statistic for Wilks' Lambda is exact.

Linear Discriminant Function

Constant = $-.5\ \bar{X}_j'\ COV^{-1}\ \bar{X}_j$ Coefficient Vector = $COV^{-1}\ \bar{X}_j$

Linear Discriminant Function for k1

Variable	1	2	3
Constant	-1826	-1608	-1549
x1	0.87868	1.03787	1.05624
x2	30.21051	28.19969	27.83014
x3	19.34332	17.61331	16.62823
x4	7.64638	7.00288	6.78995

SAS 시스템

The DISCRIM Procedure
Classification Results for Calibration Data: WORK.KIM
Resubstitution Results using Linear Discriminant Function

Generalized Squared Distance Function

$$D_j^2(X) = (X-\bar{X}_j)'\ COV\ (X-\bar{X}_j)$$

Posterior Probability of Membership in Each k1

$$Pr(j|X) = exp(-.5\ D_j^2\ (X))\ /\ \underset{k}{SUM}\ exp(-.5\ D_k^2\ (X))$$

Posterior Probability of Membership in k1

Obs	From k1	Classified into k1	1	2	3
10	2	3 *	0.0000	0.4491	0.5509
11	2	3 *	0.0000	0.3899	0.6100
17	3	2 *	0.0036	0.7702	0.2262

* Misclassified observation

SAS 시스템

The DISCRIM Procedure

Classification Summary for Calibration Data: WORK.KIM

Resubstitution Summary using Linear Discriminant Function

Generalized Squared Distance Function

$$D_j^2\ (X) = (X-\bar{X}_j)'\ COV^{-1}\ (X-\bar{X}_j)$$

Posterior Probability of Membership in Each k1

$$Pr(j|X) = exp(-.5\ D_j^2\ (X))\ /\ \underset{k}{SUM}\ exp(-.5\ D_k^2\ (X))$$

Number of Observations and Percent Classified into k1

From k1	1	2	3	Total
1	6	0	0	6
	100.00	0.00	0.00	100.00
2	0	4	2	6
	0.00	66.67	33.33	100.00
3	0	1	5	6
	0.00	16.67	83.33	100.00
Total	6	5	7	18
	33.33	27.78	38.89	100.00
Priors	0.33333	0.33333	0.33333	

Error Count Estimates for k1

	1	2	3	Total
Rate	0.0000	0.3333	0.1667	0.1667
Priors	0.3333	0.3333	0.3333	

SAS 시스템

OUTPUT DISCRIMINANT STATISTICS

OBS	k1	_TYPE_	_NAME_	x1	x2	x3	x4
1	.	N		18.000	18.000	18.000	18.000
2	1	N		6.000	6.000	6.000	6.000
3	2	N		6.000	6.000	6.000	6.000
4	3	N		6.000	6.000	6.000	6.000
5	.	MEAN		161.944	82.833	23.911	48.611

6	1	MEAN		164.500	86.167	26.350	51.533
7	2	MEAN		162.667	81.167	24.050	47.783
8	3	MEAN		158.667	81.167	21.333	46.517
9	1	PRIOR		0.333	0.333	0.333	0.333
10	2	PRIOR		0.333	0.333	0.333	0.333
11	3	PRIOR		0.333	0.333	0.333	0.333
12	1	CSSCP	x1	407.500	22.500	5.850	14.400
13	1	CSSCP	x2	22.500	14.833	-8.450	-5.933
14	1	CSSCP	x3	5.850	-8.450	10.935	0.300
15	1	CSSCP	x4	14.400	-5.933	0.300	39.933
16	2	CSSCP	x1	235.333	10.333	6.900	37.967
17	2	CSSCP	x2	10.333	26.833	-4.750	-6.183
18	2	CSSCP	x3	6.900	-4.750	17.775	3.245
19	2	CSSCP	x4	37.967	-6.183	3.245	51.188
20	3	CSSCP	x1	141.333	-25.667	50.567	-8.267
21	3	CSSCP	x2	-25.667	14.833	-7.033	8.283
22	3	CSSCP	x3	50.567	-7.033	22.613	-9.023
23	3	CSSCP	x4	-8.267	8.283	-9.023	33.908
24	.	PSSCP	x1	784.167	7.167	63.317	44.100
25	.	PSSCP	x2	7.167	56.500	-20.233	-3.833
26	.	PSSCP	x3	63.317	-20.233	51.323	-5.478
27	.	PSSCP	x4	44.100	-3.833	-5.478	125.030
28	.	BSSCP	x1	106.778	76.667	88.694	82.411
29	.	BSSCP	x2	76.667	100.000	73.167	87.667
30	.	BSSCP	x3	88.694	73.167	75.674	74.466
31	.	BSSCP	x4	82.411	87.667	74.466	81.668
32	.	CSSCP	x1	890.944	83.833	152.011	126.511
33	.	CSSCP	x2	83.833	156.500	52.933	83.833
34	.	CSSCP	x3	152.011	52.933	126.998	68.988
35	.	CSSCP	x4	126.511	83.833	68.988	206.698
36	.	RSQUARED		0.120	0.639	0.596	0.395
37	1	COV	x1	81.500	4.500	1.170	2.880
38	1	COV	x2	4.500	2.967	-1.690	-1.187

39	1	COV	x3	1.170	-1.690	2.187	0.060
40	1	COV	x4	2.880	-1.187	0.060	7.987
41	2	COV	x1	47.067	2.067	1.380	7.593
42	2	COV	x2	2.067	5.367	-0.950	-1.237
43	2	COV	x3	1.380	-0.950	3.555	0.649
44	2	COV	x4	7.593	-1.237	0.649	10.238
45	3	COV	x1	28.267	-5.133	10.113	-1.653
46	3	COV	x2	-5.133	2.967	-1.407	1.657
47	3	COV	x3	10.113	-1.407	4.523	-1.805
48	3	COV	x4	-1.653	1.657	-1.805	6.782
49	.	PCOV	x1	52.278	0.478	4.221	2.940
50	.	PCOV	x2	0.478	3.767	-1.349	-0.256
51	.	PCOV	x3	4.221	-1.349	3.422	-0.365
52	.	PCOV	x4	2.940	-0.256	-0.365	8.335
53	.	BCOV	x1	8.898	6.389	7.39	6.868
54	.	BCOV	x2	6.389	8.333	6.097	7.306
55	.	BCOV	x3	7.391	6.097	6.306	6.206
56	.	BCOV	x4	6.868	7.306	6.206	6.806
57	.	COV	x1	52.408	4.931	8.942	7.442
58	.	COV	x2	4.931	9.206	3.114	4.931
59	.	COV	x3	8.942	3.114	7.470	4.058
60	.	COV	x4	7.442	4.931	4.058	12.159
61	1	STD		9.028	1.722	1.479	2.826
62	2	STD		6.861	2.317	1.885	3.200
63	3	STD		5.317	1.722	2.127	2.604

SAS 시스템

OUTPUT DISCRIMINANT STATISTICS

OBS	k1	_TYPE_	_NAME_	x1	x2	x3	x4
64	.	PSTD		7.23	1.94	1.85	2.89

65	.	BSTD		2.98	2.89	2.51	2.61
66	.	STD		7.24	3.03	2.73	3.49
67	1	CORR	x1	1.00	0.29	0.09	0.11
68	1	CORR	x2	0.29	1.00	-0.66	-0.24
69	1	CORR	x3	0.09	-0.66	1.00	0.01
70	1	CORR	x4	0.11	-0.24	0.01	1.00
71	2	CORR	x1	1.00	0.13	0.11	0.35
72	2	CORR	x2	0.13	1.0	-0.22	-0.17
73	2	CORR	x3	0.11	-0.22	1.00	0.11
74	2	CORR	x4	0.35	-0.17	-0.17	1.00
75	3	CORR	x1	1.00	-0.56	0.89	-0.12
76	3	CORR	x2	-0.56	1.00	-0.38	0.37
77	3	CORR	x3	0.89	-0.38	1.00	-0.33
78	3	CORR	x4	-0.12	0.37	-0.33	1.00
79	.	PCORR	x1	1.00	0.03	0.32	0.14
80	.	PCORR	x2	0.03	1.00	-0.38	-0.05
81	.	PCORR	x3	0.32	-0.38	1.00	-0.07
82	.	PCORR	x4	0.14	-0.05	-0.07	1.00
83	.	BCORR	x1	1.00	0.74	0.99	0.88
84	.	BCORR	x2	0.74	1.00	0.84	0.97
85	.	BCORR	x3	0.99	0.84	1.00	0.95
86	.	BCORR	x4	0.88	0.97	0.95	1.00
87	.	CORR	x1	1.00	0.22	0.45	0.29
88	.	CORR	x2	0.22	1.00	0.38	0.47
89	.	CORR	x3	0.45	0.38	1.00	0.43
90	.	CORR	x4	0.29	0.47	0.43	1.00
91	1	STDMEAN		0.35	1.10	0.89	0.84
92	2	STDMEAN		0.10	-0.55	0.05	-0.24
93	3	STDMEAN		-0.45	-0.55	-0.94	-0.60
94	1	PSTDMEAN		0.35	1.72	1.32	1.01
95	2	PSTDMEAN		0.10	-0.86	0.08	-0.29
96	3	PSTDMEAN		-0.45	-0.86	-1.39	-0.73

97	.	LNDETERM		8.30	8.30	8.30	8.30
98	1	LNDETERM		7.31	7.31	7.31	7.31
99	2	LNDETERM		8.86	8.86	8.86	8.86
100	3	LNDETERM		4.95	4.95	4.95	4.95
101	1	LINEAR	_LINEAR_	0.88	30.21	19.34	7.65
102	1	LINEAR	_LINEAR_	-1825.71	-1825.71	-1825.71	-1825.71
103	2	LINEAR	_LINEAR_	1.04	28.20	17.61	7.00
104	2	LINEAR	_LINEAR_	-1607.96	-1607.96	-1607.96	-1607.96
105	3	LINEAR	_LINEAR_	1.06	27.83	16.63	6.79
106	3	LINEAR	_LINEAR_	-1548.53	-1548.53	-1548.53	-1548.53

결과 해석

결과의 앞부분의 경우는 일반적으로 자료에 대한 기초적인 통계를 나타낸 것이다. Univariate Test Statistics는 각 변수가 단독으로 판별에 이용될 때의 기여도를 검토한 것이다. 여기서 $x2$의 유의 수준이 0.0005로서 가장 기여도가 높다는 것을 보여주고 있다.

OUTPUT DISCRIMINANT STATISTICS에 의해 3유형의 각각에 대한 분류 함수식은 다음과 같다.

D1 = -1826 + 0.87868X1 + 30.21X2 + 19.34X3 + 7.65X4

D2 = -1608 + 1.03787X1 + 28.20X2 + 17.61X3 + 7.00X4

D3 = -1549 + 1.05624X1 + 27.83X2 + 16.63X3 + 6.79X4

여기에 어떤 사람의 각 변수에 대한 측정치가 $(x1, x2, x3, x4)$ = (165.38, 86.20, 24.48, 52.10)이라면 이 사람은 어느 집단에 분류되어야 하는가? 우선 *D*1, *D*2, *D*3에 각각의 값을 대입하면 다음과 같은 값을 구할 수 있다.

D1 = -1826 + 0.87868(165.38) + 30.21(86.20) + 19.34(24.48) + 7.65(52.10)

D2 = -1608 + 1.03787(165.38) + 28.20(86.20) + 17.61(24.48) + 7.00(52.10)

D3 = -1549 + 1.05624(165.38) + 27.83(86.20) + 16.63(24.48) + 6.79(52.10)

D1 = 1795.1, D2 = 1790.3, D3 = 1777.9인데 가장 큰 집단에 속하게 되므로 이 사람에 경우는 *D*1, 즉 Brahmin 집단에 속한다고 볼 수 있다.

예제4-24 판별분석

프로그램

```
title1; options nodate;
DATA IRIS;
  TITLE 'FISHER (1936) IRIS DATA';
  INPUT SEPALLEN SEPALWID PETALLEN PETALWID SPEC_NO @@;
  IF SPEC_NO=1 THEN SPECIES='SETOSA    ';
  IF SPEC_NO=2 THEN SPECIES='VERSICOLOR';
  IF SPEC_NO=3 THEN SPECIES='VIRGINICA ';
  DROP SPEC_NO;
  LABEL  SEPALLEN='SEPAL LENGTH IN MM.'
       SEPALWID='SEPAL WIDTH  IN MM.'
       PETALLEN='PETAL LENGTH IN MM.'
       PETALWID='PETAL WIDTH  IN MM.';
  CARDS;
50 33 14 02 1 64 28 56 22 3 65 28 46 15 2
67 31 56 24 3 63 28 51 15 3 46 34 14 03 1
69 31 51 23 3 62 22 45 15 2 59 32 48 18 2
46 36 10 02 1 61 30 46 14 2 60 27 51 16 2
65 30 52 20 3 56 25 39 11 2 65 30 55 18 3
58 27 51 19 3 68 32 59 23 3 51 33 17 05 1
57 28 45 13 2 62 34 54 23 3 77 38 67 22 3
63 33 47 16 2 67 33 57 25 3 76 30 66 21 3
```

```
49 25 45 17 3 55 35 13 02 1 67 30 52 23 3
70 32 47 14 2 64 32 45 15 2 61 28 40 13 2
48 31 16 02 1 59 30 51 18 3 55 24 38 11 2
63 25 50 19 3 64 32 53 23 3 52 34 14 02 1
49 36 14 01 1 54 30 45 15 2 79 38 64 20 3
44 32 13 02 1 67 33 57 21 3 50 35 16 06 1
58 26 40 12 2 44 30 13 02 1 77 28 67 20 3
63 27 49 18 3 47 32 16 02 1 55 26 44 12 2
50 23 33 10 2 72 32 60 18 3 48 30 14 03 1
51 38 16 02 1 61 30 49 18 3 48 34 19 02 1
50 30 16 02 1 50 32 12 02 1 61 26 56 14 3
64 28 56 21 3 43 30 11 01 1 58 40 12 02 1
51 38 19 04 1 67 31 44 14 2 62 28 48 18 3
49 30 14 02 1 51 35 14 02 1 56 30 45 15 2
58 27 41 10 2 50 34 16 04 1 46 32 14 02 1
60 29 45 15 2 57 26 35 10 2 57 44 15 04 1
50 36 14 02 1 77 30 61 23 3 63 34 56 24 3
;
PROC DISCRIM SIMPLE WCOV WCORR PCOV PCORR ANOVA MANOVA LISTERR
  POOL=TEST OUTSTAT=IRISSTAT MAH;
  CLASS SPECIES;
  run;
PROC PRINT DATA=IRISSTAT;
  TITLE2 'OUTPUT DISCRIMINANT STATISTICS';
  run;
```

결과

```
                    FISHER (1936) IRIS DATA

                    The DISCRIM Procedure
```

Total Sample Size	75	DF Total	74
Variables	4	DF Within Classes	72
Classes	3	DF Between Classes	2

Number of Observations Read	75
Number of Observations Used	75

Class Level Information

SPECIES	Variable Name	Frequency	Weight	Proportion	Prior Probability
SETOSA	SETOSA	26	26.0000	0.346667	0.333333
VERSICOLOR	VERSICOLOR	21	21.0000	0.280000	0.333333
VIRGINICA	VIRGINICA	28	28.0000	0.373333	0.333333

FISHER (1936) IRIS DATA

The DISCRIM Procedure

Within-Class Covariance Matrices

SPECIES = SETOSA, DF = 25

Variable	Label	SEPALLEN	SEPALWID	PETALLEN	PETALWID
SEPALLEN	SEPAL LENGTH IN MM.	13.12615385	8.68000000	1.29538462	1.16000000
SEPALWID	SEPAL WIDTH IN MM.	8.68000000	11.60000000	0.80000000	1.08000000
PETALLEN	PETAL LENGTH IN MM.	1.29538462	0.80000000	4.57846154	1.20000000
PETALWID	PETAL WIDTH IN MM.	1.16000000	1.08000000	1.20000000	1.38000000

SPECIES = VERSICOLOR, DF = 20

Variable	Label	SEPALLEN	SEPALWID	PETALLEN	PETALWID
SEPALLEN	SEPAL LENGTH IN MM.	22.15714286	8.12857143	11.42142857	5.01428571
SEPALWID	SEPAL WIDTH IN MM.	8.12857143	9.74761905	8.33571429	4.42380952
PETALLEN	PETAL LENGTH IN MM.	11.42142857	8.33571429	19.51428571	8.59285714
PETALWID	PETAL WIDTH IN MM.	5.01428571	4.42380952	8.59285714	5.06190476

SPECIES = VIRGINICA, DF = 27

Variable	Label	SEPALLEN	SEPALWID	PETALLEN	PETALWID
SEPALLEN	SEPAL LENGTH IN MM.	45.14682540	12.54497354	33.95105820	7.09788360
SEPALWID	SEPAL WIDTH IN MM.	12.54497354	10.87830688	10.49735450	5.00529101
PETALLEN	PETAL LENGTH IN MM.	33.95105820	10.49735450	33.70767196	5.32539683
PETALWID	PETAL WIDTH IN MM.	7.09788360	5.00529101	5.32539683	7.94179894

FISHER (1936) IRIS DATA

The DISCRIM Procedure

Pooled Within-Class Covariance Matrix, DF = 72

Variable	Label	SEPALLEN	SEPALWID	PETALLEN	PETALWID
SEPALLEN	SEPAL LENGTH IN MM.	27.64251374	9.97619048	3.48082011	4.45734127
SEPALWID	SEPAL WIDTH IN MM.	9.97619048	10.81481481	6.52976190	3.48082011
PETALLEN	PETAL LENGTH IN MM.	16.35405220	6.52976190	19.65075549	4.80059524
PETALWID	PETAL WIDTH IN MM.	4.45734127	3.48082011	4.80059524	4.86342593

FISHER (1936) IRIS DATA

The DISCRIM Procedure

Within-Class Correlation Coefficients / Pr > |r|

SPECIES = SETOSA

Variable	SEPALLEN	SEPALWID	PETALLEN	PETALWID
SEPALLEN	1.00000	0.70343	0.16710	0.27255
SEPAL LENGTH IN MM.		<.0001	0.4146	0.1780
SEPALWID	0.70343	1.00000	0.10977	0.26993
SEPAL WIDTH IN MM.	<.0001		0.5935	0.1823
PETALLEN	0.16710	0.10977	1.00000	0.47740
PETAL LENGTH IN MM.	0.4146	0.5935		0.0137
PETALWID	0.27255	0.26993	0.47740	1.00000
PETAL WIDTH IN MM.	0.1780	0.1823	0.0137	

SPECIES = VERSICOLOR

Variable	SEPALLEN	SEPALWID	PETALLEN	PETALWID
SEPALLEN	1.00000	0.55311	0.54927	0.47347
SEPAL LENGTH IN MM.		0.0093	0.0099	0.0302
SEPALWID	0.55311	1.00000	0.60439	0.62978
SEPAL WIDTH IN MM.	0.0093		0.0037	0.0022
PETALLEN	0.54927	0.60439	1.00000	0.86458
PETAL LENGTH IN MM.	0.0099	0.0037		<.0001
PETALWID	0.47347	0.62978	0.86458	1.00000
PETAL WIDTH IN MM.	0.0302	0.0022	<.0001	

SPECIES = VIRGINICA

Variable	SEPALLEN	SEPALWID	PETALLEN	PETALWID
SEPALLEN	1.00000	0.56608	0.87031	0.37485
SEPAL LENGTH IN MM.		0.0017	<.0001	0.0494
SEPALWID	0.56608	1.00000	0.54819	0.53850
SEPAL WIDTH IN MM.	0.0017		0.0025	0.0031

PETALLEN	0.87031	0.54819	1.00000	0.32548
PETAL LENGTH IN MM.	<.0001	0.0025		0.0910
PETALWID	0.37485	0.53850	0.32548	1.00000
PETAL WIDTH IN MM.	0.0494	0.0031	0.0910	

FISHER (1936) IRIS DATA

The DISCRIM Procedure

Pooled Within-Class Correlation Coefficients / Pr > |r|

Variable	SEPALLEN	SEPALWID	PETALLEN	PETALWID
SEPALLEN	1.00000	0.57699	0.70169	0.38443
SEPAL LENGTH IN MM.		<.0001	<.0001	0.0008
SEPALWID	0.57699	1.00000	0.44792	0.47996
SEPAL WIDTH IN MM.	<.0001		<.0001	<.0001
PETALLEN	0.70169	0.44792	1.00000	0.49106
PETAL LENGTH IN MM.	<.0001	<.0001		<.0001
PETALWID	0.38443	0.47996	0.49106	1.00000
PETAL WIDTH IN MM.	0.0008	<.0001	<.0001	

FISHER (1936) IRIS DATA

The DISCRIM Procedure
Simple Statistics

Total-Sample

Variable	Label	N	Sum	Mean	Variance	Standard Deviation
SEPALLEN	SEPAL LENGTH IN MM.	75	4381	58.41333	77.81333	8.8212

SEPALWID	SEPAL WIDTH IN MM.	75	2321	30.94667	16.34847	4.0433
PETALLEN	PETAL LENGTH IN MM.	75	2834	37.78667	335.19712	18.3084
PETALWID	PETAL WIDTH IN MM.	75	919.00000	12.25333	63.46198	7.9663

SPECIES = SETOSA

Variable	Label	N	Sum	Mean	Variance	Standard Deviation
SEPALLEN	SEPAL LENGTH IN MM.	26	1284	49.38462	13.12615	3.6230
SEPALWID	SEPAL WIDTH IN MM.	26	884.00000	34.00000	11.60000	3.4059
PETALLEN	PETAL LENGTH IN MM.	26	376.00000	14.46154	4.57846	2.1397
PETALWID	PETAL WIDTH IN MM.	26	65.00000	2.50000	1.38000	1.1747

SPECIES = VERSICOLOR

Variable	Label	N	Sum	Mean	Variance	Standard Deviation
SEPALLEN	SEPAL LENGTH IN MM.	21	1248	59.42857	22.15714	4.7071
SEPALWID	SEPAL WIDTH IN MM.	21	589.00000	28.04762	9.74762	3.1221
PETALLEN	PETAL LENGTH IN MM.	21	909.00000	43.28571	19.51429	4.4175
PETALWID	PETAL WIDTH IN MM.	21	284.00000	13.52381	5.06190	2.2499

SPECIES = VIRGINICA

Variable	Label	N	Sum	Mean	Variance	Standard Deviation
SEPALLEN	SEPAL LENGTH IN MM.	28	1849	66.03571	45.14683	6.7191
SEPALWID	SEPAL WIDTH IN MM.	28	848.00000	30.28571	10.87831	3.2982
PETALLEN	PETAL LENGTH IN MM.	28	1549	55.32143	33.70767	5.8058
PETALWID	PETAL WIDTH IN MM.	28	570.00000	20.35714	7.94180	2.8181

Within Covariance Matrix Information

SPECIES	Covariance Matrix Rank	Natural Log of the Determinant of the Covariance Matrix
SETOSA	4	5.83019
VERSICOLOR	4	7.57632
VIRGINICA	4	9.60765
Pooled	4	8.77037

FISHER (1936) IRIS DATA

The DISCRIM Procedure
Test of Homogeneity of Within Covariance Matrices

Notation: K = Number of Groups

P = Number of Variables

N = Total Number of Observations - Number of Groups

N(i) = Number of Observations in the i'th Group - 1

$$V = \frac{\prod |\text{Within SS Matrix(i)}|^{N(i)/2}}{|\text{Pooled SS Matrix}|^{N/2}}$$

$$RHO = 1.0 - \left[SUM \frac{1}{N(i)} - \frac{1}{N} \right] \frac{2P^2 + 3P - 1}{6(P+1)(K-1)}$$

$$DF = .5(K-1)P(P+1)$$

$$\text{Under null bypothesis: } -2\ RHO\ \ln \left[\frac{N^{PN/2}\ V}{\prod N(i)^{PN(i)/2}} \right]$$

is distributed approximately as Chi-Square(DF).

Chi-Square	DF	Pr > ChiSq
68.715052	20	<.0001

Since the Chi-Square value is significant at the 0.1 level, the within covariance matrices will be used in the discriminant function.
Reference: Morrison, D.F. (1976) Multivariate Statistical Methods p252.

FIS HER (1936) IRIS DATA

The DISCRIM Procedure

Pairwise Squared Distances Between Groups

$$D^2(i|j) = (\bar{X}_i - \bar{X}_j)' \, COV_j^{-1} \, (\bar{X}_i - \bar{X}_j)$$

Squared Distance to SPECIES

From SPECIES	SETOSA	VERSICOLOR	VIRGINICA
SETOSA	0	97.39970	198.56068
VERSICOLOR	223.64664	0	13.63776
VIRGINICA	459.51200	12.00918	0

Pairwise Generalized Squared Distances Between Groups

$$D^2(i|j) = (\bar{X}_i - \bar{X}_j)' \, COV_j^{-1} (\bar{X}_i - \bar{X}_j) + \ln |COV_j|$$

Generalized Squared Distance to SPECIES

From SPECIES	SETOSA	VERSICOLOR	VIRGINICA
SETOSA	5.83019	104.97602	208.16833
VERSICOLOR	229.47683	7.57632	23.24541
VIRGINICA	465.34219	19.58549	9.60765

FISHER (1936) IRIS DATA

The DISCRIM Procedure

Univariate Test Statistics

F Statistics, Num DF=2, Den DF=72

Variable	Label	Total Standard Deviation	Pooled Standard Deviation	Between Standard Deviation	R-Square	R-Square /(1-RSq)	F Value	Pr > F
SEPALLEN	SEPAL LENGTH IN MM.	8.8212	5.2576	8.6809	0.6544	1.8932	68.15	<.0001
SEPALWID	SEPAL WIDTH IN MM.	4.0433	3.2886	2.9364	0.3564	0.5537	19.93	<.0001
PETALLEN	PETAL LENGTH IN MM.	18.3084	4.4329	21.6286	0.9430	16.5315	595.14	<.0001
PETALWID	PETAL WIDTH IN MM.	7.9663	2.2053	9.3231	0.9254	12.4113	446.81	<.0001

Average R-Square

Unweighted	0.719779
Weighted by Variance	0.8756758

Multivariate Statistics and F Approximations

S=2 M=0.5 N=33.5

Statistic	Value	F Value	Num DF	Den DF	Pr > F
Wilks' Lambda	0.02337194	95.58	8	138	<.0001
Pillai's Trace	1.19122441	25.78	8	140	<.0001
Hotelling-Lawley Trace	32.60455687	278.86	8	96.276	<.0001
Roy's Greatest Root	32.32047082	565.61	4	70	<.0001

NOTE: F Statistic for Roy's Greatest Root is an upper bound.
NOTE: F Statistic for Wilks' Lambda is exact.

FISHER (1936) IRIS DATA

The DISCRIM Procedure
Classification Results for Calibration Data: WORK.IRIS
Resubstitution Results using Quadratic Discriminant Function

Generalized Squared Distance Function

$$D_j^2(X) = (X-\bar{X}_j)' \; COV_j^{-1}(X-\bar{X}_j) + \ln |COV_j|$$

Posterior Probability of Membership in each SPECIES:

$$Pr(j|X) = \exp(-.5\, D_j^2(X)) \,/\, \underset{k}{SUM} \exp(-.5\, D_k^2(X))$$

Posterior Probability of Membership in SPECIES

Obs	From SPECIES	Classified into SPECIES	SETOSA	VERSICOLOR	VIRGINICA
12	VERSICOLOR	VIRGINICA *	0.0000	0.2772	0.7228

* Misclassified observation

FISHER (1936) IRIS DATA

The DISCRIM Procedure

Classification Summary for Calibration Data: WORK.IRIS

Resubstitution Summary using Quadratic Discriminant Function

Generalized Squared Distance Function

$$D_j^2(X) = (X-\bar{X}_j)' \, COV_j^{-1}(\bar{X}-X_j) + \ln |COV_j|$$

Posterior Probability of Membership in Each SPECIES

$$Pr(j|X) = \exp(-.5\ D_j^2(X)) \, / \, \underset{k}{SUM} \exp(-.5\ D_k^2(X))$$

Number of Observations and Percent Classified into SPECIES

From SPECIES	SETOSA	VERSICOLOR	VIRGINICA	Total
SETOSA	26	0	0	26
	100.00	0.00	0.00	100.00
VERSICOLOR	0	20	1	21
	0.00	95.24	4.76	100.00
VIRGINICA	0	0	28	28
	0.00	0.00	100.00	100.00
Total	26	20	29	75

	34.67	26.67	38.67	100.00
Priors	0.33333	0.33333	0.33333	

Error Count Estimates for SPECIES

	SETOSA	VERSICOLOR	VIRGINICA	Total
Rate	0.0000	0.0476	0.0000	0.0159
Priors	0.3333	0.3333	0.3333	

FISHER (1936) IRIS DATA
OUTPUT DISCRIMINANT STATISTICS

OBS	SPECIES	_TYPE_	_NAME_	SEPALLEN	SEPALWID	PETALLEN	PETALWID
1		N		75.00	75.00	75.00	75.00
2	SETOSA	N		26.00	26.00	26.00	26.00
3	VERSICOLOR	N		21.00	21.00	21.00	21.00
4	VIRGINICA	N		28.00	28.00	28.00	28.00
5		MEAN		58.41	30.95	37.79	12.25
6	SETOSA	MEAN		49.38	34.00	14.46	2.50
7	VERSICOLOR	MEAN		59.43	28.05	43.29	13.52
8	VIRGINICA	MEAN		66.04	30.29	55.32	20.36
9	SETOSA	PRIOR		0.33	0.33	0.33	0.33
10	VERSICOLOR	PRIOR		0.33	0.33	0.33	0.33
11	VIRGINICA	PRIOR		0.33	0.33	0.33	0.33
12	SETOSA	CSSCP	SEPALLEN	328.15	217.00	32.38	29.00
13	SETOSA	CSSCP	SEPALWID	217.00	290.00	20.00	27.00
14	SETOSA	CSSCP	PETALLEN	32.38	20.00	114.46	30.00
15	SETOSA	CSSCP	PETALWID	29.00	27.00	30.00	34.50
16	VERSICOLOR	CSSCP	SEPALLEN	443.14	162.57	228.43	100.29
17	VERSICOLOR	CSSCP	SEPALWID	162.57	194.95	166.71	166.71
18	VERSICOLOR	CSSCP	PETALLEN	228.43	166.71	390.29	171.86

19	VERSICOLOR	CSSCP	PETALWID	100.29	88.48	171.86	101.24
20	VIRGINICA	CSSCP	PETALWID	1218.96	338.71	916.68	191.64
21	VIRGINICA	CSSCP	SEPALLEN	293.71	293.71	283.43	135.14
22	VIRGINICA	CSSCP	SEPALWID	916.68	283.43	910.11	143.79
23	VIRGINICA	CSSCP	PETALLEN	191.64	135.14	143.79	214.43
24		PSSCP	SEPALLEN	1990.26	718.29	1177.49	320.93
25		PSSCP	SEPALWID	718.29	778.67	470.14	250.62
26		PSSCP	PETALLEN	1177.49	470.14	1414.85	345.64
27		PSSCP	PETALWID	320.93	250.62	345.64	350.17
28		BSSCP	SEPALLEN	3767.93	-919.63	9335.12	4046.22
29		BSSCP	SEPALWID	-919.63	431.12	-2511.00	-1001.61
30		BSSCP	PETALLEN	9335.12	-2511.00	23389.73	10040.41
31		BSSCP	PETALWID	4046.22	-1001.61	10040.41	4346.02
32		CSSCP	SEPALLEN	5758.19	-201.35	10512.61	4367.15
33		CSSCP	SEPALWID	-201.35	1209.79	-2040.85	-750.99
34		CSSCP	PETALLEN	10512.61	-2040.85	24804.59	10386.05
35		CSSCP	PETALWID	4367.15	-750.99	10386.05	4696.19
36		RSQUARED		0.65	0.36	0.94	0.93
37	SETOSA	COV	SEPALLEN	13.13	8.68	1.30	1.16
38	SETOSA	COV	SEPALWID	8.68	11.60	0.80	1.08
39	SETOSA	COV	PETALLEN	1.30	0.80	4.58	1.20
40	SETOSA	COV	PETALWID	1.16	1.08	1.20	1.38
41	VERSICOLOR	COV	SEPALLEN	22.16	8.13	11.42	5.01
42	VERSICOLOR	COV	SEPALWID	8.13	9.75	8.34	4.42
43	VERSICOLOR	COV	PETALLEN	11.42	8.34	19.51	8.59
44	VERSICOLOR	COV	PETALWID	5.01	4.42	8.59	5.06
45	VIRGINICA	COV	SEPALLEN	45.15	12.54	33.95	7.10
46	VIRGINICA	COV	SEPALWID	12.54	10.88	10.50	5.01
47	VIRGINICA	COV	PETALLEN	33.95	10.50	33.71	5.33
48	VIRGINICA	COV	PETALWID	7.10	5.01	5.33	7.94
49		PCOV	SEPALLEN	27.64	9.98	16.35	4.46
50		PCOV	SEPALWID	9.98	10.81	6.53	3.48

51		PCOV	PETALLEN	16.35	6.53	19.65	4.80
52		PCOV	PETALWID	4.46	3.48	4.80	4.86
53		BCOV	SEPALLEN	75.36	-18.39	186.70	80.92
54		BCOV	SEPALWID	-18.39	8.62	-50.22	-20.03
55		BCOV	PETALLEN	186.70	-50.22	467.79	200.81
56		BCOV	PETALWID	80.92	-20.03	200.81	86.92
57		COV	SEPALLEN	77.81	-2.72	142.06	59.02
58		COV	SEPALWID	-2.72	16.35	-27.58	-10.15
59		COV	PETALLEN	142.06	-27.58	335.20	140.35
60		COV	PETALWID	59.02	-10.15	140.35	63.46
61		STD		3.62	3.41	2.14	1.17
62		STD		4.71	3.12	4.42	2.25
63		STD		6.72	3.30	5.81	2.82

FISHER (1936) IRIS DATA
OUTPUT DISCRIMINANT STATISTICS

OBS	SPECIES	_TYPE_	_NAME_	SEPALLEN	SEPALWID	PETALLEN	PETALWID
64		PSTD		5.258	3.289	4.433	2.205
65		BSTD		8.681	2.936	21.629	9.323
66		STD		8.821	4.043	18.308	7.966
67	SETOSA	CORR	SEPALLEN	1.000	0.703	0.167	0.273
68	SETOSA	CORR	SEPALWID	0.703	1.000	0.110	0.270
69	SETOSA	CORR	PETALLEN	0.167	0.110	1.000	0.477
70	SETOSA	CORR	PETALWID	0.273	0.270	0.477	1.000
71	VERSICOLOR	CORR	SEPALLEN	1.000	0.553	0.549	0.473
72	VERSICOLOR	CORR	SEPALWID	0.553	1.000	0.604	0.630
73	VERSICOLOR	CORR	PETALLEN	0.549	0.604	1.000	0.865
74	VERSICOLOR	CORR	PETALWID	0.473	0.630	0.865	1.000
75	VIRGINICA	CORR	SEPALLEN	1.000	0.566	0.870	0.375
76	VIRGINICA	CORR	SEPALWID	0.566	1.000	0.548	0.539
77	VIRGINICA	CORR	PETALLEN	0.870	0.548	1.000	0.325

78	VIRGINICA	CORR	PETALWID	0.375	0.539	0.325	1.000
79		PCORR	SEPALLEN	1.000	0.577	0.702	0.384
80		PCORR	SEPALWID	0.577	1.000	0.448	0.480
81		PCORR	PETALLEN	0.702	0.448	1.000	0.491
82		PCORR	PETALWID	0.384	0.480	0.491	1.000
83		BCORR	SEPALLEN	1.000	-0.722	0.994	1.000
84		BCORR	SEPALWID	-0.722	1.000	-0.791	-0.732
85		BCORR	PETALLEN	0.994	-0.791	1.000	0.996
86		BCORR	PETALWID	1.000	-0.732	0.996	1.000
87		CORR	SEPALLEN	1.000	-0.076	0.880	0.840
88		CORR	SEPALWID	-0.076	1.000	-0.373	-0.315
89		CORR	PETALLEN	0.880	-0.373	1.000	0.962
90		CORR	PETALWID	0.840	-0.315	0.962	1.000
91	SETOSA	STDMEAN		-1.024	0.755	-1.274	-1.224
92	VERSICOLOR	STDMEAN		0.115	-0.717	0.300	0.159
93	VIRGINICA	STDMEAN		0.864	-0.163	0.958	1.017
94	SETOSA	PSTDMEAN		-1.717	0.928	-5.262	-4.423
95	VERSICOLOR	PSTDMEAN		0.193	-0.882	1.241	0.576
96	VIRGINICA	PSTDMEAN		1.450	-0.201	3.956	3.675
97		LNDETERM		8.770	8.770	8.770	8.770
98	SETOSA	LNDETERM		5.830	5.830	5.830	5.830
99	VERSICOLOR	LNDETERM		7.576	7.576	7.576	7.576
100	VIRGINICA	LNDETERM		9.608	9.608	9.608	9.608
101	SETOSA	QUAD	SEPALLEN	-0.077	0.056	0.008	0.014
102	SETOSA	QUAD	SEPALWID	0.056	-0.087	-0.008	0.028
103	SETOSA	QUAD	PETALLEN	0.008	-0.008	-0.142	0.123
104	SETOSA	QUAD	PETALWID	0.014	0.028	0.123	-0.503
105	SETOSA	QUAD	_LINEAR_	3.502	0.490	3.211	-4.308
106	SETOSA	QUAD	_CONST_	-115.555	-115.555	-115.555	-115.555
107	VERSICOLOR	QUAD	SEPALLEN	-0.037	0.021	0.018	-0.013
108	VERSICOLOR	QUAD	SEPALWID	0.021	-0.099	0.004	0.059
109	VERSICOLOR	QUAD	PETALLEN	0.018	0.004	-0.113	0.170

```
110 VERSICOLOR QUAD    PETALWID    -0.013     0.059     0.170    -0.426
111 VERSICOLOR QUAD    _LINEAR_     1.964     1.118     2.779    -4.968
112 VERSICOLOR QUAD    _CONST_   -104.368  -104.368  -104.368  -104.368
113 VIRGINICA  QUAD    SEPALLEN    -0.049     0.009     0.045     0.007
114 VIRGINICA  QUAD    SEPALWID     0.009    -0.085     0.011     0.038
115 VIRGINICA  QUAD    PETALLEN     0.045     0.011    -0.063    -0.005
116 VIRGINICA  QUAD    PETALWID     0.007     0.038    -0.005    -0.090
117 VIRGINICA  QUAD    _LINEAR_     0.585     1.145     0.545     0.954
118 VIRGINICA  QUAD    _CONST_    -66.231   -66.231   -66.231   -66.231
```

제11절 OR(Operations Research)

SAS/OR에서 할 수 있는 procedure는 크게 Project Management와 Methematical Programming으로 나눌 수 있다. 그러나 본서에서는 전부는 다 다루지 않고, Methematical Programming 중 LP 부분에서 선형 계획법[LP], 목표계획법[GP]만을 다룬다.

SAS / OR			
Project Management		Methematical Programming	
CPM	for scheduling	ASSIGN	for assign problems
GANTT	for plotting Gantt charts	LP	for linear, goal, mixed integer, nlp programming for network flow
NETDRAW	for drawing network diagrams	NETFLOW	programming for transportation
		TRANS	problem

1) 선형 계획법[Linear Programming]

경영계획에 직접 이용할 수 있는 과학적 기법으로서 직선 식을 기초로 문제를 해결하는 계량적 방법이다. 이 방법에서 이용되는 직선 식으로는 몇 개의 제약 조건식과 하나의 목적 식을 이용하여 해를 구하는 방법이다. 특히 다른 예는 축산 분야에서 사료 배합비를 만들 때도 선형 계획법을 사용하는데 이때 제약 조건식은 사료성분에 대한 제한을 말하고 목적 식은 가격을 계산하는 것으로 최저가이고 성분은 목적 이상 함유해야 하는 조건으로 계산하는 것이다.

예) A 농가가 소유하고 있는 생산요소에 대한 것(표 참조)을 보면, 총 토지 면적은 $210a$이고 이중 논은 $110a$, 밭은 $100a$이다.

전체 가족 노동력은 2.8명 그리고 현재 재배작목은 논에는 벼와 벼의 후작으로 마늘, 밭에는 고추, 콩 그리고 콩의 후작으로 가을 무를 재배하고 있다.

A 농가의 현재 경영개황

구분	경지면적	노동력		작목별 재배 면적		비고
내용	$210a$	경영주	1.0	벼	$110a$	논
				마늘(벼 후작)	$40a$	논
		처	1.0	고추	$30a$	밭
				콩	$70a$	밭
		아버지	0.8	가을 배추(콩 후작)	$70a$	밭
계	$210a$		2.8		$320a$	-

A 농가의 경영주는 현재 보유한 토지, 노동력을 효율적으로 이용하여 농가 최대 소득을 목표로 하는 선형 계획법을 설명하고자 한다.

최대 소득을 달성할 수 있는 작목결합, 작목별 재배 면적을 구하고자 하는데 이 지역에서 생산 가능한 작목(참깨, 땅콩, 가을 무, 봄 배추)을 추가로 모형 내에서 고려하기로 한다.

목적 식에 필요한 것으로는 이익계수(조수입 - 비용합계)이다. 이익계수는 개별 경영의 이익계수를 이용하는 것이 원칙이나 추가된 작목(참깨, 땅콩, 가을 무, 봄배추)은 기술 수준이 비슷한 그 지역의 이익계수를 이용한다.

재배 가능한 작목별 이익계수

단위 : 천원/10a

구분	벼	마늘	고추	참깨	땅콩	콩	봄 배추	가을 배추	가을 무
조 수 입	529	1131	539	312	308	165	407	486	568
비용합계	121	365	243	92	118	51	185	135	98
이익계수	408	766	296	220	190	114	222	351	470

선형 계획법에 필요한 것으로 목적함수, 제약조건 및 비부 조건을 정의해 보면 다음과 같다.

목적함수

MAX 409x1 + 767x2 + 293x3 + 220x4 + 190x5 + 114x6 + 222x7 + 350x8 + 460x9

제약조건

① 토지

x1 (논) ≤ 11.0(10a)

x2 (논2기작) ≤ 5.0

x3 + x4 + x5 (밭 단작) ≤ 4.0

x6 + x7 (밭 전작) ≤ 6.0

x8 + x9 (밭후작) ≤ 6.0

② 노동에 대한 기술 계수(10a당 월별 노동 투하량)

4월 10x1+ 6x2+23x3+45x5+24x6+20x7 ≤ 630

5월 13x1+19x2+39x3+44x4+10x5+25x6+32x7 ≤ 700

6월 23x1+55x2+23x3+16x4+20x5+ 8x6+20x7 ≤ 700

7월 9x1+40x2+32x3+14x4+16x5+ 5x6 ≤ 700

8월 6x1+22x3+ 3x4+10x5+13x6+31x8+67x9 ≤ 700

9월 x1+18x2+48x3+34x4+ 5x5+14x6+53x8+18x9 ≤ 700

10월 23x1+54x2+28x3+45x5+23x8+ 8x9 ≤ 630

11월 7x1+ 9x2+68x8+47x9 ≤ 630

비부호조건

x1, x2, x3, x4, x5, x6, x7, x8 > 0

이상의 토지 및 제약조건 하에서 목적 함수를 최대로 하는 SAS program은 다음과 같다.

프로그램

```
data kim;
input rowid$ x1 x2 x3 x4 x5 x6 x7 x8 x9 _type_$ _rhs_;
cards;
obj      409 767 293 220 190 114 222 350 460 max      .
rice       1   0   0   0   0   0   0   0   0 le   11.0
garlic     0   1   0   0   0   0   0   0   0 le    5.0
danjag     0   0   1   1   1   0   0   0   0 le    4.0
jeonjac    0   0   0   0   0   1   1   0   0 le    6.0
jujak      0   0   0   0   0   0   0   1   1 le    6.0
April     10   6  23   0  45  24  20   0   0 le    630
may       13  19  39  44  10  25  32   0   0 le    700
June      23  55  23  16  20   8  20   0   0 le    700
July       9  40  32  14  16   5   0   0   0 le    700
```

```
August    6   0  22   3  10  13   0  31  67  le   700
septem    1  18  48  34   5  14   0  53  18  le   700
octo     23  54  28   0  45   0   0  23   8  le   630
novem     7   9   0   0   0   0   0  68  47  le   630
run;

proc lp;
run;
```

결과

SAS 시스템
The LP Procedure

Problem Summary

Objective Function	Max _OBS1_
Rhs Variable	_rhs_
Type Variable	_typc_
Problem Density (%)	25.52
Variables	Number
Non-negative	9
Slack	13
Total	22
Constraints	Number
LE	13
Objective	1
Total	14

SAS 시스템

The LP Procedure

Solution Summary

Terminated Successfully

Objective Value	13219.071429
Phase 1 Iterations	0
Phase 2 Iterations	7
Phase 3 Iterations	0
Integer Iterations	0
Integer Solutions	0
Initial Basic Feasible Variables	15
Time Used (seconds)	0
Number of Inversions	3
Epsilon	1E-8
Infinity	1.797693E308
Maximum Phase 1 Iterations	100
Maximum Phase 2 Iterations	100
Maximum Phase 3 Iterations	99999999
Maximum Integer Iterations	100
Time Limit (seconds)	120

SAS 시스템

The LP Procedure

Variable Summary

Col	Variable Name	Status	Type	Price	Activity	Reduced Cost
1	x1	BASIC	NON-NEG	409	11	0
2	x2	BASIC	NON-NEG	767	5	0

3	x3	BASIC	NON-NEG	293	2.1071429	0
4	x4	BASIC	NON-NEG	220	1.8928571	0
5	x5		NON-NEG	190	0	-82.07143
6	x6	BASIC	NON-NEG	114	2.2291667	0
7	x7	BASIC	NON-NEG	222	3.7708333	0
8	x8		NON-NEG	350	0	-115.3571
9	x9	BASIC	NON-NEG	460	6	0
10	_OBS2_		SLACK	0	0	-193.7857
11	_OBS3_		SLACK	0	0	-252.7143
12	_OBS4_		SLACK	0	0	-76
13	_OBS5_		SLACK	0	0	-42
14	_OBS6_		SLACK	0	0	-457.1429
15	_OBS7_	BASIC	SLACK	0	312.61905	0
16	_OBS8_	BASIC	SLACK	0	120.13988	0
17	_OBS9_		SLACK	0	0	-9
18	_OBS10_	BASIC	SLACK	0	295.9256	0
19	_OBS11_	BASIC	SLACK	0	150.98512	0
20	_OBS12_	BASIC	SLACK	0	294.29167	0
21	_OBS13_		SLACK	0	0	-0.357143
22	_OBS14_	BASIC	SLACK	0	226	0

SAS 시스템

The LP Procedure

Constraint Summary

Row	Constraint Name	Type	S/S Col	Rhs	Activity	Dual Activity
1	_OBS1_	OBJECTVE	.	0	13219.071	.
2	_OBS2_	LE	10	11	11	193.78571
3	_OBS3_	LE	11	5	5	252.71429
4	_OBS4_	LE	12	4	4	76

```
 5  _OBS5_         LE          13    6          6           42
 6  _OBS6_         LE          14    6          6    457.14286
 7  _OBS7_         LE          15  630  317.38095            0
 8  _OBS8_         LE          16  700  579.86012            0
 9  _OBS9_         LE          17  700        700            9
10  _OBS10_        LE          18  700   404.0744            0
11  _OBS11_        LE          19  700  549.01488            0
12  _OBS12_        LE          20  700  405.70833            0
13  _OBS13_        LE          21  630        630    0.3571429
14  _OBS14_        LE          22  630        404            0
```

결과 해석

현재 A 농가의 경영 상황은 경지면적이 210a이고, 재배 작목은 벼, 마늘, 고추, 콩 그리고 가을 배추이고, 재배규모에 이익계수를 곱해서 작목별 수익을 구하고, 작목별 수익의 합계 즉 총수익은 11694천 원이다.

계획 전과 계획 후의 작부면적, 소득의 변화

구 분		현 재			최적 작목	
		재배규모	이익계수	수익	재배규모	수익
논	벼(전작)	11.0	409	4499	11.0	4499
	마늘(후작)	4.0	767	3068	5.0	3835
밭	고추(단작)	3.0	293	879	2.1	615
	참깨(단작)	-	220	-	1.9	418
	콩(전작)	7.0	114	798	2.2	251
	봄 배추(전작)	-	222	-	3.8	844
	가을 배추(후작)	7.0	350	2450	-	-
	가을 무(후작)	-	460	-	6.0	2760
합 계		32.0	-	11694	32.0	13222

주: 분석결과 총수익이 13219인데 표에서는 13222인 것은 소숫점 계산차이다.

그러나 선형 계획법[LP]을 이용하여 최대 소득을 달성할 수 있는 작목 결합은 기존에 하던 가을 배추는 경작하지 않고, 벼, 마늘, 고추, 참깨, 콩, 봄 배추, 가을 무를 경작함으로써 총수익은 13222천 원으로 계획 전에 비해 1538천 원의 소득이 높아질 수 있음을 알 수 있다.

예제4-25 LP

환경 보호정책 분석을 위해 서울 한강 변에 있는 어느 화학 공장에 대해서 설명해보자. 이 화학 공장은 A 원료 B 원료를 화학 공정에 투입하여 완제품을 생산하고 있다. A 원료 1kg과 B 원료 2kg을 화학 공정에 투입하면, 1kg의 완제품이 생산되고, 부산물로 1kg의 폐수와 1kg의 고체 폐기물이 나온다. 이 고체 폐기물은 인근 비료공장에서 무료로 수거해 가지만 폐수는 강에 그대로 버리고 있었다.
그러나 최근 환경청에 강력한 규제 조치가 발동하여 더 이상 폐수를 강에 버릴 수 없어 화학 공장 기술진은 폐수 처리 방안으로 다음 3가지를 제시하고 있다.

첫째, 폐수 1kg에 A 원료 1kg를 첨가하여 부수제품 K를 생산한다.
둘째, 폐수 1kg에 B 원료 1kg를 첨가하여 부수제품 M을 생산한다.
셋째, 폐수를 강에 버릴 수 있는 기준이 되도록 특수 처리를 한다.

부수제품 K와 M은 폐수를 사용하여 만들지만 수익률이 낮고, 폐수의 특수 처리는 상당한 비용이 든다는 단점이 있다.

목적 함수

MAX 2100x1-100x2+150x3-250x4

제약조건

$$x1 + 0.5x2 \le 5000$$
$$2x1 + 0.5x3 \le 7000$$
$$-x1 + 0.5x2 + 0.5x3 + x4 \ge 0$$
$$x1, x2, x3, x4 \ge 0$$

※ 여기서 x1 = 주종제품 생산량(kg) x3 = 부수제품 *M* 생산량(kg)
x2 = 부수제품 *K* 생산량(kg) x4 = 특수 처리된 폐수량(kg)

프로그램

```
data kim;
input rowid$ x1 x2 x3 x4 _type_$ _rhs_;
cards;
목적식        2100 -100  150 -250  MAX   .
A원료공급량      1  0.5    0    0  LE  5000
B원료공급량      2    0  0.5    0  LE  7000
폐수처리제약    -1  0.5  0.5    1  GE     0
run;

proc LP;
run;
```

결과

```
                    SAS 시스템
                The LP Procedure

                Problem Summary
     Objective Function          Max _OBS1_
     Rhs Variable                     _rhs_
```

Type Variable	_type_
Problem Density (%)	25.52

Variables	Number
Non-negative	9
Slack	13
Total	22

Constraints	Number
LE	13
Objective	1
Total	14

SAS 시스템

The LP Procedure

Solution Summary

Terminated Successfully

Objective Value	13219.071429
Phase 1 Iterations	0
Phase 2 Iterations	7
Phase 3 Iterations	0
Integer Iterations	0
Integer Solutions	0
Initial Basic Feasible Variables	15
Time Used (seconds)	0
Number of Inversions	3

Epsilon	1E-8
Infinity	1.797693E308
Maximum Phase 1 Iterations	100
Maximum Phase 2 Iterations	100
Maximum Phase 3 Iterations	99999999
Maximum Integer Iterations	100
Time Limit (seconds)	120

SAS 시스템

The LP Procedure

Variable Summary

Col	Variable Name	Status	Type	Price	Activity	Reduced Cost
1	x1	BASIC	NON-NEG	409	11	0
2	x2	BASIC	NON-NEG	767	5	0
3	x3	BASIC	NON-NEG	293	2.1071429	0
4	x4	BASIC	NON-NEG	220	1.8928571	0
5	x5		NON-NEG	190	0	-82.07143
6	x6	BASIC	NON-NEG	114	2.2291667	0
7	x7	BASIC	NON-NEG	222	3.7708333	0
8	x8		NON-NEG	350	0	-115.3571
9	x9	BASIC	NON-NEG	460	6	0
10	_OBS2_		SLACK	0	0	-193.7857
11	_OBS3_		SLACK	0	0	-252.7143
12	_OBS4_		SLACK	0	0	-76
13	_OBS5_		SLACK	0	0	-42
14	_OBS6_		SLACK	0	0	-457.1429
15	_OBS7_	BASIC	SLACK	0	312.61905	0
16	_OBS8_	BASIC	SLACK	0	120.13988	0
17	_OBS9_		SLACK	0	0	-9

18	_OBS10_	BASIC	SLACK	0	295.9256	0
19	_OBS11_	BASIC	SLACK	0	150.98512	0
20	_OBS12_	BASIC	SLACK	0	294.29167	0
21	_OBS13_		SLACK	0	0	-0.357143
22	_OBS14_	BASIC	SLACK	0	226	0

SAS 시스템

The LP Procedure

Constraint Summary

Row	Constraint Name	Type	S/S Col	Rhs	Activity	Dual Activity
1	_OBS1_	OBJECTVE	.	0	13219.071	.
2	_OBS2_	LE	10	11	11	193.78571
3	_OBS3_	LE	11	5	5	252.71429
4	_OBS4_	LE	12	4	4	76
5	_OBS5_	LE	13	6	6	42
6	_OBS6_	LE	14	6	6	457.14286
7	_OBS7_	LE	15	630	317.38095	0
8	_OBS8_	LE	16	700	579.86012	0
9	_OBS9_	LE	17	700	700	9
10	_OBS10_	LE	18	700	404.0744	0
11	_OBS11_	LE	19	700	549.01488	0
12	_OBS12_	LE	20	700	405.70833	0
13	_OBS13_	LE	21	630	630	0.3571429
14	_OBS14_	LE	22	630	404	0

SAS 시스템

The LP Procedure

Problem Summary

Objective Function Max _OBS1_

Rhs Variable	_rhs_
Type Variable	_type_
Problem Density (%)	52.38

Variables	Number
Non-negative	4
Slack	2
Surplus	1
Total	7

Constraints	Number
LE	2
GE	1
Objective	1
Total	4

SAS 시스템

The LP Procedure

Solution Summary

Terminated Successfully

Objective Value	6550000
Phase 1 Iterations	0
Phase 2 Iterations	4
Phase 3 Iterations	0
Integer Iterations	0

Integer Solutions	0
Initial Basic Feasible Variables	5
Time Used (seconds)	0
Number of Inversions	3
Epsilon	1E-8
Infinity	1.797693E308
Maximum Phase 1 Iterations	100
Maximum Phase 2 Iterations	100
Maximum Phase 3 Iterations	99999999
Maximum Integer Iterations	100
Time Limit (seconds)	120

SAS 시스템

The LP Procedure

Variable Summary

Col	Variable Name	Status	Type	Price	Activity	Reduced Cost
1	x1	BASIC	NON-NEG	2100	3500	0
2	x2	BASIC	NON-NEG	-100	3000	0
3	x3		NON-NEG	150	0	-175
4	x4	BASIC	NON-NEG	-250	2000	0
5	_OBS2_		SLACK	0	0	-50
6	_OBS3_		SLACK	0	0	-900
7	_OBS4_		SURPLUS	0	0	-250

SAS 시스템

The LP Procedure

Constraint Summary

Row	Constraint Name	Type	S/S Col	Rhs	Activity	Dual Activity
1	_OBS1_	OBJECTVE	.	0	6550000	.
2	_OBS2_	LE	5	5000	5000	50
3	_OBS3_	LE	6	7000	7000	900
4	_OBS4_	GE	7	0	0	-250

결과 해석

주종제품 생산량(kg) = 3500kg

부수제품 K생산량(kg) = 3000kg

부수제품 M생산량(kg) = 0

특수처리된 폐수량(kg) = 2000kg

총소득 = 6550000

2) 목표 계획법[Goal Programming]

목표 계획법은 형식적으로는 목적 함수를 최소화한다는 의미에서 선형 계획법과 마찬가지이다. 그러나 선형 계획법은 수익 최대 또는 비용최소라는 단일 목표를 갖지만 목표 계획법은 복수의 목표를 갖는다.

이러한 목표 계획법의 특징을 요약하면 첫째, 다 종류의 계획 목표에 대해서 동시적으로 해가 얻어지며, 둘째 목표의 중요도에 따라서 우선순위와 가중치를 부여하고, 셋째, 연산 방식은 선형 계획법과 거의 동일하며, 넷째, 다 종류목표의 문제를 해결한다는 점에서 단일 목표밖에 다룰 수 없는 선형 계획법을 일반화한 것이라고 말할 수 있다.

목표 계획법에 의한 일반적인 계획 문제를 정식화하면 다음과 같다.

$$Z = \min[P_1W_1(d_1^-, d_1^+), P_2W_2(d_2^-, d_2^+), \ldots\ldots\ldots, P_mW_m(d_m^-, d_m^+)] \quad \text{(1) 목적식}$$

$$G1 = \sum C_{ij}X_j - d_i^+ + d_i^- \quad \text{(2) 목표제약}$$

$$Bi = \sum \alpha_{ij}X_j + \lambda_i \quad \text{(3) 기술적제약}$$

$$X_j, d_i^+, d_i^-, \lambda_i \geq 0 \quad \text{(4) 비부조건}$$

여기서

P_i : 절대 순위 계수 … i 번째의 목표에 부여된 우선 순위

W_i : 가중계수 … i 번째 목표의 편차 변수에 주어진 Weight

d_i+ : 초과 편차 변수 … i 번째의 목표 요구 수준을 초과하는 편차 수준

d_i- : 부족 편차 변수 … i 번째의 목표 요구 수준을 미달하는 편차 수준

G_i : 목표치 … 의사 결정자에 의해서 설정된 목표치(i 번째 목표의 요구수준)

C_{ij} : 목표제약에 대한 기술계수 … i 번째 목표제약에 대한 j 활동변수의 기술계수

B_i : 기술적 제약량 … i 번째 자원의 보유량

α_{ij} : 기술제약에 대한 기술계수 … i 번째 기술적 제약에 대한 j 활동 변수의 기술계수 즉, j 활동 단위에 대한 자원의 소요량

X_j : 활동변수 … 생산활동을 포함하는 실질 활동의 가동수준

λ_i : 조정 변수 … 유휴활동의 가동 수준

이와 같은 목표 계획법은 (2), (3), (4)로 표시된 제약 조건하에서 (1)의 목적 식을 최소화하는 각 활동 변수 X_j의 값을 구하는 것이다. (3), (4)식은 통상의 선형 계획법과 동일하고, 제약 조건식을 이루고 있는 (2)식은 계획 문제에 부과된 목표 i에 대해서 목표치 G_i와 목표 달성 수준 $\sum C_{ij}X_j$와의 차이 수준을 초과 부족 편차 변수로 나타내고 있다.

그리고 목적함수를 나타내는 (1)식은 통상의 선형계획 문제와는 달리 활동변수 X_j가 포함되지 않는다. 즉 (1)식은 설정된 목표에 대해서 우선순위에 따라 부여된 절대 순위 계수 P_i 및 목표마다 편차변수 d_i+, d_i-와 그 상대적 중요도를 나타내는 가중변수 W_i로 표시되고, 이 글의 총화인 Z를 최소화하는 것을 목표로 하고 있다. 그리고 제약 함수는

목표제약과 기술적 제약으로 나누고 목표제약은 자의적이기는 하지만 의사 결정자가 목표하는 목표치이고, 기술적 제약은 대상 지역의 생산자원의 이용 가능량으로 설정하고 있다.

예) 어떤 페인트 회사에서 생산하는 페인트는 latex와 enamel 두 종류가 있다. 회사에서 latex 100갈론을 생산하는데는 10시간이 걸리고 enamel를 생산하는데는 15시간이 걸린다. 그리고 두 종류의 페인트를 모두다 갈론 당 $1.0의 수익을 갖고, 이 회사는 1주일에 40시간 근무하며 다음의 목적을 순서대로 달성하고자 한다.

첫째 잔업을 피한다.
둘째 일주일에 $1000 소득을 올리고자 한다.
셋째 일주일에 적어도 enamel은 700갈론을 생산하고자 한다.

프로그램

```
data object;
input _id_$ latex enamel n1 n2 n3 p1 p2 p3 _type_$ _rhs_;
cards;
overtime   .    .    .    .    .    1    .    .    min    1
profit     .    .    .    1    .    .    .    .    min    2
enamel     .    .    .    .    1    .    .    .    min    3
overtime   10   15   1    .    .   -1    .    .    eq    40
profit    100  100   .    1    .    .   -1    .    eq  1000
enamel     .    1    .    .    1    .    .   -1    eq     7
run;

proc lp goalprogram;
run;
```

결과

SAS 시스템

The LP Procedure

Problem Summary

Objective Function	Max _OBS1_
Rhs Variable	_rhs_
Type Variable	_type_
Problem Density (%)	25.52
Variables	Number
Non-negative	9
Slack	13
Total	22
Constraints	Number
LE	13
Objective	1
Total	14

SAS 시스템

The LP Procedure

Solution Summary

Terminated Successfully

Objective Value	13219.071429
Phase 1 Iterations	0

Phase 2 Iterations	7
Phase 3 Iterations	0
Integer Iterations	0
Integer Solutions	0
Initial Basic Feasible Variables	15
Time Used (seconds)	0
Number of Inversions	3

Epsilon	1E-8
Infinity	1.797693E308
Maximum Phase 1 Iterations	100
Maximum Phase 2 Iterations	100
Maximum Phase 3 Iterations	99999999
Maximum Integer Iterations	100
Time Limit (seconds)	120

SAS 시스템

The LP Procedure

Variable Summary

Col	Variable Name	Status	Type	Price	Activity	Reduced Cost
1	x1	BASIC	NON-NEG	409	11	0
2	x2	BASIC	NON-NEG	767	5	0
3	x3	BASIC	NON-NEG	293	2.1071429	0
4	x4	BASIC	NON-NEG	220	1.8928571	0
5	x5		NON-NEG	190	0	-82.07143
6	x6	BASIC	NON-NEG	114	2.2291667	0
7	x7	BASIC	NON-NEG	222	3.7708333	0
8	x8		NON-NEG	350	0	-115.3571
9	x9	BASIC	NON-NEG	460	6	0
10	_OBS2_		SLACK	0	0	-193.7857

11	_OBS3_		SLACK	0	0	-252.7143
12	_OBS4_		SLACK	0	0	-76
13	_OBS5_		SLACK	0	0	-42
14	_OBS6_		SLACK	0	0	-457.1429
15	_OBS7_	BASIC	SLACK	0	312.61905	0
16	_OBS8_	BASIC	SLACK	0	120.13988	0
17	_OBS9_		SLACK	0	0	-9
18	_OBS10_	BASIC	SLACK	0	295.9256	0
19	_OBS11_	BASIC	SLACK	0	150.98512	0
20	_OBS12_	BASIC	SLACK	0	294.29167	0
21	_OBS13_		SLACK	0	0	-0.357143
22	_OBS14_	BASIC	SLACK	0	226	0

SAS 시스템

The LP Procedure

Constraint Summary

Row	Constraint Name	Type	S/S Col	Rhs	Activity	Dual Activity
1	_OBS1_	OBJECTVE	.	0	13219.071	.
2	_OBS2_	LE	10	11	11	193.78571
3	_OBS3_	LE	11	5	5	252.71429
4	_OBS4_	LE	12	4	4	76
5	_OBS5_	LE	13	6	6	42
6	_OBS6_	LE	14	6	6	457.14286
7	_OBS7_	LE	15	630	317.38095	0
8	_OBS8_	LE	16	700	579.86012	0
9	_OBS9_	LE	17	700	700	9
10	_OBS10_	LE	18	700	404.0744	0
11	_OBS11_	LE	19	700	549.01488	0
12	_OBS12_	LE	20	700	405.70833	0

13	_OBS13_	LE	21	630	630	0.3571429
14	_OBS14_	LE	22	630	404	0

SAS 시스템

The LP Procedure

Problem Summary

Objective Function	Max _OBS1_
Rhs Variable	_rhs_
Type Variable	_type_
Problem Density (%)	52.38

Variables	Number
Non-negative	4
Slack	2
Surplus	1
Total	7

Constraints	Number
LE	2
GE	1
Objective	1
Total	4

SAS 시스템

The LP Procedure

Solution Summary

Terminated Successfully

Objective Value	6550000
Phase 1 Iterations	0
Phase 2 Iterations	4
Phase 3 Iterations	0
Integer Iterations	0
Integer Solutions	0
Initial Basic Feasible Variables	5
Time Used (seconds)	0
Number of Inversions	3
Epsilon	1E-8
Infinity	1.797693E308
Maximum Phase 1 Iterations	100
Maximum Phase 2 Iterations	100
Maximum Phase 3 Iterations	99999999
Maximum Integer Iterations	100
Time Limit (seconds)	120

SAS 시스템

The LP Procedure

Variable Summary

Col	Variable Name	Status	Type	Price	Activity	Reduced Cost
1	x1	BASIC	NON-NEG	2100	3500	0
2	x2	BASIC	NON-NEG	-100	3000	0
3	x3		NON-NEG	150	0	-175
4	x4	BASIC	NON-NEG	-250	2000	0
5	_OBS2_		SLACK	0	0	-50
6	_OBS3_		SLACK	0	0	-900
7	_OBS4_		SURPLUS	0	0	-250

SAS 시스템

The LP Procedure

Constraint Summary

Row	Constraint Name	Type	S/S Col	Rhs	Activity	Dual Activity
1	_OBS1_	OBJECTVE	.	0	6550000	.
2	_OBS2_	LE	5	5000	5000	50
3	_OBS3_	LE	6	7000	7000	900
4	_OBS4_	GE	7	0	0	-250

SAS 시스템

The LP Procedure

Problem Summary

Objective Function	Min overtime
Rhs Variable	_rhs_
Type Variable	_type_
Problem Density (%)	45.83
Variables	Number
Non-negative	8
Total	8
Constraints	Number
EQ	3
Objective	3
Total	6

SAS 시스템

The LP Procedure

Solution Summary

Terminated Successfully

Objective Value	0
Phase 1 Iterations	2
Phase 2 Iterations	0
Phase 3 Iterations	0
Integer Iterations	0
Integer Solutions	0
Initial Basic Feasible Variables	7
Time Used (seconds)	0
Number of Inversions	2
Epsilon	1E-8
Infinity	1.797693E308
Maximum Phase 1 Iterations	100
Maximum Phase 2 Iterations	100
Maximum Phase 3 Iterations	99999999
Maximum Integer Iterations	100
Time Limit (seconds)	120

SAS 시스템

The LP Procedure

Variable Summary

Col	Variable Name	Status	Type	Price	Activity	Reduced Cost
1	latex	ALTER	NON-NEG	0	0	0

2	enamel	ALTER	NON-NEG	0	0	0
3	n1	BASIC	NON-NEG	0	40	0
4	n2	BASIC	NON-NEG	0	1000	0
5	n3	BASIC	NON-NEG	0	7	0
6	p1		NON-NEG	1	0	1
7	p2	ALTER	NON-NEG	0	0	0
8	p3	ALTER	NON-NEG	0	0	0

SAS 시스템

The LP Procedure

Constraint Summary

Row	Constraint Name	Type	S/S Col	Rhs	Activity	Dual Activity
1	overtime	OBJECTVE	.	0	0	.
2	profit	FREE_OBJ	.	0	1000	.
3	enamel	FREE_OBJ	.	0	7	.
4	overtime	EQ	.	40	40	0
5	profit	EQ	.	1000	1000	0
6	enamel	EQ	.	7	7	0

SAS 시스템

The LP Procedure

Problem Summary

Objective Function	Min profit
Rhs Variable	_rhs_
Type Variable	_type_
Problem Density (%)	45.83
Variables	Number
Non-negative	8

Total	8

Constraints	Number
EQ	3
Objective	3
Total	6

SAS 시스템

The LP Procedure

Solution Summary

Terminated Successfully

Objective Value	600
Phase 1 Iterations	0
Phase 2 Iterations	3
Phase 3 Iterations	0
Integer Iterations	0
Integer Solutions	0
Initial Basic Feasible Variables	7
Time Used (seconds)	0
Number of Inversions	5
Epsilon	1E-8
Infinity	1.797693E308
Maximum Phase 1 Iterations	100
Maximum Phase 2 Iterations	100
Maximum Phase 3 Iterations	99999999
Maximum Integer Iterations	100
Time Limit (seconds)	120

SAS 시스템

The LP Procedure

Variable Summary

Col	Variable Name	Status	Type	Price	Activity	Reduced Cost
1	latex	BASIC	NON-NEG	0	4	0
2	enamel		NON-NEG	0	0	50
3	n1		NON-NEG	0	0	10
4	n2	BASIC	NON-NEG	1	600	0
5	n3	BASIC	NON-NEG	0	7	0
6	p1	DEGEN	NON-NEG	0	0	0
7	p2		NON-NEG	0	0	1
8	p3	ALTER	NON-NEG	0	0	0

SAS 시스템

The LP Procedure

Constraint Summary

Row	Constraint Name	Type	S/S Col	Rhs	Activity	Dual Activity
1	overtime	FIXEDOBJ	.	0	0	.
2	profit	OBJECTVE	.	0	600	.
3	enamel	FREE_OBJ	.	0	7	.
4	overtime	EQ	.	40	40	-10
5	profit	EQ	.	1000	1000	1
6	enamel	EQ	.	7	7	0

SAS 시스템

The LP Procedure

Problem Summary

Objective Function	Min enamel

Rhs Variable	_rhs_
Type Variable	_type_
Problem Density (%)	45.83

Variables	Number
Non-negative	8
Total	8

Constraints	Number
EQ	3
Objective	3
Total	6

SAS 시스템
The LP Procedure

Solution Summary

Terminated Successfully

Objective Value	7
Phase 1 Iterations	0
Phase 2 Iterations	1
Phase 3 Iterations	0
Integer Iterations	0
Integer Solutions	0
Initial Basic Feasible Variables	7
Time Used (seconds)	0
Number of Inversions	8

Epsilon	1E-8
Infinity	1.797693E308
Maximum Phase 1 Iterations	100
Maximum Phase 2 Iterations	100
Maximum Phase 3 Iterations	99999999
Maximum Integer Iterations	100
Time Limit (seconds)	120

SAS 시스템

The LP Procedure

Variable Summary

Col	Variable Name	Status	Type	Price	Activity	Reduced Cost
1	latex	BASIC	NON-NEG	0	4	0
2	enamel	DEGEN	NON-NEG	0	0	0
3	n1		NON-NEG	0	0	0.2
4	n2	BASIC	NON-NEG	0	600	0
5	n3	BASIC	NON-NEG	1	7	0
6	p1	DEGEN	NON-NEG	0	0	0
7	p2		NON-NEG	0	0	0.02
8	p3		NON-NEG	0	0	1

SAS 시스템

The LP Procedure

Constraint Summary

Row	Constraint Name	Type	S/S Col	Rhs	Activity	Dual Activity
1	overtime	FIXEDOBJ	.	0	0	.
2	profit	FIXEDOBJ	.	0	600	.
3	enamel	OBJECTVE	.	0	7	.

4	overtime	EQ	.	40	40	-0.2
5	profit	EQ	.	1000	1000	0.02
6	enamel	EQ	.	7	7	1

결과 해석

결과에서 3개의 Linear program이 출력되었다. 첫 번째 Linear program은 목표인 overtime을 0으로 한다는 것을 성취했다. 그러나 둘째, 셋째 Linear program은 Object가 nonzero이기 때문에 만족하지 못하고 있다. profit는 600으로 nonzero, enamel 7로 nonzero로 목표에 미달하고 있다.

제12절 SAS GRAPH

SAS에는 고해상도 그래픽을 할 수 있는 GRAPH가 있어 통계 계산과 함께 GRAPH를 그리려 하는 사용자에게 도움을 준다. 대부분 사용자들은 통계는 통계 패키지를 이용하고 GRAPH는 다른 soft ware를 이용하게 되어 자료 입력의 번거로움과 함께 불편함이 많다. 또한 Graphic soft ware 중에는 다양한 Graph를 제공하지 못하여 문제가 되고 있다.

SAS에서는 여러 가지 GRAPHIC을 할 수 있지만, 사용법이 대단히 복잡하여 저자는 권하지 않는다. 이 장에서는 특징인 3차원 공간의 분포를 알아보기 쉽게 도식하여 주는 3차원 GRAPH 몇 개를 소개하고 그에 따른 사용법을 학습하기로 한다.

프로그램 설명

```
goptions
 reset=global
 gunit=pct border
```

```
 ftext=swissb
 htitle=6
 htext=3;

data humid;
   length colorval$ 8.;

   label wtemp='X';
   label relhum='Z';
   label atemp-'Y';

 input atemp wtemp relhum;
 cards;
 130  35  69
   0   0  67
.
.
.
.
.
run;
title 'Title';
footnote1 j=L 'footnote1 (left)'
       j=R 'footnote1 (right)';

foortnote2 j=L 'footnote2 (left)'
        j=R 'footnote2 (right)';

proc g3d data=humid;
  scatter atemp*wtemp=relhum
```

```
    / shape='pillar'
      color=colorval
      caxis=blue
      rotate=-15
      size=.5
      yticknum=5
      xticknum=7
      xticknum=4

      zmin=0
      zmax=100;

  run;
```

* SCATTER option은 형상의 점을 표시해주는 option이다.

* PLOT option은 점으로 그림을 그려준다.

* GRID는 배경에 칸을 보여준다. 특별히 이 option을 정의하지 않으면 grid가 없이 표시된다.

* 기둥 표기하고자 하는 경우는 needle라는 option을 쓰게 되는데 정의하지 않으면 기둥이 나타나며 기둥이 필요 없을 때는 nonneedle라는 option을 써야한다.

* SHAPE option은 쓰지 않으면 pyramid 모양으로 표현된다.

※ 다음의 프로그램은 SAS GRAPH SAMPLE에 있는 자료를 인용한 것임.

프로그램

```
/*+----------------------------------------------------------------------------+
  |                    S A S   S A M P L E   L I B R A R Y                      |
  |                                                                             |
  |  NAME: GR39N01                                                              |
  |  TITLE: REFERENCE GUIDE CHAPTER 39 OUTPUT 01                                |
  |  PRODUCT: GRAPH                                                             |
  |  SYSTEM: ALL                                                                |
  |  KEYS: GRAPHICS GOPTIONS G3D                                                |
  |  PROCS: G3D                                                                 |
  |  DATA: INTERNAL                                                             |
  |                                                                             |
  |  SUPPORT: GRAPHICS STAFF           UPDATE: 03OCT89                          |
  |  REF: SAS/GRAPH REFERENCE GUIDE                                             |
  |  MISC:                                                                      |
  |                                                                             |
  +----------------------------------------------------------------------------+*/

  /* set the graphics environment */
goptions reset=global gunit=pct border
      ftext=swissb htitle=6 htext=3;

  /* create the data set HAT */
data hat;
  do x=-4.5 to 4.5 by .2;
    do y=-4.5 to 4.5 by .2;
      z=sin(sqrt(x*x+y*y));
      output;
    end;
  end;
run;

  /* create the data set RANDOM */
```

```
data random;
  do i=1 to 30;
    x=9*ranuni(15)-4.5;
    y=9*ranuni(17)-4.5;
    z=sin(sqrt(x*x+y*y));
    output;
  end;

  /* add some additional observations */
  /* for minimum and maximum values   */

  x=4.5;y=4.5;z=1;
  output;
  x=-4.5;y=-4.5;z=-1;
  output;
  x=-4.5;y=4.5;z=0;
  output;
  x=4.5;y=-4.5;z=0;
  output;
run;

  /* define title and footnote for surface plot */
title 'Surface Plot of HAT Data Set';
footnote j=r 'GR39N01(a)  ';

  /* show surface plot */
proc g3d data=hat ;
  plot x*y=z / grid;
run;

  /* define title and footnote for needle plot */
title 'Needle Plot of RANDOM Data Set';
```

```
footnote j=r 'GR39N01(b)  ';

  /* show needle plot */
proc g3d data=random;
  scatter x*y=z / grid;
run;

  /* define title and footnote for scatter plot */
title 'Scatter Plot of RANDOM Data Set';
footnote j=r 'GR39N01(c)  ';

  /* show scatter plot */
proc g3d data=random;
  scatter x*y=z / noneedle grid;
run;
```

결과

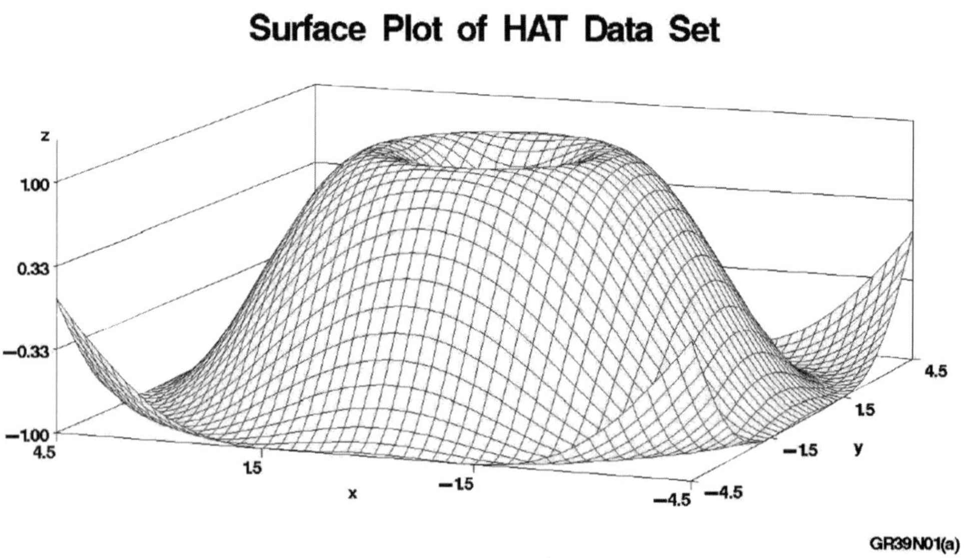

프로그램

```
/*+---------------------------------------------------------------------------+
 |                    S A S  S A M P L E  L I B R A R Y                        |
 |                                                                             |
 | NAME: GR39N05                                                               |
 | TITLE: REFERENCE GUIDE CHAPTER 39 OUTPUT 05                                 |
 | PRODUCT: GRAPH                                                              |
 | SYSTEM: ALL                                                                 |
 | KEYS: GRAPHICS GOPTIONS G3D                                                 |
 | PROCS: G3D                                                                  |
 | DATA: INTERNAL                                                              |
 |                                                                             |
 | SUPPORT: GRAPHICS STAFF           UPDATE: 03OCT89                           |
 | REF: SAS/GRAPH REFERENCE GUIDE                                              |
 | MISC:                                                                       |
 |                                                                             |
 +---------------------------------------------------------------------------+*/

 /* set the graphics environment */
goptions reset=global gunit=pct border
      ftext=swissb htitle=6 htext=3;

 /* create data set IRIS */
data iris;
 length species $12. colorval $8. shapeval $8.;
 input sepallen sepalwid petallen petalwid spec_no;
 if spec_no=1 then do;
   species='setosa';
   shapeval='club';
   colorval='blue';
 end;
 if spec_no=2 then do;
   species='versicolor';
```

```
    shapeval='diamond';
    colorval='red';
  end;
  if spec_no=3 then do;
    species='virginica';
    shapeval='spade';
    colorval='green'  ;
  end;
  sizeval=sepalwid/30;
  cards;
50 33 14 02 1
64 28 56 22 3
65 28 46 15 2
67 31 56 24 3
63 28 51 15 3
46 34 14 03 1
69 31 51 23 3
62 22 45 15 2
59 32 48 18 2
46 36 10 02 1
61 30 46 14 2
60 27 51 16 2
65 30 52 20 3
56 25 39 11 2
65 30 55 18 3
58 27 51 19 3
68 32 59 23 3
.
.
.
.
.
```

```
.

;
run;

  /* define titles and footnotes for graph */
title1 'Iris Species Classification';
title2 'Physical Measurement';
title3 'Source: Fisher (1936) Iris Data';
footnote1 j=l '  Petallen: Petal Length in mm.'
        j=r 'Petalwid: Petal Width in mm.  ';
footnote2 j=l '  Sepallen: Sepal Length in mm.'
        j=r 'Sepal Width not shown        ';
footnote3 j=r 'GR39N05(a)  ';

  /* show the graph using NOTE statement for legend */
proc g3d data=iris;
  scatter petallen*petalwid=sepallen
        / color=colorval
          shape=shapeval;

    /* create a legend using NOTE statements */
  note;
  note j=r 'Species:   ' c=green 'Virginica       '
      j=r c=red 'Versicolor    '
      j=r c=blue 'Setosa        ';
run;
```

결과

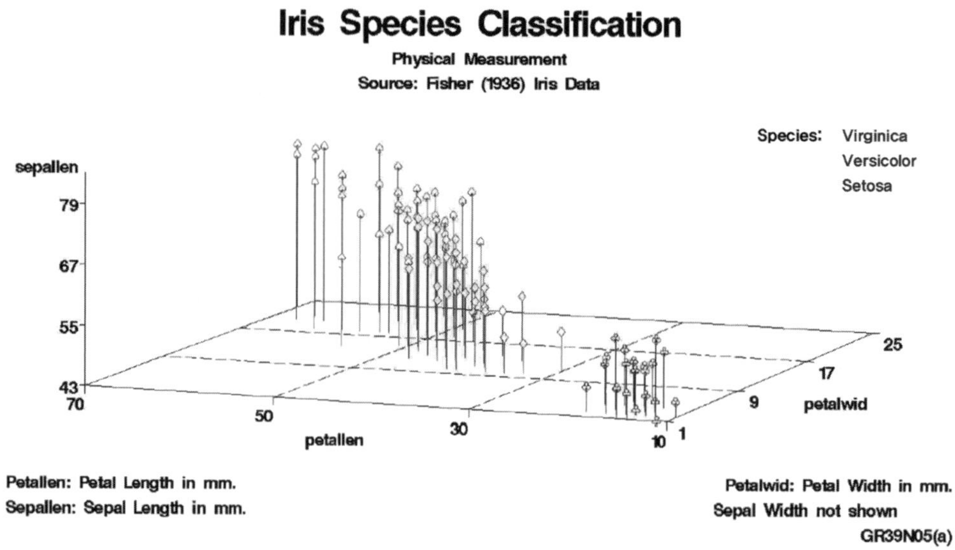

예

프로그램

```
/*+-------------------------------------------------------------------------+
 |                    S A S   S A M P L E   L I B R A R Y                  |
 |                                                                          |
 | NAME: GR39N06                                                            |
 | TITLE: REFERENCE GUIDE CHAPTER 39 OUTPUT 06                              |
 | PRODUCT: GRAPH                                                           |
 | SYSTEM: ALL                                                              |
 | KEYS: GRAPHICS GOPTIONS G3D                                              |
 | PROCS: G3D                                                               |
 | DATA: INTERNAL                                                           |
 |                                                                          |
 | SUPPORT: GRAPHICS STAFF              UPDATE: 03OCT89                     |
 | REF: SAS/GRAPH REFERENCE GUIDE                                           |
 | MISC:                                                                    |
 |                                                                          |
 +-------------------------------------------------------------------------+*/
```

```
  /* set the graphics environment */
goptions reset=global gunit=pct border
       ftext=swissb htitle=6 htext=3;

  /* generate the data set HUMID */
data humid;
  length colorval $ 8.;
  label wtemp='Wet-Bulb Temp';
  label relhum='Rel. Humidity';
  label atemp='   Air Temp.';
  input atemp wtemp relhum;
  if atemp<26 then colorval="blue";
  else if atemp>=26 and atemp<+52 then colorval="red";
  else if atemp>=52 and atemp<+78 then colorval="green";
  else if atemp>=78 and atemp<+104 then colorval="lib";
  else if atemp>104 then colorval="pink  ";
  cards;
0  1   67
0  2   33
0  3    1
5  1   73
5  2   46
5  3   20
10  1   78
10  2   56
10  3   34
10  4   13
10  5    5
15  1   82
15  2   64
```

```
15  3    46
15  4    29
.
.
.
.
.

run;

  /* define title and footnotes for graph */
title 'Relative Humidity in Percent';
footnote1 j=l '  Source: William L. Donn, Meteorology, Fourth Edition';
footnote2 j=r 'GR39N06  ';

  /* show the graph */
proc g3d data=humid;
  scatter atemp*wtemp=relhum
        / shape='pillar'
          color=colorval
          caxis=blue
          rotate=-15
          size=.5
          yticknum=5
          xticknum=2
          zticknum=4
          zmin=0
          zmax=100;
run;
```

결과

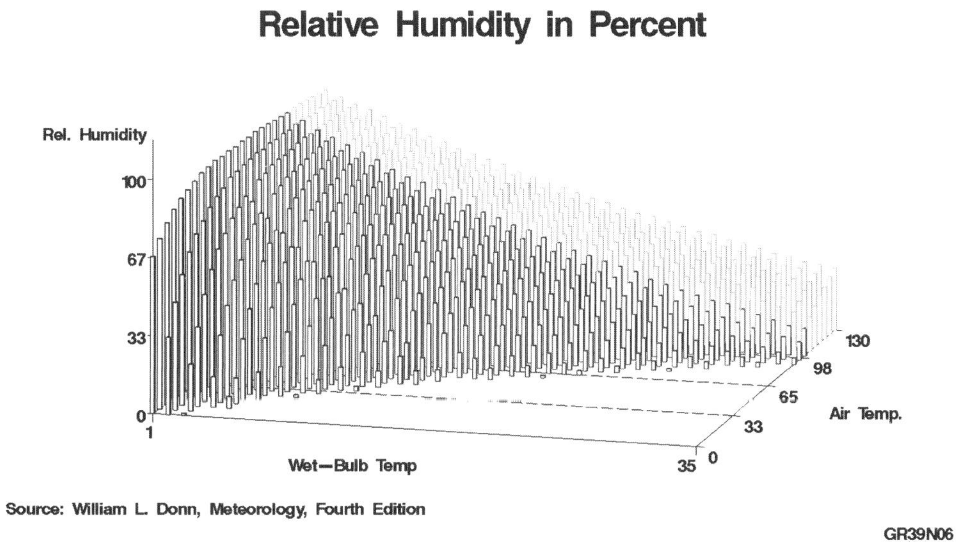

제13절 IML(Interactive Matrix Language)

IML은 APL과 같은 행렬 언어로서 SAS에 큰 장점이기도 하다. 우리가 SAS STAT에서 할 수 있는 여러 통계 방법을 직접 정의하여 계산할 수 있을 뿐 아니라 SAS GRAPH에서 할 수 있는 GRAPHIC까지도 할 수 있다. 또한 IML은 행렬 언어이기 때문에 기본적인 데이터에 원소는 행렬인 것이 특징이다. 특수한 통계 방법(STAT에서 나오지 않는 방법)을 적용하고자 할 때는 IML을 심도 있게 공부해야 할 것이다. 그러나 이 책에서는 IML에 대한 이해만을 위하여 기본적인 행렬에 관한 설명만 하고자 한다. 단 이 IML을 사용하기 위해서 SAS IML을 가지고 있어야 한다.

▼ 13.1 IML에서의 행렬연산 기호

+	더하기	&	그리고(logical and)
-	빼기	〈	작다
#	원소간에 곱셈	〈=	작거나 같다
/	나누기	〉	크다
##	제곱	〉=	크거나 같다
〈〉	최대 원소	^=	같지 않다
〉〈	최소 원소	=	같다
|	또는(logical or)	MOD(m, n)	module(나머지)

▼ 13.2 행렬의 표현

IML에서 행렬의 표현은 다음과 같이 한다.

X={1 2 3, 4 5 6, 7 8 9}

이는 다음 행렬의 표현식이다.

1 2 3
4 5 6
7 8 9

즉 X 행렬은 3×3 행렬로서 정방 행렬이며 X라는 변수에 행렬을 정의한 것이다.

프로그램

```
proc iml;
X = {1 2 3, 4 5 6, 7 8 9};
print X;
run;
```

결과

Relative Humidity in Percent

	X	
1	2	3
4	5	6
7	8	9

만일 행렬에 있는 어느 한 원소를 지적하려면 X(rows, columns) 형식으로 정의한다. 즉 $X[3, 1]$이라 함은 7을 나타내는 것이다.

1 2 3
4 5 6
7 8 9

행렬의 일부를 표현하기 위하여 첨자로 행 번호나 열 번호 중에서 하나를 사용하는데, 주의할 것은 콤마(,)는 생략하면 안 된다. $X(3,)$은 X 행렬의 3번째 행을 B라는 행렬 변수에 넣는다.

프로그램

```
proc iml;
X = {1 2 3, 4 5 6, 7 8 9};
B = X[3,];
print B;
run;
```

결과

SAS 시스템

	B	
7	8	9

또 $X[, 3]$은 X 행렬의 3번째 열만 말하는 것이다.

프로그램

```
proc iml;
X = {1 2 3, 4 5 6, 7 8 9};
B = X[,3];
print B;
run;
```

결과

SAS 시스템

B
3
6
9

만일 행렬의 요소를 바꾸고자 할 때는 다음과 같이 한다.

프로그램

```
proc iml;
X = {1 2 3, 4 5 6, 7 8 9};
X[,1] = {5, 6, 7};
print X;
run;
```

결과

SAS 시스템

	X	
5	2	3
6	5	6
7	8	9

이는 첫 번째 열 전체를 바꾸는데 사용한다.

행렬의 일부분을 분리하고자 할 때는 다음과 같이 한다.

$X[\{1,2\},\{2,3\}]$은 X 행렬의 1, 2번째 행 중에서 2, 3번째 열만 표시한다.

프로그램

```
proc iml;
X = {1 2 3, 4 5 6, 7 8 9};
B = X[{1 2},{2 3}];
print B;
run;
```

결과

SAS 시스템

B

2	3
5	6

첨자 중 ':'을 이용하여 지표 벡터를 사용할 수 있다.

$Y = A[1{:}2, 3]$; 하면 1, 2행 중 제 3열만을 표시한다.

이는 $Y = A[\{1\ 2\}, 3]$과 같다.

프로그램

```
proc iml;
X = {1 2 3, 4 5 6, 7 8 9};
B = X[1:2,3];
print B;
run;
```

결과

SAS 시스템

B

3
6

▼ 13.3 전치 행렬

전치 행렬의 표현은 다음과 같이 한다.

프로그램

```
data a;
proc iml;
a = {1 2 3, 4 5 6};
print a;
b = a`;  ← 키보드 위쪽 ESC키 밑에 있는 키
print b;
run;
```

결과

SAS 시스템

A

1	2	3
4	5	6

B

1	4
2	5
3	6

▼ 13.4 행렬의 결합

행렬과 행렬은 수평과 수직으로 결합할 수가 있는데 방법은 다음과 같다.

프로그램

```
data a;
proc iml;
a={1 2 3, 4 5 6, 7 8 9};
b={9 7 4, 0 1 3, 2 4 7};
c=a||b;  ← 수평으로 결합
d=a//b;  ← 수직으로 결합
print a;
print b;
print c;
print d;
run;
```

결과

```
      SAS 시스템

          A

   1      2      3
   4      5      6
   7      8      9

          B

   9      7      4
   0      1      3
   2      4      7
```

C

1	2	3	9	7	4
4	5	6	0	1	3
7	8	9	2	4	7

D

1	2	3
4	5	6
7	8	9
9	7	4
0	1	3
2	4	7

TRACE

행렬의 대각의 합을 구한다.

프로그램

```
proc iml;
a = {1 2 3, 4 5 6, 7 8 9};
print a;
b = trace(a);
print b;
run;
```

결과

SAS 시스템

A

1	2	3
4	5	6
7	8	9

B

15

▼ 13.5 행렬의 연산

덧셈($X = X + 1$)

프로그램

```
proc iml;
a = {1 2 3, 4 5 6, 7 8 9};
print a;
b = a + 1;
print b;
run;
```

결과

SAS 시스템

A

1	2	3
4	5	6
7	8	9

B

2	3	4
5	6	7
8	9	10

위에서 보는바와 같이 행렬의 각 요소에 1이 더하여 요소로 구성된다.

가감승제 모두 +, −, #, /와 같은 부호로 연산이 가능하다. #는 곱셈에 부호이다.

▼ 13.6 행렬과 행렬의 덧셈

행렬의 계산에 있어서 행렬의 요소에 한 숫자를 더하는 방법도 필요하지만 행렬과 행렬의 더하기가 더욱 요구된다. IML에서는 행렬 변수와 행렬 변수를 더하면 된다.

프로그램

```
proc iml;
a={100 200 300 400, 500 600 700 800};
b={10 20 30 40, 50 60 70 80};
d=a+b;
print a;
print b;
print d;
run;
```

결과

```
                SAS 시스템

                    A

        100     200     300     400
        500     600     700     800

                    B

         10      20      30      40
         50      60      70      80

                    D

        110     220     330     440
        550     660     770     880
```

각 행과 열에 따라 덧셈이 되었다.

행렬과 행렬의 가감승제 또한 +, −, #, /의 부호로 계산 할 수가 있다.

행렬과 행렬의 나눗셈은 / 부호로 가능하지만 이러한 계산은 단지 행렬의 요소를 다른 행렬의 요소로 나누는 것으로 계산이 되므로 주의해야 한다. 그러나 행렬식에서의 나눗셈은 제수가 되는 행렬을 역 행렬로 바꾸어 피제수가 되는 행렬에 곱하면 되므로 계산할 때에 착오가 없기를 바란다.

▼ 13.7 역 행렬[Inverse Matrix]

IML에는 여러 가지 함수가 있지만 행렬계산에서 가장 중요한 역 행렬 함수는 INV라는 함수이다.

프로그램

```
proc iml;
a = {2 3, 1 -4};
e = inv(a);
print e;
run;
```

결과

SAS 시스템

E

0.3636364 0.2727273
0.0909091 -0.181818

13.8 역 행렬의 검산

역 행렬의 검산은 원래 행렬에 역 행렬한 결과를 곱하면 단위 행렬이 된다.

프로그램

```
proc iml;
a={2 3,1 -4};
b=inv(a);
print b;
c=b*a;
print c;
run;
```

결과

```
SAS 시스템

      B

0.3636364 0.2727273
0.0909091 -0.181818

C

1  1.11E-16
0     1
```

→ 0과 같다.(소숫점 이하 자릿수 때문)

연립방정식의 해

예제 2원 1차 연립방정식의 해를 구하는 문제

$$2X_1 + 3X_2 = 9$$
$$X_1 - 4X_2 = -1$$

$$\begin{bmatrix} 2 & 3 \\ 1 & -4 \end{bmatrix} \begin{bmatrix} X_1 \\ X_2 \end{bmatrix} \begin{bmatrix} 9 \\ -1 \end{bmatrix}$$

이는 기호로 쓰면 $Ax = C$로 표현 할 수 있고 $x = A$-1c로 A-1(역 행렬)을 이용하여 해를 수할 수 있다.

프로그램

```
proc iml;
a = {2 3, 1 -4};
c = {9, -1};
e = a**-1*c;
print e;
run;
```

결과

```
SAS 시스템

E

3  ← X1
1  ← X2
```

또 행렬 A가 정칙이 아니거나 A가 정방 행렬이 아닌 때는 일반화 역 행렬[generalixed inverse]을 구하는 GINV 함수를 다음과 같이 이용할 수 있다.

프로그램

```
proc iml;
a = {2 3, 1 -4};
```

```
c = {9, -1};
e = ginv(A)*C;
print e;
run;
```

결과

```
SAS 시스템

E

3
1
```

결과는 역 행렬 방법과 같다.

또한 더 효과적인 방법으로 SOLVE 함수를 사용할 수도 있다.

프로그램

```
proc iml;
a = {2 3, 1 -4};
c = {9, -1};
e = solve(A,C);
print e;
run;
```

결과

```
SAS 시스템

E

3
1
```

▼ 13.9 IML로 data file 불러오기

data를 따로 작성하고 이를 행렬 변수 속으로 읽어 들여야 여러 행렬 방법에 의하여 처리할 수 있다. 물론 적은 자료는 문제가 없지만, 대단히 큰 data는 SAS에서 직접 입력하기가 힘들기 때문에 다른 형식으로 입력한(호글, 엑셀 등) file을 행렬변수로 직접 불러오면 편하다. 대부분 SAS 사용자들은 data 자체에 ';'을 삽입하고 행렬표시'{}'를 하여 data를 직접 작성하고 있는데 만약 data가 크다면 그 수고 또한 대단하리라 믿는다. 다음과 같은 방법을 사용한다면 대단히 편함을 알 수 있다.

프로그램

```
DATA A;
  INPUT Y X a b @@;
  CARDS;
2072 1660 2077 1926 2078 2181 2043 1897 2062 1695 2067 1705 1964
1731
1981 2151
;
run;

PROC IML;
   RESET AUTONAME;
   USE A;
   READ ALL INTO DATA;
   Y=DATA(|,1|) ;
   X=DATA(|,2|) ;      행렬의 칼럼을 지정하여 준다.
   a=data(|,3|) ;
   b=data(|,4|) ;
print data;
g=inv(data);
print g;
run;
```

결과

SAS 시스템

DATA

	COL1	COL2	COL3	COL4
ROW1	2072	1660	2077	1926
ROW2	2078	2181	2043	1897
ROW3	2062	1695	2067	1705
ROW4	1964	1731	1981	2151

G

	COL1	COL2	COL3	COL4
ROW1	0.0739905	0.0139387	-0.053467	-0.036162
ROW2	-0.007197	0.0008085	0.0039116	0.0026309
ROW3	-0.070574	-0.014702	0.05385	0.0334735
ROW4	0.0032305	0.0001626	-0.003923	0.0005383

다음은 임의로 행렬의 칼럼을 지정하여 읽을 수 있는 방법이다. 이 역시 행렬 변수(*aa*)로 읽어 역 행렬 및 기타 행렬 계산을 할 수 있다.

프로그램

```
DATA A;
   INPUT Y1-Y5 @@;
   CARDS;
   2072 1660 2077 1926 2078 2181 2043 1897 2062 1695 2067 1705 1964 1731
   1981 2151 1 2 3 4 5 6 7 8 9
   run;

PROC IML;
```

```
    RESET AUTONAME;  → 변수 명을 자동으로 생성
    USE A;           → A라는 data set을 사용하겠음
    READ ALL INTO aa; → aa라는 행렬변수로 읽어 들임

  print aa;          → aa라는 행렬을 출력
  g=inv(aa);         → aa 행렬을 역 행렬하여 행렬변수 g에 넣는다.
  print g;
run;
```

결과

SAS 시스템

AA

	COL1	COL2	COL3	COL4	COL5
ROW1	2072	1660	2077	1926	2078
ROW2	2181	2043	1897	2062	1695
ROW3	2067	1705	1964	1731	1981
ROW4	2151	1	2	3	4
ROW5	5	6	7	8	9

G

	COL1	COL2	COL3	COL4	COL5
ROW1	-5.28E-7	5.9299E-7	9.8435E-7	0.0004648	-0.000413
ROW2	-0.004625	0.0008642	0.0038533	-0.000257	0.0570967
ROW3	0.0044136	-0.000707	-0.001477	-0.000812	-0.560275
ROW4	0.0030061	0.0011157	-0.004798	0.0002307	0.1517322
ROW5	-0.003021	-0.001018	0.0028444	0.0003394	0.3741728

이는 행렬에 칼럼을 지정해 주지 않고 SAS DATA SET의 변수 수에 따라 자동으로 행렬 변수로 읽어 준다. 이 방법에 의하여 읽어 들인 뒤 여러 명령을 통하여 행렬계산을 할 수 있다.

▼ 13.10 정방 행렬이 아닌 행렬 불러오기

프로그램

```
DATA A;
  INPUT Y1-Y4 @@;
  CARDS;
2072 1660 2077 1926 2078 2181 2043 1897 2062 1695 2067 1705 1964 1731
1981 2151 1 2 3 4
;
run;

PROC IML;
   RESET AUTONAME;
   USE A;
   READ ALL INTO aa;

print aa;
run;
```

결과

SAS 시스템

AA

	COL1	COL2	COL3	COL4
ROW1	2072	1660	2077	1926
ROW2	2078	2181	2043	1897
ROW3	2062	1695	2067	1705
ROW4	1964	1731	1981	2151
ROW5	1	2	3	4

이는 행렬을 정방 행렬로 읽지 않아도 가능함을 보여주고 있다. 단 SAS DATA SET에 지정된 변수의 수에 의하여 칼럼 수가 지정되어 읽는다.

제14절 엑셀과 SAS의 자료

엑셀은 자료 입력이 편할 뿐 아니라 이제는 Data Base의 활용에도 편리하게 발전되었다. 많은 사용자는 자료 입력과 수정이 편리한 엑셀을 사용하기 원하고 있다. 물론 간단한 통계는 엑셀에 의하여 계산하는 것 또한 사실이다. SAS에서 엑셀 자료는 그대로 복사해서(자료의 크기가 작은 경우) 사용할 수 있는데, 이때는 엑셀에서의 주석이나 간단한 계산을 SAS에서 인식하지 못하는 경우가 있으므로 SAS로 옮기기 전에 삭제하고 옮기면 된다. 특히 자료가 큰 경우는 엑셀에서 자료를 저장하고 SAS에서 그대로 불러 사용할 수가 있다.

① 엑셀에서 자료를 입력하고 저장한다. (예 test.xls)

② SAS의 메뉴바 중 File을 누르고 단축 메뉴 중에 Import data를 선택하게 되면 Import Wizard 창이 나타나게 된다.

③ 여기에는 엑셀뿐만 아니라 엑셀의 오래된 버전이나 Access 그리고 Dbase 등의 자료를 사용할 수 있게 Format이 구성되어 있는데 자신의 자료에 맞게 Data Format을 선택한다.

④ 다음으로 Next를 누르면 Excel File 위치를 물어 오는데 위치를 지정해도 되지만 옆에 있는 Browse를 눌러 위를 찾아 선택하는 것도 편리하다. (예 C:\My Documents\test.xls)

⑤ 다음은 Library와 Member를 요구하는데 Library는 Work로 되어 있으므로 그대로 두고 Member에 Work 명을 입력하면 된다. (예 WORK.GG)

⑥ Import Data에 대한 SAS 프로그램 위치와 프로그램명을 입력한다. 이때에도 Browse를 눌러 사용하는 것도 편리하다. (DATA File을 불러올 수 있는 SAS 프로그램 File 명)

⑦ 다시 SAS Editor 화면에서 메뉴바에 있는 File을 누르고 Open을 선택한 후 ⑥번 항목에 입력한 SAS 프로그램을 찾아 선택하고 열기를 한다.

⑧ 그러면 SAS editor 화면에 엑셀 File을 바로 읽어 들일 수 있는 프로그램이 자동으로 생성되어 나타난다.

⑨ SAS Editor 화면에 나타난 프로그램 밑에 자신의 처리 프로그램을 추가하여 F8을 눌러 Submit하게 되면 프로그램이 실행되어 처리를 할 수 있게 된다.

이 방법으로는 여러 Format으로 되어 있는 자료를 그대로 사용할 수 있지만, 첫 번째 행은 변수명으로 인식을 하게 되므로 주의해야 한다.

예) SAS Editor 화면

```
PROC IMPORT OUT= WORK.GG
        DATAFILE= "C:\My Documents\test.xls"
        DBMS=EXCEL2000 REPLACE;
    GETNAMES=YES;
RUN;
```

자동으로 생성된 SAS 프로그램으로 엑셀 File의 위와 File 명, 그리고 Work 명이 나타나 있다.

아래는 추가한 SAS 프로그램이다.

```
proc print;
run;
```

이와 같은 방법을 사용하면 대단히 큰 자료라 할지라도 SAS에 직접 입력하지 않고 그대로 이용할 수 있게 된다. 하지만 실험실에서 도출되는 자료는 상당히 작은 양이므로 간단한 방법(드래그 copy-붙여넣기)을 이용하는 것이 더욱 간단하다.

SAS 프로그래밍 기법을 공부하기보다는 간단한 기법으로 처리하는 것이 바람직하며 통계에 대한 공부를 더 하는 것이 좋다.

복합적 처리 예) 다음 결과는 LED 조명이 젖소에 미치는 영향에 대한 자료이다. 유량을 측정하였는데 농장의 환경이 로봇 착유기로 착유 횟수가 자유로워 각 횟수에 따른 유량도 변이가 매우 심한 자료였다. 처리 구는 대조 구와 White, Yellow 그리고 Blue로 4개였고, 각 처리에 따른 변화를 확인하고자 하였다.

예로 젖소 한 마리의 유량 및 착유 횟수(일 합계)는 다음과 같다.

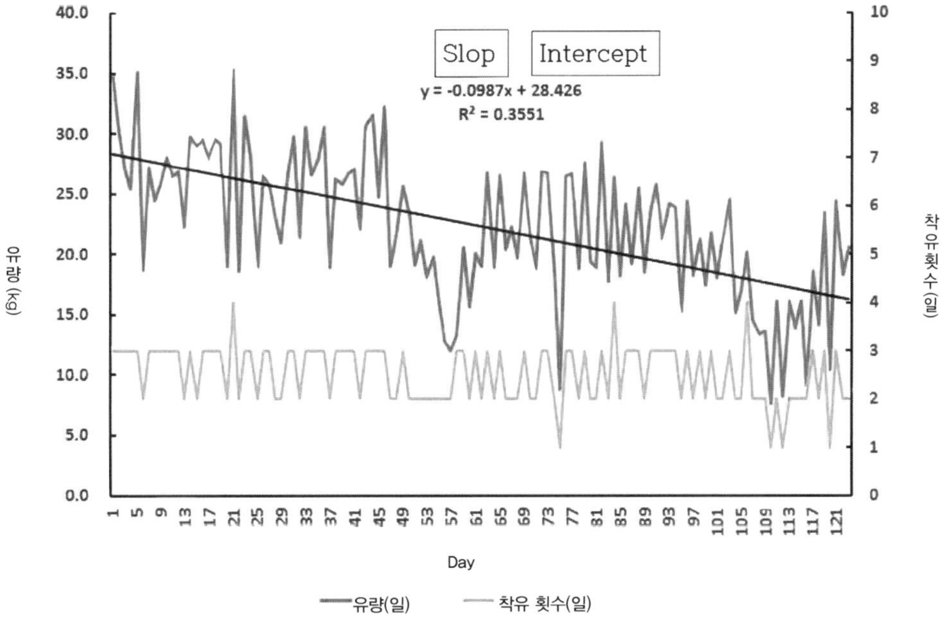

대단히 분석하기가 어려운 자료였다. 우선 젖소의 유량은 분만과 함께 증가 하다가 1-2개월 후부터는 되면 감소를 시작하는데 이를 위하여 자료 전체의 착유일이 57일 이전 자료는 삭제하고 나머지 자료를 일차 회귀 분석을 하여 Slop들만 모아 감소율을 처리별로 평균간 차이 검정을 하였다. 이유는 각 개체별 비유능력이 다르므로 처리에 따른 유량 감소율[SLOP]을 계산하여 각 처리별 감소율을 비교함으로써 처리 효과를 비교할 수 있었다.

	Control	White	Yellow	Blue
Lactation slope	-0.04974±0.009[a]	-0.04480±0.010[a]	-0.10936±0.016[b]	-0.09839±0.013[b]

일차 회귀 식은 Y= Intercept + Slop × 착유일이므로 각 처리별 각 젖소의 Slop를 가지고 DUNCAN 분석을 하여 비교하였다.

참고로 5개월에 걸쳐 조사된 유량과 이들 함수식의 Intercept와 상관을 보면 다음과 같다.

	6월 유량	7월 유량	8월 유량	9월 유량	10월 유량	Intercept
6월 유량	1.00000	0.93817 〈.0001	0.88241 〈.0001	0.87405 〈.0001	0.84295 〈.0001	0.80248 〈.0001
7월 유량		1.00000	0.93589 〈.0001	0.92171 〈.0001	0.80563 〈.0001	0.77982 〈.0001
8월 유량			1.00000	0.95965 〈.0001	0.80722 〈.0001	0.68427 〈.0001
9월 유량				1.00000	0.89167 〈.0001	0.60956 0.0002

10월 유량					1.00000	0.49147 0.0037
intercept						1.00000

이는 함수식의 Intercept는 초기 유량을 대변할 수 있다고 생각되며(상관계수 : 0.80248 $P<.0001$) Slop는 감소율을 나타내므로 유량을 처리 별로 비교할 수 있었다.

여기에서 회귀 분석과 분산분석을 복합적으로 이용하여 자료를 설명할 수 있었다.

SAS를 활용한 생물 통계

지은이 심관섭 · 차장옥
펴낸이 김동원
펴낸곳 전북대학교출판문화원

초판 1쇄 인쇄 2019. 3. 8
초판 1쇄 발행 2019. 3. 15

전북대학교출판문화원 전라북도 전주시 완산구 어진길 32 (풍남동2가)
전화 (063) 219-5321~2
FAX (063) 219-5323
출판등록 2012년 8월 20일 제465-2012-000021호

값 25,000원

ISBN 979-11-6372-025-6 93410

이 도서의 국립중앙도서관 출판예정도서목록(CIP)은 서지정보유통지원시스템 홈페이지(http://seoji.nl.go.kr)와 국가자료공동목록시스템(http://www.nl.go.kr/kolisnet)에서 이용하실 수 있습니다. (CIP제어번호 : 2019006149)